Z Budapest
Diana L. Paxson

Das Lebensbuch für Frauen

Z Budapest
Diana L. Paxson

Das Lebensbuch für Frauen

Mit Ritualen und Mythen
jedes Lebensjahr feiern

Aus dem Englischen
von Gabriele Broszat

KAILASH

Die Originalausgabe erschien unter dem Titel *Celestial Wisdom for Every Year of Your Life. Discover the Hidden Meaning of Your Age* bei Red Wheel/Weiser LLC., York Beach, USA.

Bibliografische Information der Deutschen Bibliothek:
Die Deutsche Bibliothek verzeichnet diese Publikation
in der Deutschen Nationalbibliografie; detaillierte
bibliografische Daten sind im Internet über
http://dnb.ddb.de abrufbar.

© 2003 Z Budapest und Diana L. Paxson
© der deutschsprachigen Ausgabe Heinrich Hugendubel Verlag,
Kreuzlingen/München 2004
Alle Rechte vorbehalten

Umschlaggestaltung: Die Werkstatt München / Weiss · Zembsch
Redaktion: Esther Szolnoki, München
Produktion: Ortrud Müller, München
Satz: EDV-Fotosatz Huber / Verlagsservice G. Pfeifer, Germering
Druck: Tĕšinska Tiskárna AG, Česky Tĕšín
Printed in Czech Republic 2004

ISBN 3-7205-2504-X

Inhalt

Einführung 7

Geburt und die Zeit davor – Die Reise beginnt 21
1. bis 10. Jahr – Erste Blüte 33
11. bis 20. Jahr – Gute Zeiten, schlechte Zeiten 59
21. bis 30. Jahr – Schöne neue Welt 85
31. bis 40. Jahr – Das Karussell 115
41. bis 50. Jahr – Krise und Krone 141
51. bis 60. Jahr – Souveränität 169
61. bis 70. Jahr – Zweiter Frühling? 197
71. bis 80. Jahr – Geheimnisvolles Land 223
81. bis 90. Jahr und darüber hinaus –
    Alter der Erleuchtung 247

Nachwort – Auf der Suche nach dem Sinn des Lebens 271

Anhang 277
  Glossar 278
  Literatur 281
  Danksagung 283
  Über die Autorinnen 285

*Wir widmen diese Arbeit den göttlichen Dreien,
die das Rad des Lebens immer weiter drehen.
Wir widmen sie der Energie, der Materie und dem Sinn –
den miteinander verbundenen Drillingsschwestern.
Auf dass sie der Menschheit freudige und
hoffnungsvolle Einsichten bringen! Seid gesegnet.*

Einführung

Dieses Buch ist für alle Frauen gedacht, die schon einmal Geburtstag hatten. Es ist für viele Frauen ein besonders quälender Moment, wenn sie gefragt werden: „Wie alt bist Du?" Als Dianas Mutter einmal Geburtstag feierte, war ihre Antwort auf diese Frage „siebenhundert Jahre alt" – eine schöne Ausflucht. Frauen lügen in dieser Hinsicht verzweifelt und hoffen inständig, dass sich niemand so genau daran erinnern kann, wie lange jene große Party eigentlich her ist, bei der sie den dreißigsten Geburtstag gefeiert haben.

Doch wie ein alter Scherz schon sagt: Wer nicht älter werden möchte, sollte die Alternative bedenken! Jeden Geburtstag wie einen Triumph zu feiern, hilft dabei, ein Leben zu führen, in dem jedes Jahr eine ganz eigene Bedeutung hat.

Mit dem ersten Geburtstag lassen wir das Baby-Dasein hinter uns und werden ein Mitglied der menschlichen Familie. Die zunehmende Lebenserwartung der Menschen wird uns Hunderte Möglichkeiten verschaffen, mehr aus unserem Leben zu machen. Was werden wir mit diesen Jahren anfangen? Welchen Herausforderungen werden wir uns stellen müssen und wie können wir ihnen begegnen? Was wird unser Schicksal sein?

Alles, was auf der Welt vorhanden ist, ist Teil eines Systems, in dem es seinen Platz und seine Funktion hat. Ob man nun an eine göttliche Quelle – Göttin, Gott oder höhere Macht – für dieses System glaubt oder nicht, eines ist offensichtlich: Dieses System hat in sich selbst einen Sinn und hält das gesamte Universum zusammen. Manches beeinflusst uns alle, zum Beispiel historische Ereignisse, kulturelle Entwicklungen und die Bewegungen jener Planeten, die jeden Menschen aus einer bestimmten Generation berühren. Andere Planetenzyklen geben dem Leben des Einzelnen eine Struktur – besonders der Lauf des Saturns, der jedes Leben in drei – oder bei entsprechender Lebensdauer sogar vier – Lebensabschnitte unterteilt. Saturn ist der Wendepunkt des Schicksals. Seine Energie trägt uns über die Schwelle zwischen zwei Lebensabschnitt-Zyklen. Jeder Abschnitt birgt eine neue Aufgabe für uns.

Wenn die Sterne Ihr Leben in etwas anderer Weise beeinflussen, als in diesem Buch beschrieben, ist dies kein Anlass zur Sorge. In der Natur brauchen die Dinge ihre Zeit. Jede Frau entwickelt ihre eigene natürliche Geschwindigkeit. Dieses Buch ist keine Tabelle für exakte Berechnungen von Schicksalsschlägen oder Glücksmomenten. Aber es kann ankündigen, wann die nächste Flutwelle zu erwarten ist. Die Gesetze der Natur gelten für jeden. Früher oder später werden die Gezeiten Sie erreichen und die Strömung wird Sie mit sich reißen. Und meistens werden Sie sogar glauben, es sei Ihre eigene Idee gewesen!

Jeder von uns erhält verschiedene Chancen und Wahlmöglichkeiten. Unsere Familien, Freunde, persönlichen Horoskope und vor allem die Entscheidungen, die wir in unserem Leben treffen, wirken mit diesen eher allgemeinen Einflüssen zusammen und formen so unser Leben.

Astrologisches Verständnis

Wie viele andere Fachbereiche hat auch die Astrologie verschiedene Traditionen. Wir haben als Grundlage für dieses Buch die tropische Astrologie gewählt (und nicht die siderische), weil sie am weitesten verbreitet ist.

Geburtshoroskope

Auf der Erde entwickeln sich keine zwei Menschen auf genau dieselbe Art und Weise. Wenn wir aber die Erfahrungen der einzelnen Personen in einen astrologischen Rahmen einordnen, zeichnet sich dabei ein Muster ab.

Die meisten Menschen besitzen heutzutage bereits einige Grundkenntnisse über die Astrologie. Wahrscheinlich kennen Sie Ihr *Sonnenzeichen*, jenes Tierkreiszeichen, in dem die Sonne bei Ihrer Geburt stand. Das Sonnenzeichen beeinflusst stark, in welchem Verhältnis wir zur Außenwelt stehen. Es legt auch unsere tiefsten Sehnsüchte fest.

Aber auch der Mond ist von großer Bedeutung. Seine Position im Tierkreiszeichen bestimmt, wie unsere Persönlichkeit wahrgenommen wird, wie wir mit Emotionen umgehen und wie wir uns auf andere beziehen. Außerdem kann sie uns das Wechselbad der Gefühle, die uns bewegen werden, vorhersagen und gibt Auskunft über bestimmte Aspekte der Gesundheit und der Lebensverhältnisse. Neben dem *Mondzeichen* bewegen sich die *Mondknoten*, die Punkte an denen die Umlaufbahn des Mondes den Weg der Sonne kreuzt, rückwärts durch das Tierkreiszeichen. Sie fördern zum einen unsere Möglichkeiten zu wachsen und verhindern zum anderen die Ausbildung von Gewohnheitsmustern.

Der dritte Einfluss rührt von dem Tierkreiszeichen her, das im Moment der Geburt am Horizont aufging, denn es legt fest, wie wir uns selbst der Welt präsentieren. Es ist das Fenster, durch das wir in die Welt blicken und durch das die Welt auf uns blickt. Der *Aszendent* wechselt schnell, d.h. Zwillinge, die nur wenige Minuten nacheinander geboren werden, können bereits ganz verschiedene Persönlichkeiten haben. Da das Aszendentzeichen einen starken Einfluss auf unsere Verhaltensweisen hat, kann es unsere Rolle in der Familie oder im Beruf prägen.

Dies sind die großen Drei in unserem Horoskop, gefolgt von den anderen Planeten, deren Positionen in Bezug auf die Tierkreiszeichen und zueinander ein Netz aus Einflüssen flechten, das wiederum die Auswirkungen von Sonne, Mond und Aszendent beeinflusst. Wenn Sie Ihr Geburtshoroskop von einem kompetenten Astrologen erstellen lassen, kann dies viele Aspekte Ihres Lebens beleuchten. Sie können auch eines der vielen Astrologieprogramme im Internet verwenden, um sich ein eigenes Horoskop ausdrucken zu lassen. Zwei gute Möglichkeiten dafür bieten *www.astrowoche.de* und *www.astrologie.de*. Wenn Sie Ihr persönliches Horoskop erstellt haben, stehen zahlreiche Bücher zum Selbststudium bereit, die bei der Interpretation behilflich sind. Am Ende des Buches finden Sie einige dieser Werke.

Der Einfluss von Pluto

Neben den Sternenkonstellationen in den persönlichen Horoskopen beginnen wir unser Leben gleichzeitig auch unter dem Einfluss des Planeten Pluto. Dessen Position wirkt sich auf ganze Generationen aus. Die Baby-Boom-Generation wurde beispielsweise geboren, als Pluto im Löwen stand (1938–1956). Dieses Sternzeichen konzentriert sich auf die Macht und ihre Verwendung. Die dunkle Seite der Macht, der Aufstieg von Diktatoren, und die entgegengesetzte Bewegung, die Rückeroberung der Macht für das Volk, stammen beide aus ein und derselben Quelle. Von 1956 bis 1972 stand Pluto in der Jungfrau. Ihr feminiper Einfluss führte zu einem zunehmenden Bewusstsein, dass Verbesserungen auf Gebieten wie den Frauenrechten, aber auch der Gesundheitsvorsorge dringend benötigt wurden. Die Jahre von 1972 bis 1984 gehörten der Waage-Generation, die um Balance und Ausgleich besorgt war. Von 1985 bis 1995 stand Pluto im Skorpion – die Themen Sexualität und Tod dominierten die Nachrichten, besonders nach dem Auftreten von AIDS. Im Moment bewegt sich Pluto durch das Zeichen des Schützen (1995–2008), jener hybriden Mensch/Tier-Gestalt, die auch die Figur des „verwundeten Heilers" darstellt. Dies ist die Zeit der medizinischen Fortschritte und eines wachsenden humanitären Bewusstseins. Alte Abneigungen und Hass werden mit letzter verzweifelter Kraft ausbrechen, um Heilung zu finden.

Die Zyklen der Planeten

Während wir durch unser Leben gehen, folgen die Himmelskörper ihrem eigenen Lauf, bewegen sich fort von der Position, in der sie in unserem Geburtshoroskop standen und kehren im immerwährenden Kreislauf nach einer bestimmten Zeit dorthin zurück. Diese Zyklen werden *Transite* genannt. Einige Transite haben Auswirkungen auf uns persönlich, andere auf ganze Generationen. Die Transite der langsameren Planeten – Pluto, Neptun, Uranus und Saturn – aktivieren vor allem das Potenzial, das in unseren Geburtshoroskopen angelegt ist.

Pluto regiert über die Generationen, rührt an den Emotionen und lässt tief sitzende, gefährliche Leidenschaften frei. Pluto ist der Herrscher über Sexualität, Wiedergeburt und Tod. Neptun ist der Erlöser, der unsere Vorstellungskraft anregt und die Sehnsucht nach geistiger Bewusstheit weckt. Uranus beherrscht das Zeichen des Wassermanns und lenkt die Entwicklung von uns Menschen. Der Einfluss dieses Planeten treibt uns dazu an, zum Wohle anderer tätig zu werden, zu dienen und zu führen. Er rührt an den Herzen der Menschen und eröffnet für jeden die Möglichkeit zur Veränderung. Uranus leitet uns durch die drei Saturn-Lebensabschnitte. Und Saturn, der große Lehrmeister, lässt uns reifen und zeigt uns, wie wir auf der Erde leben und vom Himmel träumen können. Sein Symbol ist halb Fisch, halb Ziege – mit Hörnern, welche die Sterne berühren. Ob bereit oder nicht, Saturn führt uns unweigerlich an den gedeckten Tisch. Hier warten die anderen Einflüsse bereits darauf, uns die Nahrung anzubieten, die wir für unsere Veränderung benötigen.

Wenn Saturn und die anderen Planeten ihren ursprünglichen Geburtspositionen genau gegenüberstehen, bereitet der Umgang mit ihren Energien Schwierigkeiten. Stehen sie im Quadrat zu diesen Positionen, entstehen Reibungen. Wenn sie hingegen ein Sextil bilden, wird ihre Energie unterstützt. Eine Trigon-Position bringt neue Gelegenheiten. Die Bedeutung jedes einzelnen Zeitabschnittes in unserem Leben wird zum Teil von diesen Planetenbewegungen, die neue Einflüsse und Chancen bringen, geformt. Zum anderen Teil hängt sie aber auch davon ab, wie wir uns entscheiden, zu reagieren.

Die Länge der einzelnen Planetenzyklen ist sehr verschieden. Mars rast geradezu durch die Tierkreiszeichen und kehrt alle zwei Jahre in eine Konjunktion zur Position in Ihrem Geburtshoroskop zurück, um Ihre Energien neu aufzuladen. Jupiter, der Glücksbringer, hat dagegen einen zwölf Jahre dauernden Zyklus, in dem er unseren Optimismus erneuert und unseren Horizont erweitert. Die Mondknoten wandern rückwärts durch die Tierkreiszeichen und benötigen für einen Durchlauf 18 bis 19 Jahre. Sie revitalisieren unsere Gefühlswelt. Saturn kehrt nur alle 28 Jahre an die Geburtsposition zurück – er ist der „himmlische Lehrmeister". Wenn er am Lebensrad dreht, ist es für uns an der Zeit, die Verantwortung für unsere Zukunft zu übernehmen und ein neues Schicksal aufzubauen. Für einige kann dies in einer virtuellen Wiedergeburt bestehen. Andere bewerten ihre Ziele vielleicht neu und begeben sich auf eine andere Entwicklungsebene, obwohl sie nach wie vor dieselben Verantwortungen tragen. Uranus kehrt nur einmal in unserer Lebenszeit zurück, im Alter von 84 Jahren. Damit wird ein Zyklus der Persönlichkeit abgeschlossen. Der Zyklus von Neptun, dem Überbringer der Träume, ist zu lang, um innerhalb eines Menschenlebens zurückzukehren. Doch er gelangt einmal in die Stellung der Opposition.

Die Wirkung der Transite wird gleichzeitig durch die verschiedenen Stellungen in den einzelnen Geburtshoroskopen beeinflusst. Lassen Sie sich deshalb nicht verwirren, wenn die Ereignisse in Ihrem Leben nicht dem Zeitplan entsprechen, der in diesem Buch dargestellt wird. Wenn alles andere in den Geburtshoroskopen zu einem festgelegten Zeitpunkt zum Erfolg führt, können auch Planeten, die im Quadrat oder in Opposition zueinander stehen, dies nicht wirklich verhindern.

Einführung

Alter, Zeitalter und Unterzeitalter

Beim *Alter* kann es sich um die Anzahl der Kerzen auf unserem letzten Geburtstagskuchen handeln oder um einen bestimmten Zeitabschnitt in unserem Leben. Ein *Zeitalter* hingegen ist ein Ausschnitt aus einer Phase größerer Bewegungen – es kann sich dabei um das Planetenalter oder das galaktische Alter handeln. Wir sind ein organischer Teil davon, denn ohne die Menschheit hätten sich kein Bewusstsein und keine Zivilisation entwickelt. Wir alle haben eine besondere Rolle zu spielen. Für einige besteht die Aufgabe des ersten und zweiten Lebensabschnittes darin, sich fortzupflanzen. Aber wir alle haben die gemeinsame Aufgabe, das Leben auf der Erde zu verbessern.

Erst wenn wir in der Lage sind, auf ein ganzes Leben zurückzublicken, können wir das große Gesamtbild wirklich erkennen. Wir verstehen dann nicht nur unser eigenes Leben besser, sondern können es auch im Zusammenhang mit dem Zeitalter sehen, in dem wir gelebt haben.

Die Zeitalter werden von den großen überpersönlichen Planeten, Pluto, Neptun, Uranus und Saturn geformt, deren Einflüsse die individuellen Schicksale überschatten. Dies sind die großen Vier.

Und schließlich werden unsere Leben auch durch die großen astrologischen Zeitalter geprägt, die den Aufstieg und Untergang ganzer Zivilisationen beeinflussen. Innerhalb dieser großen astrologischen Zeitalter gibt es *Unterzeitalter*. Wir bewegen uns im Moment auf das Ende des großen astrologischen Fische-Zeitalters zu, aber im Unterzeitalter des Wassermanns. Das Unterzeitalter des Wassermanns hat 1962 begonnen und wird 175 Jahre andauern. Der Wassermann-Einfluss stärkt das humanistische Bewusstsein. Die Medien haben heutzutage die ganze Welt in ein elektronisches Dorf verwandelt. Wir alle erleben die Ereignisse auf dieser Welt gleichzeitig und teilen uns unsere Reaktionen darüber mit. Auch das Lernen hat sich beschleunigt. Obwohl das große astrologische Zeitalter des Wassermanns zwar erst im 24. Jahrhundert beginnt, öffnet doch unser jetziges Unterzeitalter bereits ein Fenster in diese

Zukunft. Es lässt uns die Morgendämmerung des globalen Bewusstseins bereits erahnen.

Unsere Aufgabe finden

Als Menschen haben wir eine dreifache Mission: Jedes Mal, wenn Saturn uns mit einem neuen Abschnitt unseres Lebens konfrontiert, wird uns auch eine neue Aufgabe gestellt. Es gibt viele Dinge in unserem Leben, die wir nicht ändern können. Wir leben in einer bestimmten Zeit und Umgebung und sind den Einflüssen der Physiologie und Geschichte unterworfen und den Kräften der Planeten, wenn diese durch unser Horoskop wandern. Alle diese Aspekte formen unser Schicksal. Als Teenager besteht unsere Aufgabe zum Beispiel darin, die Pubertät zu durchlaufen. Als junge Menschen müssen wir lernen, mit unserer Sexualität umzugehen. Wie bei einem Kartenspiel könnte man sagen, dass unsere Aufgabe in einer bestimmten Lebensperiode durch die Karten festgelegt wird, die wir dafür „in der Hand halten". Unsere Ziel sollte es sein, sie in der bestmöglichen Weise auszuspielen.

Unsere erste Aufgabe besteht darin, das größere Schicksal unserer Generation zu erfüllen. Wir übernehmen diese Aufgabe, indem wir die Generation wählen, in der wir geboren werden.

Als Zweites müssen wir zum Fortschritt unserer Art beitragen. Viele von uns erfüllen diese Aufgabe, indem sie Kinder bekommen – dieser Drang ist in unseren biologischen Uhren vorprogrammiert. Aber unabhängig davon, ob wir Kinder haben oder nicht, tragen die meisten vor allem durch ihre Arbeit zum Fortschritt bei. Die Menschen sind keine gefährdete Art mehr, die sich überwiegend auf das Überleben in der physischen Welt konzentrieren muss. Wir benötigen nun Künstler, Philosophen und Lehrer, die uns anleiten und zu unserer Weiterentwicklung beitragen.

Die dritte Aufgabe ist die Selbstverwirklichung, wir müssen unser ganzes Potenzial nutzen. Das kann dauern, bis wir zwischen 80 und 90 Jahre alt sind, denn zu diesem Zeitpunkt kehrt Saturn zum dritten Mal in die Position zurück, die er während unserer Geburt eingenommen hat. Dann zeigt er uns, wer wir wirklich sind. Heutzutage leben viele Menschen lange genug, um diese Wahrheit in Erfahrung zu bringen.

Über dieses Buch

Mit Hilfe dieses Buches erfahren Sie mehr über jedes Jahr Ihres Lebens, von der Geburt an (und sogar davor) bis hin zum 90. Geburtstag (und auch noch darüber hinaus). Jedes Jahrzehnt ist in einem eigenen Kapitel zusammengefasst, an dessen Anfang eine Tabelle steht, welche die „Schicksalsjahre" für diese Dekade auflistet. Dabei handelt es sich um eine Zusammenfassung der großen astrologischen Einflüsse und der Zeiträume, in denen sie auf uns einwirken. Diese Einflüsse werden dann im Verlauf des Kapitels, in den Abschnitten zu den einzelnen Jahren, genauer erläutert. Hier finden Sie Ratschläge, Kommentare und Geschichten von all jenen Menschen, die wir zu ihren Erfahrungen in diesem Alter befragt haben.

Jede Beschreibung eines Jahres wird mit einem Vorschlag für eine geeignete Geburtstagsfeier zu diesem Alter abgerundet. Am Ende eines jeden Kapitels empfehlen wir zusätzlich ein Ritual, das diese größere Lebensspanne eines Jahrzehnts auf gelungene Weise zu beenden hilft.

Schicksalsjahre

Die Tabelle der Schicksalsjahre gibt einen kurzen Überblick über die planetarischen Einflüsse, die in jedem Jahrzehnt zu erwarten sind: Die Jahre, in denen sich etwas ändern wird, die Himmelskörper, die diese Veränderungen bewirken, und die Art der Veränderung, auf die wir uns einstellen müssen. Die Leser und Leserinnen dieses Buches können sich anhand dieser Tabellen einen schnellen Überblick über ein Jahrzehnt verschaffen und die speziellen planetarischen Einflüsse dann im Detail in den einzelnen Jahresbeschreibungen nachlesen.

Lebensjahre

Dieses Buch enthält viele Bezüge auf astrologische Einflüsse. Die Ökologie befasst sich mit den Beziehungen zwischen verschiedenen physikalischen Systemen. Die Astrologie hingegen untersucht die spirituellen Beziehungen der Sterne. Während sich die Bewegungen der größeren Planeten in Revolutionen und sozialen Veränderungen spiegeln, wirken die kleineren Planeten auf das Leben der einzelnen Menschen. Manchmal überwiegt der Einfluss der überpersönlichen Planeten, die das Schicksal von Generationen bestimmen. Zu anderen Zeiten wird unser Leben von den Positionen der Planeten in unseren persönlichen Horoskopen geprägt. Verflochten in diese Einflüsse, treffen wir unsere Wahl und üben unseren freien Willen aus. Und während wir uns ständig zwischen all diesen Kräften bewegen, sollte für uns der große Imperativ gelten: zu erschaffen und zu lieben. Jede Beschreibung eines Alters konzentriert sich auf die Tendenzen, die durch die Interaktion all dieser Kräfte abgelesen werden können.

Die Astrologie zeigt uns die großen Muster, die unsere Leben bestimmen; eine wirkliche Bedeutung erhalten sie aber erst durch unsere persönlichen Erfahrungen. Mit Hilfe von Zauber und Ritualen übernehmen wir die Verantwortung für unsere eigenen Fortschritte.

Wenn Sie in diesem Buch den Abschnitt zu Ihrem aktuellen Alter durchgelesen haben, sollten Sie auch vor- und rückwärts blättern. Erleben Sie Ihre Kindheit dabei noch einmal neu und bereiten Sie sich auf die Zukunft vor.

Geburtstage

Kinder sind sich ihrer Geburtstage immer sehr bewusst. Für ein Kind ist es eine große Errungenschaft, jedes Jahr zu überleben. Doch je älter wir werden, desto schneller ziehen die Jahre an uns vorbei. Aber auch viele Erwachsene haben es sich zur Gewohnheit gemacht, ihre Geburtstage mit einer Feier zu begehen.

Einführung

Die Geburtstage, die ein neues Jahrzehnt einleiten, sind natürlich besonders eindrucksvoll. Dennoch sollte sich jeder wenigstens einmal im Jahr würdigen lassen und aus diesem Grund können und sollten wir unsere Geburtstage in jedem Alter feiern.

Als Sie noch ein Kind waren, hat vermutlich Ihre Mutter die Geburtstagsfeste ausgerichtet. Aber was, wenn Sie nun selbst Mutter sind? Was, wenn Sie alleine leben? Keine Frau sollte an ihrem Geburtstag selbst kochen müssen! Sie könnten zum Beispiel eine Art „Geburtstags-Club" mit anderen Frauen gründen, um das zu vermeiden. Oder andere Familien suchen, mit denen Sie zusammen feiern. Wenn Sie Kinder haben, teilen Sie Ihre Aktivitäten mit anderen Müttern. Helfen Sie sich gegenseitig dabei, Partys für die Kinder und sich selbst zu organisieren. Wenn Sie einer spirituellen Frauengruppe oder einem Verein angehören, setzen Sie die Geburtstage der einzelnen Mitglieder einfach auf Ihren gemeinsamen Terminkalender.

Lebensgeschichten

Jedes Kapitel hält für Sie Einsichten und Weisheiten von Menschen bereit, die das Alter, das Sie gerade durchlaufen oder das Ihnen bevorsteht, bereits erlebt haben. Diese Menschen suchen wie Sie selbst nach einer spirituellen Dimension oder einer magischen Bedeutung all der Stationen, die wir bestehen müssen. Wenn Sie die Erfahrungsberichte dieser Menschen lesen, beachten Sie bitte Folgendes: In dieser Lebensprüfung gibt es keine falschen Antworten, deshalb ist es hilfreich, die richtigen Fragen zu stellen! Um ein ganzes Menschenleben zu beleuchten, braucht es mehr als nur eine Perspektive. Dieses Buch ist die Quintessenz der gemeinsamen Bemühungen zweier Autorinnen und der vielen Frauen sowie einiger Männer, die auf unseren Fragebogen geantwortet haben. In diesem wurden nur zwei Fragen gestellt: „Wie fühlen Sie sich in Ihrem Alter?" und „Was haben Sie über das Leben gelernt, woran Sie gerne andere Menschen teilhaben lassen möchten?"

Wenn Sie die Geschichten lesen, werden Sie vermutlich Vergleiche mit Ihren eigenen Erfahrungen in den jeweiligen Jahren anstellen. Während einige Bemerkungen so vertraut klingen werden, als wären es Ihre eigenen Gedanken, können Sie mit anderen vielleicht überhaupt nichts anfangen. Dies ist kein Grund zur Beunruhigung – wir haben zwar alle dasselbe Ziel, aber viele Wege führen dorthin. Es gibt keine zwei Personen, die genau dieselbe Lebensgeschichte besitzen. Aber auch wenn Sie zu dem Zeitpunkt, von dem unsere befragten Personen berichten, keine besondere Erfahrung gemacht haben, werden Sie an vielen Stellen in diesem Buch Aussagen finden, die Begebenheiten aus Ihrem eigenen Leben in Erinnerung rufen. Wie auch immer Sie diese Berichte interpretieren, ob Sie darin eine Warnung finden oder eine Inspiration, eines ist gewiss: Wir sind alle Gefährten auf demselben Weg.

Rituale

Neben den Geburtstagen gibt es auch andere Momente – physische, soziale oder astrologische – in denen ein Ritual die Erfahrung ins Zentrum rücken oder den Übergang in eine veränderte Welt erleichtern kann. Durchgangsrituale unterstützen uns auf einer sehr tief gehenden Ebene dabei, die Notwendigkeit der Veränderung zu akzeptieren. Wenn Sie das Kapitel für Ihr Jahrzehnt lesen, blättern Sie ruhig weiter und werfen Sie einen Blick auf die Rituale für diese Dekade. Es kann sein, dass Sie mit einigen Ritualen bis zum Ende eines Jahrzehnts warten möchten. Aber Sie können auch das eine oder andere Ritual bereits vorher anwenden, wenn Sie spüren, dass Sie eine bestimmte Phase durchlaufen.

In traditionellen Kulturen werden die meisten Übergangsriten in Gruppensitzungen durchgeführt, da die Übergänge in andere Phasen auch die Beziehungen zur Gemeinschaft ändern und manchmal auch den eigenen offiziellen Status. Sie sollten daher Ihre Familie und Freunde einladen, um die Veränderung zu bezeugen und zu feiern. Ein solches Ritual kann natürlich auch ein guter Anlass für eine große Party sein! Aber der eigentliche Sinn eines Rituals besteht darin, dass sich die Person verändert, die es durchläuft. Wenn Sie also keine Gruppe kennen, die Sie dabei begleitet, arbeiten Sie die wichtigsten Schritte des Rituals alleine durch.

Denken Sie immer daran, dass jedes neue Jahr viele Gelegenheiten bietet, Ihrem Leben den bestmöglichen Sinn zu verleihen.

Geburt und die Zeit davor –
Die Reise beginnt

Das Leben beginnt lange vor der Empfängnis. Als Erstes entscheiden wir, wann wir uns in das Getümmel der menschlichen Existenz begeben möchten. Die historische Zeit, in die wir hineingeboren werden, bestimmt auch das emotionale, politische und geistige Umfeld unseres Lebens. Deshalb ist dies eine sehr wichtige Entscheidung. Wenn wir unsere Eltern erst einmal ausgewählt und uns mit einer eingenisteten Eizelle verbunden haben, können wir unsere Meinung nicht mehr ändern. Dann haben wir die Generation gewählt, mit der wir durchs Leben gehen werden.

In dem Moment, in dem wir unseren ersten Atemzug tun, gibt uns Mutter Natur all das mit auf den Weg, was für unsere Existenz wichtig ist. In kleine DNS-Ketten hat sie jene Anweisungen gepackt, die nicht nur für unsere ersten Lebensmonate wichtig sind, sondern auch für den Rest unseres Lebens. Das kleine Baby in der Wiege besitzt bereits das Potenzial für ein Leben, das bis zu einem ganzen Jahrhundert andauern kann. Die Natur hat uns aufgetragen, für die Nachfolge unserer Art zu sorgen. Außerdem müssen wir unseren persönlichen Beitrag zur Fortführung der Geschichte unserer Zeit leisten.

Neben dem einfachen Überleben ist es für die Menschen wichtig, eine Aufgabe zu haben. Diese Aufgabe ist das Geheimnis unserer Existenz. Eine gute Aufgabe erfüllt uns mit Stolz, aber manchmal können wir im Nachhinein erkennen, wie Menschen oder auch Generationen einen falschen Weg eingeschlagen haben. Doch selbst dann können Erinnerungen und historische Berichte solche negativen Beispiele, wie die Gräueltaten des vergangenen Jahrhunderts, als Warnung für uns alle bewahren.

Wir alle wüssten gerne, was wir von unserem Leben zu erwarten haben. Von Arnold Gesells und Frances L. Ilgs Buch *Das Kind von fünf bis zehn* bis hin zu Gail Sheehys *Die neuen Lebensphasen* haben uns Autoren dabei geholfen, für jedes Jahr und jedes Jahrzehnt zu verstehen, was gerade mit uns geschieht und wie es weitergehen wird. Doch nun ist es an der Zeit, einen Blick auf unsere spirituelle Entwicklung zu werfen.

Mutter Natur schickt uns nicht ohne Landkarte in die Welt hinaus. Sie stellt uns Beschützer an die Seite, die auf unsere Schritte achten. Sie gräbt die Erinnerungen an die natürlichen Zyklen tief in unsere Seelen ein. Sie errichtet Kontrollpunkte in unserem Leben, an denen sie uns die richtige Richtung weisen kann. Unser Leben ist eine Schule, und jedes Jahr lehrt uns eine neue Lektion.

Das Leben ist ein Geheimnis, genauso vielschichtig wie eine Sahnetorte, reichhaltig wie ein Eintopf und so komplex wie die spiralförmigen Strukturen unserer DNS. Vielleicht möchten Sie jetzt einwerfen: „Aber das Leben ist doch heilig!" Aber unserer Meinung nach trifft dies auch für die Sahnetorte und den Eintopf zu. Alles, was auf kreative Weise altbekannte Elemente zu etwas Sinnvollem und Neuem zusammenführt, ist ein Wunder.

Jede Torte und jeder Eintopf ist einzigartig, ebenso wie jeder Mensch. Doch es gibt einen Lebensentwurf, der für uns alle gilt. Bei längerer Betrachtung kristallisiert sich allmählich ein Muster heraus. Wir existieren nicht unabhängig von anderen Wesenheiten im Universum. Wenn uns das neue Jahrhundert bereits etwas gelehrt hat, dann dies, dass alles in Bezug zueinander steht. Alles ändert sich, entweder freiwillig oder als Reaktion auf den Druck des Schicksals.

In der Klassik sind die drei Grazien oft Hand in Hand tanzend abgebildet worden. Ihr Tanz ist ein Teil des himmlischen Kreislaufs. Die Gesellschaft ändert sich, aber der Kreislauf des

Lebens währt ewig. Sind diese psychosozialen Veränderungen nur abhängig von der sozialen Evolution? Oder könnte die Bewegung von Pluto aus dem Krebs in den Löwen dabei eine Rolle gespielt haben? Der Kreislauf des Saturns bestimmt die wichtigsten Änderungen, aber dennoch verläuft jedes Jahr nach einem neuen Muster und jedes Alter hat seine eigene Bedeutung.

Den Kreis betreten

Haben Sie auch schon einmal verzweifelt Ihre Arme in die Luft geworfen und gen Himmel geschrien: „Was willst Du von mir? Was soll ich hier? Gibt es einen Plan?"

Wir alle haben uns schon das eine oder andere Mal so gefühlt. Der alte Spruch, dass das Leben nur ein Test sei – denn wäre es real, hätten wir bessere Anleitungen erhalten, ringt uns ein klägliches Lächeln ab. Es gibt immer Zeiten, in denen man zerrissen ist und sich fühlt, als ob man die Kontrolle verloren hätte. Die Zyklen, die über Kulturen und Nationen herrschen, dauern länger an als jene, die ein Menschenleben beeinflussen, aber sie sind genauso machtvoll.

Um zu verstehen, worum es in einem Buch geht, werfen wir einen Blick in das Inhaltsverzeichnis. Ebenso bieten uns verschiedene Faktoren – genetische, soziale und astrologische –, die zum Zeitpunkt unserer Geburt eine wichtige Rolle spielen, einen groben Überblick über unsere Lebensgeschichte. Aber, wie Ihnen jeder Autor bestätigen wird, eine Gliederung kann zwar deutlich machen, welches Thema ein Buch behandelt. Beim Schreiben entwickeln sich jedoch neue Ideen, erst jetzt nimmt das Buch konkrete Gestalt an. Dasselbe lässt sich vom Leben sagen: Erst der Sinn eines Lebens macht den Unterschied aus.

Dennoch, wenn Sie gerne verstehen möchten, wohin Sie gehen und wie Sie dorthin gelangen können, ist es keine schlechte Idee, mit den Faktoren anzufangen, die Sie geformt haben.

In dem Moment, in dem wir unseren ersten Atemzug machen, beginnt unser Leben offiziell. Die Anordnung der verschiedenartigsten Einflüsse wie Gesundheit, Vererbung, das familiäre Umfeld und die Position der Planeten in genau diesem Moment, legen das Muster für unser Leben fest.

Vererbung

Bestimmen unsere Eltern unser Schicksal? Die Vererbung spielt sicherlich eine Rolle im Hinblick auf unsere Entwicklung, aber legt sie unser gesamtes Leben fest?

Luciles Vater war ein Doktor der Mathematik, aber er musste ihr während ihrer gesamten Schulzeit Nachhilfe in Mathematik geben. Ihre Mutter war künstlerisch begabt, und dies trifft auch auf Lucile zu, aber sie wurde keine Künstlerin. Stattdessen benutzte sie ihre Fähigkeit, Ereignisse zu analysieren, die sie wie ihr Vater besitzt, bei ihrer Arbeit als Wissenschaftlerin. Sind ihre Fähigkeiten nun geerbt oder ein Ergebnis ihrer Erziehung?

Carolas Mutter litt an Diabetes und starb daran. Und Carola ist nun auch daran erkrankt. In diesem Fall spielt das Erbgut sicher eine Rolle. Aber Carola hat gelernt, ihre Krankheit mit Diät und Sport unter Kontrolle zu bringen. Wenn sie vorsichtig ist, kann sie ein langes, aktives Leben führen.

Die Wissenschaft ist dabei, das menschliche Genom zu entschlüsseln und wir werden immer mehr über jene Struktur erfahren, die unsere Körper erschaffen hat. Hautfarbe, Größe, Gewicht, Körpertyp, Gesundheit und vielleicht sogar die Intelligenz mögen erblich sein. Sie liefern uns die Grundlage, mit der wir unser Leben beginnen. Aber das Ergebnis hängt von unseren Entscheidungen ab, die wir, beeinflusst von unserer inneren Einstellung, treffen.

Wenn wir älter werden, können wir uns noch daran erinnern, wie wir uns als Kind gefühlt haben, auch wenn wir unser Leben nun ganz anders wahrnehmen. Dies macht deutlich, dass wir mehr sind als nur unsere Körper.

Umfeld

Das Umfeld, in das wir hineingeboren werden, und das ebenso wichtig wie die Gene sein kann, beginnt im Mutterleib. Die alte Kontroverse über die Wichtigkeit von Natur und Erziehung erhält eine neue Bedeutung, wenn wir sowohl den Einfluss der physischen Umgebung als auch des Spirituellen betrachten und die Beziehung zwischen sozialen Schichten, Kultur und die sich daraus ergebenden Lebensperspektiven und Wahlmöglichkeiten bedenken.

Sicherlich kann sich jemand, der genügend motiviert ist, auch aus einer nicht privilegierten Umgebung befreien.

Dianas Vater kam in Brooklyn auf die Welt und wuchs in einer Arbeiterfamilie mit einem alkoholabhängigen Vater auf. Er musste auf dem Nachhauseweg über die Dächer der Mietshäuser klettern, um den Gangs aus dem Weg zu gehen. Seine angeborene Intelligenz verhalf ihm jedoch zu einer guten Ausbildung. Und obwohl er das gesamte Geld, das er in Teilzeitjobs verdiente, dafür ausgab, das schlecht laufende Geschäft seines Vaters zu retten, erhielt er ein Stipendium an einer technischen Universität. Mit fünf Dollar in der Tasche verließ er das Haus und brachte es bis zum Doktortitel.

Aber jeder einzelnen Erfolgsstory stehen etliche Schicksale gegenüber, die nicht zu einem guten Ende führten. Dianas Vater verdankte den Erfolg nicht nur seiner Intelligenz, sondern auch der Fürsorge seiner Mutter, die mit ihm viel Schach gespielt hatte und ihn zum Lesen ermunterte. Wenn einer dieser Faktoren fehlt, übernehmen andere die Hauptrolle. Wenn ein Kind jedoch ohne einen einzigen solchen Vorteil auf die Welt kommt, ist es tatsächlich sehr schwierig, Erfolg zu haben. Die Gefängnisse und Straßen sind voll von jenen, die ihre Chancen nicht nutzen konnten oder überhaupt nie eine Chance hatten. Diejenigen, die mit mehr Segnungen geboren wurden, können ihr Karma verbessern, indem sie die Hilfe anbieten, die in ihrer Macht steht.

Doch was auch immer das Schicksal uns bietet, das Leben besteht aus einer Reihe von Wahlmöglichkeiten und auf lange

Sicht hängen Erfolg oder Misserfolg davon ab, wie wir das einsetzen, was wir haben. Je mehr wir wissen, desto besser sind wahrscheinlich unsere Wahlmöglichkeiten.

Manchmal kann uns eine Meditation zu Informationen verhelfen, die auf andere Weise nicht zu erhalten sind. Nach einem Workshop bei Z Budapest schickte uns Sande den folgenden Bericht über ihre Erfahrungen während einer Trance-Reise, die einen Besuch bei den Schicksalsgöttinnen zum Ziel hatte:

Ich wurde nach der Geburt von einem kinderlosen Ehepaar Mitte vierzig adoptiert. Er war Portugiese, sie Italienerin. Meine leibliche Mutter hatte mir als mütterliches Erbe schottische, englische und irische Einflüsse mitgegeben. Da die Adoption in einem privaten Rahmen unter Freunden stattfand, konnte ich später herausfinden, dass mein leiblicher Vater Italiener war. Ich habe Fotos von meiner leiblichen Mutter, der Großmutter und der Urgroßmutter (alle verstorben) und auch von meinen biologischen Geschwistern gesehen. Die Familie meines Adoptivvaters stammte ursprünglich von den Azoren und es heißt, die Urgroßmutter väterlicherseits sei eine Dorfhexe, gleichzeitig aber auch gläubige Katholikin gewesen. Mein Vater erzählte, sie hätte ihm Angst eingejagt, als er sie zum ersten Mal sah.

Die erste Frage, die ich den Schicksalsgöttinnen stellte, war, ob es in meiner Vergangenheit irgendetwas gäbe, das auch heute noch wichtig für mich wäre. Die Antwort lautete: Meine Urgroßmutter mütterlicherseits sei ein wichtiges Bindeglied für mich. Dann erhielt ich die Information, dass sie und die Urgroßmutter meines Adoptivvaters, die Hexe aus Portugal, miteinander verwandt waren. Ich hatte immer eine starke Bindung zur Familie meines Adoptivvaters und sehe auch einigen meiner Tanten sehr ähnlich. Deshalb fiel es mir auch nicht allzu schwer, diese Mitteilung zu glauben.

Die zweite Frage bezog sich auf mein gegenwärtiges Leben und meine Aufgabe. Die Antwort zeigte mir ein Bild, das mich als ein Licht erzeugendes Wesen, eine Art Lehrerin darstellte, die zusammen mit Frauen und Kindern über ein offenes Gelände mit einer Wiese und Wald im Hintergrund geht.

Die dritte Frage richtete sich auf meine Zukunft, auf das, was aus mir werden würde. Und diesmal sah ich mich selbst eingeschlos-

sen in einer schweren Eisenrüstung. Ich wirbelte auf eine Wiese zu und während ich mich drehte, fiel die Rüstung von mir ab, ein Stück nach dem anderen bis ich mich leicht fühlte und frei und unglaublich fröhlich.
Während dieses Meditationskurses habe ich mehr über mich und mein Leben erfahren als je zuvor.

Astrologie

Aus astrologischer Sicht ist der entscheidende Moment der Augenblick, in dem das Baby seinen ersten Atemzug tut. In diesem Moment geht die Verantwortung für das Überleben von der Mutter auf das Kind über. Wir öffnen uns selbst für die Energien der Welt um uns herum und starten jenen Prozess, der so lange andauern wird, bis wir den Übergang zurück in die Anderswelt antreten. Was immer auch sonst in unserem Leben geschehen mag: Wir müssen weiteratmen. Darum ist der Atem unsere Fahrkarte ins Leben, in diese Existenz, die wir mit allen anderen lebenden Dingen gemeinsam haben. Der Atem ist heilig.

Wenn ein Kind seinen ersten Atemzug tut, atmet es dabei nicht nur Sauerstoff ein, sondern auch die Energie des Universums. Die Position der Planeten im Augenblick der Geburt bestimmt die seelischen Kräfte, die uns ein Leben lang begleiten. Deshalb ist die Uhrzeit so wichtig. Denn auch nur zehn Minuten Unterschied bei der Geburt von Zwillingen können bereits dazu führen, dass sie in einem ganz anderen Verhältnis zur Welt stehen.

Die Astrologie kann ein wichtiger Schlüssel für die Interpretation unseres Lebensbuches sein, aber wir müssen erst lernen, sie richtig anzuwenden. Es kann sehr frustrierend sein, wenn professionelle Astrologen immer nur von Ratschlägen und Gelegenheiten reden, welche die Sterne bieten – nicht jedoch von Gewissheiten. Einsicht und Intuition sind notwendig, um alle Teile zusammenzusetzen und zu verstehen, wie sie sich gegenseitig beeinflussen, um uns diese Wahl zu ermöglichen. Die Sterne zwingen uns nicht, bestimmte Wesenszüge anzunehmen. Vielmehr sind ihre Bewegungen von denselben Kräften erschaffen worden, die auch auf unser Leben einwirken. Das Rauschen der Blätter am Baum ist nicht dafür verantwortlich, dass Ihr Hut vom Kopf geblasen wird – allein der unsichtbare Wind bewirkt beides. Und wenn Sie sehen, dass sich die Grashalme vor Ihnen biegen, wissen Sie, dass im nächsten Moment der Windstoß auch Sie treffen wird.

Wir leben in einem Universum voller Schwingungen. Das meiste, was uns umgibt, ist unsichtbar; wir können nur jene Dinge sehen, die das Licht reflektieren. Aber da draußen gibt es noch viel mehr. Wir wissen nicht genau, was die Wirklichkeit alles umfasst. Aber wir werden langsam gewahr, dass es wichtig ist, alles zu verstehen – auch jene Aspekte, die überhaupt keinen Sinn zu ergeben scheinen. Möchten wir wirklich in einer Welt des Chaos leben? Es muss Organisationsprinzipien geben, die es uns erlauben, unserer Zeit einen Sinn zu verleihen. Wir sind von Fragen umgeben. Warum sind Wassermänner so tolerant? Warum ist ein Skorpion so eigensinnig? Warum sind manche Zeiten reif für Revolutionen und andere, trotz derselben Ungerechtigkeiten, nicht? Gibt es so etwas wie den Sturm des Krieges, der durch manche Zeitalter zu fegen scheint?

Das Schicksal spricht tagtäglich durch den Geist der Zeit mit uns. Wir hören nicht immer zu, aber es betrifft uns, ob wir bewusst darauf achten oder nicht.

Der erste Lebensabschnitt

Der Moment der Geburt ist der offizielle Beginn des ersten Lebensabschnittes. Die Geburt ist die Türschwelle zwischen Leben und Tod. Solange ein Mensch nicht geboren ist, solange ist er kein Teil dieser Welt. Um den Übergang zu meistern, benötigen wir eine Mutter, die uns hereinbittet. Das Neugeborene ist klein, hilflos und kann kaum saugen. Es wird herausgerissen aus der Geborgenheit des Fruchtwassers, in der es in kurzen neun Monaten die gesamte evolutionäre Entwicklung der Menschheit durchlaufen hat.

Der Anblick eines Neugeborenen ist ein ergreifendes Erlebnis. Neugeborene Babys haben eine starke spirituelle Aura und wenn die Schicksalsgöttinnen freundlich sind, legen sie die Kinder in die Arme liebevoller Mütter. Das neugeborene Kind ist ein Symbol der Hoffnung, es verkörpert das Wunder der Erneuerung. Es ist rein, ohne Urteilsvermögen und Erfahrung; schön und voller Leben. Ein Baby erinnert uns an den eigenen Anfang.

Diana, die schon einigen Geburten beigewohnt hat, erinnert sich an das Wunder der Geburt:

Wenn ich nicht gerade selbst zusehe, kann ich es kaum glauben, dass jeder einzelne Mensch auf dieser Welt so geboren wird. Der Muttermund zieht sich zusammen und entspannt sich wieder. Er verändert seine Form, bis das Baby entbunden ist. Eine gebärende Frau ist wie eine Göttin, sie wiederholt den Moment der Schöpfung. Dann ist das Kind auf der Welt und die Nabelschnur – die körperliche Verbindung zwischen Mutter und Kind – kann durchtrennt werden. Ein ganz neues, eigenständiges Lebewesen liegt vor dir, das herauszufinden versucht, was passiert ist. Doch jedes Baby reagiert auf diese Situation anders. Als ich meine Enkelinnen, Zwillinge, zum ersten Mal sah, schlief eine von beiden ganz ruhig, während die andere gegen die Wände der Wiege drückte und strampelte. Da war bereits klar, welche von den beiden es einmal einfacher in der Welt haben würde.

Im kindlichen Körper ist bereits das Potenzial angelegt, zu einem reifen Menschen heranzuwachsen. Alles, was Sie einmal brauchen werden, ist fest in der DNS verpackt, und wartet nur darauf, zur rechten Zeit ins Spiel zu kommen. Aber dabei handelt es sich nur um eine grobe Skizze. Wie sich alles zusammenfügen wird, hängt von Ihnen ab.

Geburtsrituale

Zukünftige Eltern haben kaum eine Chance, das genetische Erbe zu beeinflussen, das sie weitergeben, noch können sie den Augenblick der Geburt bestimmen. Aber es gibt die Möglichkeit, eine Geburt zu einem lohnenden spirituellen Ereignis zu machen, das Eltern und Baby zu einem guten Start in ihr gemeinsames Leben verhilft.

Wenn es sich um eine Hausgeburt handelt, errichten Sie in dem Raum, in dem die Geburt stattfindet, einen Altar für die mütterliche Kraft des Göttlichen. Bilder von Madonna mit Kind, von Gaia, Kuan Yin oder Muttergöttinnen aus anderen Kulturen inspirieren zu den richtigen Gedanken. Sorgen Sie für eine angenehme Atmosphäre und wohltuendes Licht im Raum.

Findet die Geburt in einem Krankenhaus oder einem anderen Geburtshaus statt, lässt sich auch hier ein einfacher Altar (ohne offenes Feuer) errichten und Musik spielen. Wer der Mutter beisteht, kann ihr Wehklagen mit einem langen „Ma" begleiten. Das Singen hilft allen dabei, sich auf die Wehen zu konzentrieren und kann Schmerzlaute in einen positiven Klang umwandeln. Im frühen Stadium der Geburt wirkt ein leises Summen entspannend. Wenn die Mutter gerne singt, kann sie ebenfalls in das „Maaah" einstimmen, besonders in der Pressphase. Der Ton steigert sich zum Höhepunkt der Wehe hin und hilft der Mutter dabei, die Energie auf das Pressen zu konzentrieren. Es kann auch sein, dass in manchen Situationen Lieder mit einem geeigneten Text angebracht sind, besonders dann, wenn die Mutter diese Lieder kennt.

Wenn Mutter und Doktor beziehungsweise die Hebamme damit einverstanden sind, kann das erste Badewasser des Kindes mit duftenden Kräutern versehen werden. Anschließend wird das Kind so gesegnet, wie es die religiösen Traditionen der Familie vorsehen. Christen können das Kind unter den Schutz von Jesus, der Jungfrau Maria oder Engeln stellen. Ein Buddhist kann Kuan Yin anrufen und ein Heide betet vielleicht zur großen Mutter und den vier Elementen. Die Atmosphäre unmittelbar nach der Geburt sollte ruhig und friedvoll sein und das Kind sollte die ersten paar Tage an einem ruhigen, dunklen Ort verbringen und möglichst viel Körperkontakt zur Mutter haben.

Die griechische Göttin Artemis, die den Mondwagen fuhr, war auch eine Göttin der Geburt. Sie wachte über die Gesundheit und die körperliche Entwicklung des heranwachsenden

Kindes. Beim ersten Vollmond nach der Geburt, wenn Wetter und Gesundheit es erlauben, nehmen Sie das Baby mit nach draußen und zeigen Sie es dem Mond. Sie können ein Gebet dazu sprechen:

> *Mondgöttin im Silberlicht,*
> *Herrscherin der dunklen Nacht,*
> *Segne dieses Kinde hier,*
> *wie Du's mit Erd' und Meer gemacht.*

Das Ritual

Dem Kind einen Namen geben

Einige sagen, jede Seele habe viele Inkarnationen, und die Geburt sei nur eine Wiederholung dessen, was bereits geschehen sei. Andere begreifen das Leben als einmaliges Ereignis. Wie dem auch sei, der Mensch bleibt nach seiner Geburt nicht immer derselbe, er entwickelt sich. Das Baby wird ein Kind, das Kind ein Mädchen, das Mädchen wird zur Frau und die Frau zur weisen Alten.

Jedes Entwicklungsstadium bringt körperliche und geistige Veränderungen mit sich. Nach der Geburt ist jedoch der Tod die wichtigste Übergangsphase. Bei jedem Übergang ändert sich der Körper. Die Erfahrungen der Vergangenheit scheinen dann fast zu einer anderen Person zu gehören, aber die Zukunft ist immer unbekannt. Überall auf der Welt streben Menschen danach, diese Übergangsphasen mit bestimmten Ritualen zu erleichtern. Die meisten Kulturen haben ein formelles Ritual, um ein Kind als Mitglied einer Familie und Gemeinschaft willkommen zu heißen. Das folgende Ritual kann ein Baby in eine Gemeinschaft jedweden Glaubens aufnehmen.

Neben den Eltern und dem Baby sollten zu den Teilnehmern auch Paten für das Baby gehören, sowie andere Familienangehörige und Freunde mit ihren Kindern. Nehmen Sie alle in einem Kreis Platz.

Segnen Sie den Raum auf eine Art, die Ihnen angemessen erscheint; Sie können zum Beispiel Wasser versprühen. Erklären Sie, dass Sie Ihre Gäste eingeladen haben, um der Namensgebung des Kindes beizuwohnen und zu würdigen, dass dies nur ein Abschnitt in einer Reihe von Wiedergeburten und Übergangsphasen ist, die diese Seele durchlaufen wird.

Dann bringen die Eltern das Kind in den Kreis. Anschließend beschreiben zuerst die Mutter und dann der Vater die Gesundheit, die körperlichen Merkmale, den familiären Hintergrund sowie die künstlerischen und kulturellen Einflüsse. Alle diese Elemente aus beiden Familienzweigen sind Teil des Erbes, das dem Kind mit auf den Weg gegeben wird. Wenn ein Horoskop für das Kind erstellt wurde, kann der Astrologe dies präsentieren und dessen Aspekte zusammenfassen.

Als Nächstes bitten die Eltern jene Personen, die sie als Paten ausgesucht haben, mit ihnen zusammen die Verantwortung für die Erziehung des Kindes zu tragen. Jeder Pate wird gefragt, ob er oder sie geloben will, das Kind zu lieben und zum Wohle der Gemeinschaft für es zu sorgen. Der Pate oder die Patin stimmt zu, indem er oder sie das Kind in den Arm nimmt.

Alle anwesenden Kinder treten näher und können, wenn es mehrere sind, einen Kreis um die Eltern und das Kind bilden und dabei ein Lied singen:

Bruder (oder Schwester), willkommen sei uns sehr –
Wachse schnell heran und komm zum Spielen her!

Wenn die Kinder und die Paten ihre Plätze im Kreis wieder eingenommen haben, ist es an der Zeit, dem Kind einen Namen zu geben. Verteilen Sie dazu für die Kinder ein paar Süßigkeiten, damit sie sich an den Namen besser erinnern können. Die Eltern verkünden dann den Namen und erklären seine Bedeutung. Abschließend rufen alle dreimal den Namen des Kindes und fügen hinzu: „Sei willkommen!" Die Gäste und Zeugen treten vor, um ihre Geschenke zu überreichen oder dem Kind die Hand zum Segen aufzulegen.

Wenn dies vorbei ist, kann das Ritual in eine Feier übergehen ...

1. bis 10. Jahr – Erste Blüte

Der erste Lebensabschnitt beherrscht unser Leben von der Geburt bis zur ersten Rückkehr des Saturns, etwa im Alter von 28 Jahren. Meistens dauert es jedoch einige Jahre länger, bis sich das Schicksal erfüllt und wir mit einem neuen Abschnitt beginnen können. Deshalb kann man sagen, dass die Phase der ersten Blüte in unserem Leben fast von der Geburt bis zum 30. Lebensjahr andauert. Aber in unserer Kultur gibt es zwischen der Zeit des Heranwachsens und dem Erwachsenenalter mit 18 Jahren einen sozialen und psychologischen Einschnitt. Die Jahre der Kindheit bilden das Fundament für unser emotionales, mentales und körperliches Wesen. Was uns in diesen Jahren widerfährt, hat Auswirkungen auf unser ganzes Leben. Unser Bewusstsein speichert alles ab und die frühen Eindrücke informieren, ermutigen oder beunruhigen uns ein Leben lang. Die Erinnerungen können bis zur ersten Rückkehr von Saturn im Alter von 28 Jahren begraben bleiben, manchmal sogar auch bis zur zweiten Rückkehr in den späten Fünfzigern. Aber wahrscheinlich wird einmal eine Zeit des psychischen Großreinemachens eintreten.

Wenn wir stark genug geworden sind, damit umzugehen, können die Erinnerungen an die alten Schmerzen und Verletzungen wieder hervorgeholt und geheilt werden. Manche Menschen können sich erst im mittleren Alter wieder bewusst an einen Missbrauch in der Kindheit erinnern. Aber es reicht nicht aus, die Ursache für unsere Probleme zu verstehen. Die Verantwortung für unsere Heilung liegt bei uns. Manchmal gelingt es uns, wenn wir frühere Entwicklungsstadien erneut durchleben, sich eine heile Kindheit vorzustellen, um die verlorenen Jahre zu ersetzen. In der Kindheit finden sich immer auch glückliche Momente. Wenn wir diese wieder entdecken, kann es uns dabei helfen, unsere Liebe zum Leben zu erneuern und spätere Schwierigkeiten zu umschiffen.

Wenn Sie die Erläuterungen zu den Analysen der Jahre eins bis zehn lesen, finden Sie als Eltern wichtige Hinweise zum besseren Verständnis Ihrer Kinder. Aber ob wir nun Kinder auf die Welt gebracht haben oder nicht, in uns allen steckt ein Kind. Gab es während Ihrer Kindheit ein Jahr, in dem alles schief ging? Feiern Sie den Geburtstag zu diesem Jahr doch einfach noch einmal! Erinnern Sie sich an ein besonders glückliches Jahr? Wiederholen Sie die Feier. Wenn Sie in den folgenden Abschnitten die Herausforderungen und Feierlichkeiten der einzelnen Kindheitsjahre durchlesen, sollten Sie sie dabei noch einmal neu durchleben. Niemand hat eine perfekte Kindheit, aber die Kraft der Erinnerung hilft uns, die Freude der gelungenen Jahre wieder zu finden. Mit unserem tiefen Verständnis als Erwachsene können wir diese Lücken dann schließen und die Verletzungen aus unglücklichen Zeiten heilen.

Geburtstage feiern

Wenn Sie Kindergeburtstage planen, halten Sie am besten die traditionelle Form ein. Ihr Kind möchte sicherlich nicht geärgert werden, weil es sonderbar wirkt. Es gibt keine Zeit, die so „schicksalsträchtig" ist wie unsere Geburtstage. Der Moment des ersten Atemzugs bestimmt unser Schicksal im Zyklus der Sterne; er ist das erste wichtige Datum in unserem Leben. Das zweite wichtige Datum ist der Tag, an dem wir durch den Tod in die Anderswelt hineingeboren werden. Diese beiden Daten stehen auch auf unseren Grabsteinen. Sie definieren unser Leben.

1. bis 10. Jahr – Erste Blüte

Kindergeburtstage werden in den meisten Fällen feierlich begangen, aber Erwachsene übergehen ihre Geburtstage gerne: „Ich habe an meinem letzten Geburtstag nichts Besonderes gemacht." Diese Antwort haben wir in unseren Fragebögen oft gelesen. Ignorieren Sie Ihren Geburtstag nicht! Jeder Geburtstag ist ein Meilenstein auf der Reise zwischen Ihren beiden „Geburten".

Schicksalsdaten von der Geburt bis zum 10. Jahr

Geburt		Alle Planeten an der Geburtsposition	Erster Lebensabschnitt
2 Jahre	♄ ⚹ ♄	Saturn im Halbsextil zur Geburtsposition	Ego entwickelt sich
2, 4, 6, 8 und 10 Jahre	♂ ☌ ♂	Mars kehrt alle zwei Jahre an die Geburtsposition zurück	Bringt neue Energie
7 Jahre	♄ □ ♄	Saturn im Quadrat zur Geburtsposition	Identität bildet sich, Selbstwertgefühl entsteht

1. Jahr

Das erste Lebensjahr ist ein Jahr der ersten Erfahrungen – und es gipfelt in unserem ersten Geburtstag. In den ersten Monaten dieses Jahres entwickelt sich der Sehsinn. Ein ausgereifter Sehsinn zeigt uns Gesichter, den Sonnenschein und die Bäume, Essen und Spielzeug sowie alle anderen Wunder dieser Erde. Das Sehvermögen ist die Tür, durch die unsere Gehirne Zugang zur Welt erhalten. Dadurch sammeln wir Informationen, die wir später verarbeiten. Wir sollten uns an diese Lektion aus dem ersten Jahr erinnern: Zuerst sehen wir, und erst dann verstehen und handeln wir.

Daneben entwickeln sich aber auch andere Sinne. Verschiedene Körperfunktionen bilden sich aus: Das Baby isst, schläft, macht in die Windeln und gurrt. Das Krabbeln ist eine wichtige Voraussetzung für die Entwicklung der neurologischen Koordinationsfähigkeit. Behinderten Kindern kann manchmal bei ihrer Entwicklung geholfen werden, indem sie das Krabbeln neu erlernen.

An unserem ersten Geburtstag haben wir bereits einige Gefahren der frühen Kindheit überstanden und die Grundlagen für unsere Gesundheit und Stärke gelegt. Nun sind wir nicht länger von anderen abhängig, um mit der Welt in Kontakt zu treten. Das große Abenteuer hat begonnen.

Der Geburtstag

Backen Sie für den ersten Geburtstag Ihres Kindes einen Kuchen, den Sie selbst auch gerne essen und laden Sie ein paar Freunde ein, zum Beispiel die Paten, die bei der Zeremonie zur Namensgebung dabei waren. Sie haben keine Feier veranstaltet? Die können Sie auch noch in den ersten Jahren der Kindheit nachholen. Vielleicht genießt Ihr Kind es sogar mehr, wenn es selbst etwas älter ist. Wenn der Kuchen serviert ist, holen Sie das Kind, zünden Sie eine Kerze an und reichen Sie es von Schoß zu Schoß, während Sie alle dabei ein Geburtstagslied singen. Ein Elternteil kann sich einen Wunsch ausdenken, der andere bläst die Kerze aus.

Bringen Sie Ihr Kind am Abend des nächsten Vollmondes nach draußen und halten Sie es ins Mondlicht, damit es darin „baden" kann. Sprechen Sie dabei den Segen des Mondes für das Kind aus:

> *(Name) sei gesegnet, kleine Seele,*
> *Mögest du vermögend, klug und gesund sein*
> *Mit dem Segen der heiligen Drei.*
> *So will ich es, so soll es sein.*

2. Jahr

An diesem Geburtstag kehrt Mars zum ersten Mal an seine Geburtsposition zurück. Dies geschieht ab nun alle zwei Jahre. Er bringt eine frische Welle Energie mit sich, mit der ein neuer

Zyklus begonnen werden kann. Aber natürlich gehört bei einem zweijährigen Kind die Energie sowieso zum Leben.

Im zweiten Jahr erkundet ein Kind das Potenzial seiner neu errungenen Fähigkeiten. Es kann greifen, also auch werfen. Es kann eine Handlung abschließen und fängt an, mit Worten zu kommunizieren. Am zweiten Geburtstag ist es ein Kleinkind und kein Baby mehr. Das Kind kann nun nicht nur sehen, was es möchte, sondern versucht auch alles, um es zu bekommen. Ein zweijähriges Kind lernt, wie es seinen Körper einsetzen kann. Außerdem beginnt es den Unterschied zwischen sich und der Welt zu erkennen. Die neuen Muskeln fordern zur Aktion auf. Während der ersten drei Lebensjahre entwickelt sich das Gehirn enorm schnell, aus diesem Grund sind mentale Übungen ebenso wichtig wie körperliche.

Diese Zeit ist von einem hohen Risiko geprägt, denn das Kind verfügt bereits über genügend Mobilität und Koordinationsvermögen, um sich schnell in die eine oder andere Gefahr zu bringen. Die Straße, der heiße Herd, scharfe Ecken, Bäche und Treppen scheinen eine magische Anziehungskraft auszuüben. Ein Kleinkind darf eigentlich zu keiner Zeit unbeobachtet bleiben. Jede Sekunde ist für die Sicherheit entscheidend. Der zweite Geburtstag sollte als ein Triumph des Überlebens gefeiert werden.

Und dennoch ist das zwei Jahre alte Kind der Welt der Engel noch sehr nahe – jenen alten, nicht mehr körperlichen Freunden, die es im Traum besuchen kommen. Mit zwei Jahren sind wir schön, unschuldig und frei von jedem Anspruch. Gefällt uns etwas nicht, lassen wir das die Welt wissen. Ein zweijähriges Kind besitzt eine ganz ursprüngliche Authentizität. Außerdem ist es ausgesprochen pfiffig – ein Mittel der Natur, das unser Überleben sichert.

Der Geburtstag

Der zweite Geburtstag kann auf dieselbe Art gefeiert werden wie der erste, doch anstatt das Kind herumzureichen, lassen Sie es besser am Tisch in seinem Hochstuhl sitzen. Sie wissen vermutlich schon, dass Zweijährige eine ganz eigene Art haben, ihr Essen zu erkunden. Schützen Sie deshalb den Tisch und den Fußboden.

Genießen Sie das Licht der Kerzen, sie repräsentieren die Lebenskraft, die in uns brennt. Wählen Sie rote Kerzen aus, um die Energie des Mars zu versinnbildlichen. Aber der Sinn eines Lebens besteht darin, gelebt zu werden, und der Sinn eines Kuchens, gegessen zu werden. Daher lassen Sie ruhig Ihr Kind, sobald die Kerzen ausgeblasen sind, über sein Tortenstück herfallen!

Ersuchen Sie Mars um Schutz bei all der einströmenden Energie und dem aufkeimenden Ehrgeiz. Dazu können Sie ihn selbst, Athene oder den Erzengel Michael anrufen und darum bitten, Ihr Kind zu beschützen und ihm dabei zu helfen, die aggressive Energie produktiv zu kanalisieren.

3. Jahr

Meistens können sich Kinder erst im Alter von drei Jahren gut genug artikulieren, dass sich ihre geistigen Fähigkeiten erkennen lassen. Während uns der Sehsinn in die Lage versetzt, Informationen aufzunehmen, erlaubt es uns die Sprache, unsere Eindrücke und Ideen der Welt mitzuteilen. Werden die ersten Sprechversuche eines Kindes ignoriert, wird es sich immer fragen, ob es es wert ist, dass man ihm zuhört. Eltern müssen mit ihren Dreijährigen besonders geduldig sein, denn in dieser Zeit entwickelt sich die Selbstachtung, die ein Grundpfeiler einer gesunden Persönlichkeit ist. Wenn Sie einem Kleinkind Liebe und Aufmerksamkeit schenken, wird es aufblühen. Ohne Sprache lässt sich Intelligenz nur schwer vermitteln. Es ist kein Zufall, dass stumme Menschen häufig als „dumm" eingeschätzt werden. Hören Sie der unfertigen Sprache Ihres Kleinkindes zu, seinen faszinierten Wiederholungen neuer Klänge, all dem, was wir allzu schnell als „dummes Zeug" abtun. Wenn Sie nur vorgeben, aufmerksam zu sein, wird es das Kind merken. Zuhören ist eine Form der Liebe. Kinder lernen das Sprechen, indem sie zunächst selbst zuhören. Wenn Sie freundlich mit ihrem Kind sprechen, wird es lernen, Ihnen im gleichen Tonfall zu antworten. Auch durch Vorlesen lässt sich der geistige Horizont eines Kindes erweitern. Ein Buch enthält die Gedanken von jemandem, den das Kind vermutlich nie kennen lernen wird. Bücher zeigen einem Kind, wie sich seine Gedanken mit denen anderer Menschen verbinden lassen. Sie öffnen den Weg in eine größere Welt.

Die Sprache ermöglichte es uns auch, zu segnen und zu beten. Ein einfaches Gebet beim Schlafengehen oder ein „Danke" an die Tiere und Pflanzen, die unserer Ernährung dienen, zeigt dem Leben Ihre Dankbarkeit. Und Dankbarkeit ist eine wichtige Grundlage für eine gesunde Geisteshaltung.

Der Geburtstag

Bei dem Fest zum dritten Geburtstag können Sie Ihr Kind fragen, ob es sich an etwas aus seinem vorherigen Leben erinnert, und was sein Ziel in diesem Leben sein soll. Wenn Sie kluge Fragen an ein dreijähriges Kind stellen, können Sie kosmische Antworten erhalten.

Beim dritten Geburtstag können Sie den Brauch einführen, eine zusätzliche Kerze für das kommende Jahr mit aufzustellen. Während Sie diese Kerze anzünden, sagen Sie: „Wir danken Gott (oder der Göttin oder den Geistern) für das glückliche Jahr, das nun beginnt!"

Ihr Kind wird das mittlerweile internationale Geburtstagslied „Happy Birthday!" vermutlich schon kennen. Es wird in vielen Ländern gesungen zum Beispiel in Ungarn, Deutschland oder Spanien. Den Amerikanern ist es zu verdanken, dass es zu einer weltweiten Sitte geworden ist, dieses Lied bei Geburtstagen anzustimmen.

4. Jahr

Im Alter von vier Jahren können wir langsam den Charakter des Kindes erkennen. Vorlieben und Talente beginnen sich herauszukristallisieren. Alice mag die Farbe Pink und beweist ihre perfekte Koordination von Auge und Hand an selbst gemalten Zeichnungen. Paul dagegen kann sich die Namen aller Dinosaurier bereits genau merken und sie fehlerlos aussprechen. In diesem Alter entwickeln Kinder ihre Vorlieben beim Essen, beim Fernsehen und bei den Geschichten, die sie gerne hören möchten. Eltern und Betreuer können sie dabei unterstützen, indem sie dem Kind verschiedene Wahlmöglichkeiten anbieten.

Eine Charakteristik, die sich langsam herausbildet, ist die geschlechtliche Identität. Hier spielen zwar auch kulturelle Erwartungshaltungen eine Rolle, aber die angeborenen Neigungen sind doch bedeutender. Wie sehr Eltern auch traditionelles Rollenverhalten vermeiden möchten, einige Jungen werden einfach magisch von Autos und Werkzeugen angezogen, während für einige Mädchen ein überaus großer Reiz von rosafarbener Kleidung und Puppen auszugehen scheint. Selbstverständlich legen die meisten Kinder eine Mischung aus diesen charakteristischen Verhaltensweisen an den Tag und bewegen sich irgendwo zwischen diesen Extremen.

Dies ist eine gute Zeit, um ausgeprägte Phantasie zu entwickeln. Spielen ist eine einmalige Gelegenheit, Ideen und Gefühle mit anderen zu teilen, ob mit oder ohne Sprache. Die Phantasie ist eine gewaltige Kraft. Im Alter von vier Jahren erfand Diana bereits Geschichten, die sie ihrer Mutter diktierte und dann illustrierte. Ihre Enkelin Arael zeichnete Bilder von Familien und erläuterte die Beziehungen zwischen den einzelnen Familienmitgliedern.

Mit vier Jahren ist sich ein Kind des Unterschiedes zwischen sich und anderen genug bewusst, um Spielgefährten zu schätzen. Sowohl in Form anderer Kinder, als auch in Form von Spielzeug, dem ein Kind durch seine eigene Phantasie Leben einflößt. Ein Kind kann auch „unsichtbare Freunde" haben. Behandeln Sie diese unkörperlichen Wesen mit Respekt. Die meiste Zeit weiß ein Kind auf einer bestimmten Ebene, dass diese Spielgefährten imaginäre Projektionen sind. Lassen Sie Ihrem Kind diese Phantasie, damit sich seine Imaginationskraft entfalten kann.

Einige Kinder sehen in diesem Alter jedoch auch Geister, Elementargeister oder andere Wesen. Wenn Eltern die Wahrnehmungen des Kindes lächerlich machen oder bestreiten, werden die Kinder lernen, sie zu verdrängen. Wenn Sie glauben, dass Ihr Kind Geister sieht, sprechen Sie mit ihm darüber, um sicher zu stellen, dass es sich um freundliche Wesen handelt. Teilen Sie Ihrem Kind auch behutsam mit, dass nicht jeder diese Wesen sehen kann und es besser ist, nicht mit Leuten darüber zu sprechen, die dies nicht verstehen können. Bringen Sie Ihrem Kind bei, einen Engel oder Geist zum Schutz anzurufen.

Viele vierjährige Kinder besuchen bereits einen Kindergarten oder eine Spielgruppe. Sie beginnen nun, Beziehungen zu anderen Kindern ihres Alters zu knüpfen. Diese anderen Kinder sind ihre Zeitgenossen, die Verbraucher von Produkten, die sie eines Tages verkaufen oder herstellen werden. Durch einen frühen Erfahrungsaustausch werden Kinder ein Teil der Kultur ihrer Generation.

Der Geburtstag

Die Gesellschaft anderer Kinder wird ein Kind an seinem vierten Geburtstag sehr freuen. Sie sind vielleicht willens, die „Mühe" einer Geburtstagsparty auf sich zu nehmen, doch halten Sie die Gesellschaft klein. Laden Sie für jedes Jahr des Kindes einen kleinen Geburtstagsgast ein.

Wenn der Kuchen hereingebracht wird, fragen Sie: „Wie viele Kerzen sind auf dem Kuchen?" Wenn die eingeladenen Kinder alt genug sind, kann jedes reihum eine Kerze abzählen. Wenn nicht, deuten Sie nacheinander auf jedes Kind und zählen dazu „Eins, zwei, ..." und so weiter. Wenn Sie beim Alter des Geburtstagskindes angelangt sind, fügen Sie hinzu: „Und eine Kerze für dein kommendes Jahr. Nun darfst du dir etwas wünschen und dann die Kerze ausblasen!"

5. Jahr

Mit fünf Jahren ist Ihr Kind selbstständiger Mensch: Es kann allein die Toilette benutzen, „Danke" sagen und es weiß, zu wem es nett sein muss und wen es ignorieren kann. Zum ersten Mal ist ein Kind so richtig frech. Fünfjährige sind Pragmatiker, die Dinge danach beurteilen, wozu sie gut sind. Sie wissen, was sie mögen. Dianas Enkelkinder hatten in diesem Alter bereits sehr unterschiedliche Persönlichkeiten entwickelt. Michael zum Beispiel sagte, seine Lieblingsbeschäftigung seien Computerspiele. Ein sehr spannender Augenblick in seinem Leben war, als er seine erste Brille bekam. Arael dagegen fand es aufregend, dass sie in diesem Jahr schon Lesen gelernt hatte. Sie spielte am liebsten mit ihren Freunden. Ihre Lieblingsfarbe war früher rosa, aber jetzt mochte sie den ganzen bunten Regenbogen.

Die einfache Welt des Vierjährigen wird plötzlich komplexer. Mit fünf Jahren können wir beide Seiten eines Problems sehen und sind vielleicht hin- und her gerissen. Ein fünf Jahre altes Kind testet seine Grenzen emotional, intellektuell und körperlich voll aus. Kluge Eltern setzen deshalb klare Grenzen.

Mit fünf Jahren können Sie Ihren Willen nicht nur ausdrücken, sondern Sie versuchen auch, ihn anderen aufzuzwingen, auch Erwachsenen. In diesem Alter erforschen Sie Ihre Macht und entdecken, was ein Trotzanfall oder ein paar Schuldgefühle alles bewerkstelligen können. Daher ist dies auch ein wichtiger Moment in der elterlichen Entwicklung. Eine falsche Reaktion kann die Persönlichkeit eines Kindes zerstören oder ein kleines Monster erschaffen. Ein fünfjähriges Kind ist ein geborener Schauspieler und erforscht das Verhalten anderer und seinen eigenen Handlungsspielraum durch dramatische Auftritte.

Dies ist eine gute Zeit, damit anzufangen, mythologische Geschichten vorzulesen, besonders Geschichten von starken Göttinnen oder Göttern. Wenn Sie Ihrem Kind in diesem Alter Bibelgeschichten vorlesen, achten Sie darauf, dass darin sowohl Frauen als auch Männer eine wichtige Rolle spielen. Zeigen Sie Ihrem Kind Rollenmodelle, die sich von denjenigen in Comicheftchen und im Fernsehen unterscheiden.

Die Grenzlinie zwischen Lüge und unschuldiger Phantasie zu ziehen, ist manchmal nicht ganz einfach. Alexa erfindet erstaunliche Geschichten dafür, wie die Milch auf den Boden gelangt ist. Sarah leugnet vehement, auf der Steuererklärung herumgekritzelt zu haben, und vergisst dabei ganz, dass sie ihren Namen darauf geschrieben hatte. Ein fünfjähriges Kind kann seine Gefühle verbergen oder die Schuld auf andere schieben. Es ist auch stark genug, andere zu verletzen. Sobald ein Kind in der Lage ist, zwischen moralischen Verhaltensmöglichkeiten zu unterscheiden, sollten Eltern und Betreuer dafür sorgen, dass es ein Bewusstsein für Falsch und Richtig entwickelt, ohne dabei Schuldgefühle im Kind zu erwecken.

Der Geburtstag

Die Geburtstagsparty für Fünfjährige sollte sorgfältig geplant werden und sich auf etwas Bestimmtes konzentrieren. Es sollte nicht zu viele Wahlmöglichkeiten geben. Wenn andere Kinder eingeladen sind, stellen Sie sicher, dass für jedes ein kleines Geschenk vorhanden ist. Dadurch lernt Ihr Kind Großzügigkeit und die anderen haben etwas zum Spielen, während das Geburtstagskind seine eigenen Geschenke auspackt. Wenn Ihr Kind Bücher mag, können Sie ihm und seinen Gästen auch etwas vorlesen.

6. Jahr

Ein sechsjähriges Kind ist bereit für das erste Übergangsritual der Gesellschaft – es tritt in die Schule ein. In diesem Alter kann es zu ersten traumatischen Erlebnissen kommen, weil die Trennung vom Elternhaus über einen bestimmten Zeitraum am Tag zum Alltag wird. Die ist der Anfang einer Reihe von ähnlichen Erfahrungen, bei denen ein Kind auf sich selbst gestellt sein wird. Doch sechs ist im Allgemeinen ein einfaches Alter. Das zur Schule gehende Kind hat jetzt auch einen „Job". Eine wachsende soziale Wahrnehmung bedeutet auch, dass emotionale Beziehungen wichtiger werden. Für einige Sechsjährige ist es schlimmer als „böse" bezeichnet zu werden, als einen Klaps auf den Hintern zu bekommen.

Mit sechs Jahren beginnt ein Kind auch feste Freundschaften zu schließen. Die ersten Freundschaften beruhen meist auf gemeinsamen Erfahrungen. Die beste Freundin im ersten Schuljahr wird vielleicht nicht gerade die lebenslange Gefährtin sein, aber diese Freundschaft kann im Herzen einen Platz für künftige Freundschaften schaffen. Auch die Gefühle entwickeln sich weiter. Verliebt zu sein macht Spaß! Es lässt das Herz höher schlagen und es gibt einem etwas Wunderbares, das nur einem selbst gehört. Die Liebe mit sechs Jahren ist ganz rein und fast göttlich.

Als Z ein Kind war, wurde sie für eine Weile in ein Internat geschickt. Und hier ist ihre Geschichte:

Als ich sehr klein war, musste ich lernen, in einem Nonnenkloster zu überleben. Das erste Jahr über fühlte ich mich sehr fremd. Ich hasste das frühe Aufstehen, die ständigen Gebete und hatte die ganze Zeit Hunger. Dann fand ich heraus, wie ich die Nonnen um den Finger wickeln und zu meinen Verbündeten machen konnte. Ich hatte meine erste Freundin, Eva, ein blondes, elfenhaftes Mädchen, das sehr rebellisch war und ihre Gefühle nicht verbergen konnte. Deshalb mochte ich sie. Sie geriet häufig in Schwierigkeiten und brauchte mich.

Aber es war ihre 18 Jahre alte Schwester Ruth, die meine erste wirkliche Liebe wurde. Ich glaube, Ruth hat nie bemerkt, was ich für sie empfand. Eine Zeit lang war ich liebeskrank. Die beste Freundin, mit der ich spielte und ihre Schwester, die ich von weitem anbetete, stammten aus derselben Quelle, denn sie waren Geschwister.

Meine Phantasie richtete sich aber auch auf die Nonnen. Die Nonnen, die für uns jüngere Mädchen sorgten, waren zwischen 20 und 30 Jahre alt. Meine beiden Lieblingsnonnen hießen Schwester Gabriele und Schwester Josephine. Josephine lud mich eines Tages ein, im Chor zu singen. Das war ein Privileg. Im Chor erhob ich mein zartes Stimmchen zum ersten Mal zusammen mit Gleichaltrigen im Gesang. Ich war in eine Gruppe aufgenommen worden, war Teil einer Familie, die größer war als meine eigene, zerbrochene Familie. Die Musik war herrlich, der Weihrauch wurde in großzügigen Mengen verteilt und wir schwankten unter seinem Zauber. Sicherlich, über dem Altar hing die Figur der Himmelskönigin, umgeben vom Duft des Göttlichen. Der Weihrauchspender schwang wie eine Glocke am Deckengewölbe. Er rauschte wie ein großer goldener Vogel über unsere Köpfe hinweg und überschüttete uns jedes Mal mit den Segnungen von Weihrauch und Myrrhe. Wir beteten vor den vielen Statuen im Park, im Schlafraum und im Hof zur Jungfrau Maria. Wir wurden ermuntert, eigene Altäre für sie zu errichten. Wir sangen prächtige Lieder über die Herrlichkeit der Mutter Gottes, das unbefleckte Herz und die Rose des Himmels. Während ich lernte, die Jungfrau Maria zu lieben, wurde ich darauf vorbereitet, später die Göttin in all ihren Formen zu lieben, so wie meine Gefühle für Ruth und Eva mich darauf vorbereiteten, andere Menschen zu lieben.

Wenn ein Kind schulreif wird, müssen viele Eltern zurück in die Arbeit, sofern dies nicht bereits vorher der Fall ist. Das Kind wird dann von anderen Menschen betreut. Ein Kind ist sich des Vergnügens, das ihm sein eigener Körper bereiten kann, sehr wohl bewusst, aber es ist auch anfällig für den Missbrauch durch andere Leute. Die Verantwortung der Eltern besteht darin, sicher zu stellen, dass Ihr Kind nicht Opfer solcher Übergriffe wird. Prüfen Sie die Betreuer sorgfältig. Reden Sie mit Ihrem Kind darüber, was in der Tagesstätte oder der Schule passiert. Sorgen Sie dafür, dass Ihr Kind weiß, welche Art von Berührung angemessen ist. Ein Kind, das genügend Liebe erhalten hat und dessen Privatsphäre respektiert worden ist, wird genügend Selbstvertrauen haben, „Nein" zu sagen.

Wenn Erinnerungen an Ihre Kindheit das Bewusstsein zu Tage fördern, missbraucht worden zu sein, können Sie als Erwachsener jetzt für das Kind in sich selbst auch „Nein" sagen. Es war nicht Ihr „Fehler". Sie müssen solchen Situationen nicht zustimmen, um die Liebe zu erhalten, die Sie möchten. Sie sind eine vollständige und perfekte Person. Doch allein damit fertig zu werden, ist nicht einfach. Sich professionelle Hilfe in einer

Therapie zu holen, ist kein Zugeständnis Ihrer Schwäche, sondern eine intelligente, erwachsene Antwort auf solche Erfahrungen.

Der Geburtstag

Feiern Sie den sechsten Geburtstag Ihres Kindes, indem Sie seinen Eintritt in diese größere Welt ehren. Zusätzlich zur Einladung von sechs Kindern zur Geburtstagsparty können Sie mit allen einen Freizeitpark oder den Zoo besuchen. Überschätzen Sie sich aber nicht, sondern nehmen Sie andere Eltern oder die Paten des Kindes mit!

Setzen Sie in jede Ecke eines sechseckigen Kuchens eine Kerze. Wenn Sie die Kerze in der unteren rechten Ecke anzünden, sprechen Sie dazu: „Gesegnet sei dein Körper!" Beim Anzünden der Kerze in der linken oberen Ecke sagen Sie: „Gesegnet seien deine Worte!" Für die obere rechte Ecke: „Gesegnet sei deine Energie!" Für die untere linke Ecke: „Gesegnet seien deine Gefühle!" Schließlich zünden Sie die obere Kerze an und sagen: „Gesegnet sei dein Geist!" Und zum Schluss die untere Kerze: „Gesegnet sei dein Verstand!"

7. Jahr

Im Alter von sieben Jahren entwickeln wir unsere Identität. Das ist auch notwendig, um in dieser Welt zu bestehen. Ohne Ich-Bewusstsein bestimmen andere Leute darüber, wer oder was wir sind. Aber jedermanns Ego möchte gerne dominieren und ein großer Teil unseres Reifeprozesses verbringen wir damit, zu lernen, dass wir mit Kooperation weiterkommen als mit Konfrontation. Ein ausgebremstes Ego kann diejenigen hassen, die sich ihm entgegenstellen. Zum Glück liebt man mit sieben Jahren an einem Tag diejenigen, die man gestern noch gehasst hat. Wenn Kinder jedoch nicht lernen, wie sie ihre eigenen Bedürfnisse mit denen der anderen abstimmen können oder sie in einem Umfeld aufwachsen, in dem Hass die einzige Verteidigung ist, dann kann der Hass zu einer gewohnheitsmäßigen Antwort auf die Welt werden. Es gibt Zeiten, in denen ganze Generationen dem Hass verfallen. Doch dieses Gefühl vergiftet auch die Zukunft *ihrer* Kinder.

Die Aufgabe des siebenjährigen Kindes besteht darin, sein neues Selbstbewusstsein in die Struktur seiner eigenen Persönlichkeit zu integrieren. Sowohl Jungen als auch Mädchen müssen dieses Bewusstsein entwickeln. In der Vergangenheit wurden Mädchen oft dazu erzogen, sich den Männern unterzuordnen. Glücklicherweise verbessert sich ihre Situation seit Beginn des 20. Jahrhunderts zunehmend, auch wenn sich die Entwicklung manchmal zwei Schritte vor und einen zurück zu bewegen scheint. Seit der Frauenbefreiungsbewegung in den 70er Jahren haben sich die weiblichen Rollenangebote vervielfacht. Selbst Barbiepuppen gehen heute einem Beruf nach! Wählen Sie Bücher, Filme und Spielsachen aus, die das Konzept der Gleichberechtigung zwischen den Geschlechtern unterstützen.

Die ersten sieben Jahre sind sowohl für die charakterliche als auch für die körperliche Entwicklung sehr wichtig. Ignatius von Loyola, der Begründer des Jesuitenordens, behauptete, wenn man ein Kind die ersten sieben Lebensjahre in seine Obhut gäbe, sei es egal wer hinterher die Erziehung übernehmen würde. Mit sieben Jahren geht es darum, alle diese frühen Einflüsse zu integrieren. In diesem Alter steht Saturn im Quadrat zur Geburtsposition. Dies verspricht innere Konflikte, die uns dazu zwingen, uns vom kollektiven Unbewussten zu lösen und ein selbstständiges Wesen zu werden.

Dianas Enkel Evan stellte zum Beispiel fest, er würde es wirklich genießen, in die zweite Klasse zu gehen. Das Aufregendste, was er bisher gelernt habe, wären komplizierte Rechnungen. Den größten Spaß hätte er vor kurzem bei der Ostereiersuche gehabt. Und am liebsten würde er seinem Brieffreund schreiben und die Bücher über *Harry Potter* und den *Herrn der Ringe* lesen. In dieser Zeit entwickeln manche Kinder bestimmte Leidenschaften. So hat Angelika damit begonnen, ihre kleinen Stoffpferde zu verkaufen, um sich eines Tages ein richtiges Pferd leisten zu können.

Sieben ist eine magische Zeit und viele Kinder machen jetzt zunehmend auch spirituelle Erfahrungen. In katholischen Gemeinden werden Kinder in diesem Alter vollwertige Mitglieder der Kirchengemeinde und feiern Kommunion – ein wichtiger Meilenstein. Welcher Religion Ihre Familie auch nahe steht, die Zeit ist reif dafür, Ihr Kind als vollwertigen Teilnehmer zu integrieren. Wenn Sie keine traditionelle Form der Spiritualität praktizieren, können Sie Ihre Kinder über die Religionsfreiheit aufklären. Stellen Sie sicher, dass sich Ihr Kind nicht unwohl fühlt, nur weil Sie nicht in dieselbe Kirche gehen wie seine Freunde. Diskutieren Sie über Ihre Glaubensansichten und wie Sie dazu gekommen sind. Ermutigen Sie Ihr Kind, eigene Entscheidungen in Religionsfragen zu treffen und heißen Sie es gleichzeitig willkommen, an Ihren Traditionen teilzunehmen.

Der Geburtstag

Der siebte Geburtstag eröffnet dieses Jahr des Übergangs. Nehmen Sie diese Gelegenheit wahr und feiern Sie diesen Geburtstag nur mit Ihrem Kind und Ihrem Partner auf magische Weise. Packen Sie einen Korb voll mit Leckereien und machen Sie unter einem großen alten Baum ein Picknick. Sie können dazu in einen Park oder Ihren eigenen Hinterhof gehen. Der Baum kann eine Eiche, ein Ahorn- oder ein Kastanienbaum sein, doch dies ist nicht so wichtig, solange er vor allem alt, prachtvoll und gesund ist. Neben dem Picknick bringen Sie eine Flasche Wasser, eine Tüte Vogelfutter und etwas puren Weihrauch mit.

Ehe Sie mit dem Essen beginnen, setzen Sie sich unter den Baum und lauschen Sie eine Weile ganz still. Lassen Sie die Gedanken, die Ihnen durch den Kopf gehen, aufsteigen und davonfliegen. Fordern Sie Ihr siebenjähriges Kind dazu auf, dem Wind in den Blättern und dem schwachen Knarren der Äste zuzuhören. Dies ist die Stimme des Baumes. Was hat er zu sagen?

Wenn Sie eine Weile dort gesessen haben, stehen Sie wieder auf und nehmen Sie die Hand Ihres Kindes. Sprechen Sie das folgende Gedicht als Gebet für den Baum oder finden Sie eigene Worte dafür.

> *Baum des Lebens, so groß und stark,*
> *Du siehst Vergangenheit und Zukunft.*
> *Lass (Name) deinen Segen gewinnen –*
> *Lass sie/ihn deine Stimme hören.*
> *Mit der Macht der Erde lass sie/ihn wachsen,*
> *Und starke Winde in ihren/seinen Rücken blasen.*
> *Mag die Sonnenwärme alle Schmerzen lindern,*
> *Und das Glück wie Regen herabfallen.*
> *Baum des Lebens, gib uns deinen Segen,*
> *So lange wie Du soll dieses Kind leben.*

Begießen Sie den Baum mit dem Wasser aus der Flasche, verteilen Sie das Vogelfutter und entzünden Sie den Weihrauch. Breiten Sie dann das Picknick aus und genießen Sie es zusammen.

8. Jahr

Während des achten Jahres verbessern wir unsere Antworten auf die Welt. Bis jetzt haben wir die Gebräuche und den Glauben unserer Familien verstanden. Doch jetzt stellen uns die Schule und das soziale Leben außerhalb der Familie vor neue Herausforderungen. In diesem Jahr durchläuft Mars wieder einmal seine Geburtsposition und bringt viel Energie.

Mit acht Jahren nehmen wir bewusst wahr, was es in unserer Kultur bedeutet, ein Junge oder ein Mädchen zu sein. Die Kinder spielen nun getrennt nach Geschlechtern. Jungen definieren sich selbst besonders stark darüber „kein Mädchen" zu sein und schließen Mädchen ausdrücklich aus ihrer Gruppe aus. Alex schmiedet viele Pläne für den Bau eines Baumhauses, doch er möchte nicht, dass seine Schwester sich daran beteiligt. Für Mädchen kann das frustrierend oder verwirrend sein, weil sie ihre Identität als gegeben annehmen und daraus keine große Sache machen. Auch definieren sie sich nicht darüber, ob sie

Jungen mögen oder nicht. Annie war in einen Jungen in ihrer Klasse verliebt und kam weinend nach Hause, weil die einzige Reaktion des Jungen darin bestand, sie zu ärgern.

Eine Möglichkeit, diese sozialen Übergänge zu erleichtern, besteht darin, andere Interessen zu entwickeln. Glücklicherweise vertiefen Achtjährige ihre Kenntnisse von der Welt gerade erst und sind deshalb fasziniert davon, das Innenleben von Dingen zu erforschen. Was befindet sich in unserem Körper? Wie wird aus einem Samenkorn ein Baum? Jetzt entwickelt sich nicht nur ein Bewusstsein für das eigene Geschlecht, sondern auch eine ethische Empfindsamkeit und nationale Identität. Dies kann auch zu einem gesteigerten Interesse an unterschiedlichen Religionen führen. Besuchen Sie mit Ihrem Kind Gottesdienste verschiedener Glaubensgemeinschaften und diskutieren Sie mit ihm darüber, woran Menschen glauben und wie ihr Glaube ihr Handeln und ihre Weltsicht beeinflusst.

Dieses Alter eignet sich ausgezeichnet für Freizeitkurse oder sportliche Aktivitäten. Und wenn die Familie verreist, wollen Achtjährige wissen, welche Ähnlichkeiten und Unterschiede zwischen den Kindern in anderen Ländern und ihrem eigenen bestehen.

Achtjährige wissen die klassischen Kindergeschichten zu schätzen, und Sie werden feststellen, dass Sie die Magie Ihrer eigenen Lieblingsbücher wieder einfängt, wenn Sie sie mit Ihren Kindern teilen. Fahren Sie fort, mythologische Geschichten vorzulesen, Sie können sie als Einstieg für Diskussionen über andere Kulturen und Glaubenslehren nutzen. Filme wie *Krieg der Sterne* gehören in diesem Alter zu den Favoriten, sie dienen als Inspiration für Verkleidungen und Theaterspiele.

Der Geburtstag

Die Jahre vom achten Geburtstag bis hin zur Pubertät eignen sich besonders gut für Themen-Partys. Eine *Krieg der Sterne*-Party mit Milch, die durch Lebensmittelfarben blau gefärbt wurde und hervorragendes Banthablut abgibt, bleibt sicherlich noch lange in Erinnerung. Oder lassen Sie die Kinder zur Feier mit Trachten aus verschiedenen Ländern antreten und servieren Sie das entsprechende Essen für die einzelnen Nationalitäten.

9. Jahr

Mit neun Jahren begeben wir uns an die Schwelle zwischen Kindheit und Pubertät. In einigen Ländern lässt sich dieser Übergang auch daran erkennen, dass Kinder von der Grundschule in eine höhere Schule wechseln. Jetzt sind es schon „große Kinder", das Wachstum sorgt für längere Arme und Beine. Neunjährige sind nach wie vor Kinder, aber sowohl wir, als auch sie selbst, erkennen schon die ersten Vorzeichen der Pubertät.

Inzwischen haben sich Vorlieben und Interessen deutlich herausgebildet. Lucy, die eine Pferdenärrin ist, kommt von der Schule nach Hause und zeichnet dann jeden Tag ein oder zwei Stunden lang begeistert Pferde. Der Enthusiasmus in den Jahren der späten Kindheit ist allumfassend. Nie wieder werden wir so viele Details über ein bestimmtes Thema wissen wie in dieser Zeit. Als Neunjährige motivieren wir uns selbst und können uns stundenlang auf ein Projekt konzentrieren. Wir lieben den Wettbewerb, nehmen Sport sehr ernst, aber fangen auch damit an, ein Innenleben zu entwickeln. Wir erfinden imaginäre Welten, führen Tagebücher und komponieren Lieder.

Bei vielen wird bereits jene Leidenschaft sichtbar, die später ihr Leben bestimmt. Sie können schon erraten, wer vielleicht einmal Wissenschaftler, Autor, Künstler oder Lehrer sein wird. Wenn ein Kind noch keine Interessen ausgebildet hat, sollten die Eltern es bei der Suche unterstützen. Hobbys sind nicht nur eine gute Vorbereitung für die Zukunft, sondern vielfältige Interessen können auch dabei helfen, die Fixierung auf die Sexualität abzumindern, die mit der Pubertät auftritt.

In der späten Kindheit erweitert sich der geistige Horizont. Hier eine Erinnerung von Diana:

Als ich aufwuchs, führte ich lange Unterhaltungen mit dem Mond. Manchmal, wenn alle dachten, ich schliefe schon, kletterte ich die lange Leiter an unserem Haus hinauf. Sie stand da immer, damit wir unseren Volleyball vom Flachdach holen konnten. Ich saß einfach nur auf dem Dach und starrte in den Himmel.

Ich wusste, dass der Mond eine Göttin war. Da ich nach der römischen Göttin des Mondes benannt war, hatte ich schon früh viele mythologische Bücher gelesen. Aber wenn ich da saß und in dieses reine, silberne Licht blickte, dachte ich nicht an die alten Geschichten. Es war die magische Energie des Mondes, die mich in ihrem Bann zog. Jetzt glaube ich, meine Mutter wusste, was ich tat, denn sie hatte immer einen leichten Schlaf. Sie war klug genug, mir diese Freiheit zu lassen. Diese kühlen, silbernen Stunden brachten mir die Stille nahe, lehrten mich, die Welt um mich herum bewusst wahrzunehmen und gaben mir Frieden.

Heute versuchen so viele Eltern jede Stunde im Leben ihrer Kinder mit Sport, Studium oder sozialem Leben zu füllen, doch ich glaube, sie machen einen Fehler. Kinder brauchen diese freien Stunden, in denen sie im Gras liegen und das Spiel des Lichts auf den Blättern beobachten können. Oder eingepackt auf dem Dach sitzen, um den Mond zu betrachten. Dabei wächst ihr Geist.

Der Geburtstag

Dieses Mal ist es Zeit, eine spezielle Geburtstagsparty „nur für Mädchen" zu feiern. Versuchen Sie es an einem Wochenende mit einer Übernachtungsparty, an dem ein neuer Mond (zwischen erster dünner Sichel und Halbmond) am Himmel steht.

Wenn das Schlafzimmer Ihrer Tochter nicht groß genug ist, räumen Sie das Wohnzimmer leer und dekorieren Sie es in den Lieblingsfarben der Tochter. Stellen Sie sicher, dass sie einen neuen Pyjama zum Anziehen hat. Der Geburtstagskuchen sollte diesmal die Form einer Mondsichel haben und mit neun Kerzen verziert sein. Nehmen Sie die Mädchen mit nach draußen, um den Mond anzusehen. Gehen Sie dann zurück ins Zimmer, zünden Sie die Kerzen an, und die Party kann losgehen!

Artemis, die Mondgöttin der alten Griechen, war auch die Beschützerin junger Mädchen und Buben. Jungen haben ebenso Spaß an einer Mondbesichtigung. Beide können sich sowohl für die wissenschaftlichen als auch für die magischen Aspekte des silbernen Himmelskörpers interessieren.

10. Jahr

Die erste Dekade des Lebens hat uns zu individuellen Persönlichkeiten heranwachsen lassen. Wir sind groß und stark genug, um zu überleben – im Extremfall auch ganz alleine. Früher mussten Zehnjährige bereits ein Handwerk erlernen oder ihren Eltern bei der Arbeit helfen, entweder in einem kleinen Laden oder in der Landwirtschaft. Ältere Geschwister, insbesondere Mädchen, übernahmen die Verantwortung für die jüngeren, während die Eltern arbeiteten. Heute können Zehnjährige leichte Babysitteraufgaben übernehmen und sollten im Haushalt mithelfen. Mit zehn Jahren sind wir von den verschiedenen Jobs fasziniert und träumen uns phantastische Karrieren herbei. „Ich werde Astronaut", sagt Jamie. „Ich werde Ärztin, heirate und werde drei Kinder haben", meint Lynn, und ist schon damit beschäftigt, Namen für sie auszusuchen.

Auch Superhelden sind nach wie vor hoch im Kurs; sie füllen die Nische, die vor langer Zeit von mythischen Helden besetzt war. Kinder bewundern führende Persönlichkeiten, von denen sie etwas in der Schule gelernt haben, zum Beispiel Martin Luther King. Wer in einem sehr traditionellen Elternhaus aufgewachsen ist, träumt von den Helden in der Bibel oder den Göttinnen und Göttern. Diese Freiheit der Wahl ist kostbar. Zehnjährige wissen nicht, dass die Identität, die sie für sich als Erwachsene wählen, nicht dauerhaft sein wird. Wir benötigen die Fähigkeit der Zehnjährigen, um uns selbst neu zu definieren und wieder zu wählen.

Obwohl sexuelles Bewusstsein und körperliche Entwicklung stark variieren, wissen Kinder mit zehn Jahren in der Regel, woher die Babys kommen, auch wenn es für sie sehr schwer ist zu glauben, dass irgendjemand so etwas wirklich tun *wollte*. Mädchen sollten über die Menstruation aufgeklärt werden, denn bei einigen kann in diesem Alter bereits die Periode beginnen. Gegenwärtig nimmt die Besorgnis darüber zu, dass Mädchen immer früher ihre erste Blutung bekommen. Als auslösende Faktoren werden die Fettleibigkeit vieler Kinder und die vermehrten Wachstumshormone in Milch- und Fleischprodukten genannt. Was immer der Grund ist, die Anzeichen körperlicher Reife können sich heute bereits in einem Alter einstellen, in denen die Mädchen weder psychisch noch sozial zum Geschlechtsverkehr bereit sind. Wenn die Menstruation beginnt, sollte dieses Thema auf ruhige und sachliche Art behandelt werden.

Sie sollten mit Ihrem Kind nun auch über gesunde Ernährungsgewohnheiten und Fitness reden. Kulturell festgelegte Körperideale können für Jungen und Mädchen verheerende Folgen haben: Jungen wird beigebracht, auf ein unerreichbares Ideal zu warten und Mädchen haben Angst davor, verurteilt zu werden, wenn Sie diesem Ideal nicht entsprechen. Es ist nicht einfach, den Einflüssen der Medien etwas entgegenzusetzen. Die Fernsehzeiten zu beschränken, kann hilfreich sein, aber auch den Kindern Kunst aus anderen Epochen näher zu bringen, in denen andere Ideale geherrscht haben. Diäten und Fitnessübungen sollten unbedingt überwacht werden. Mädchen, die sportlichen Aktivitäten nachgehen und dabei nicht genügend essen, bleiben zwar dünn, aber der körperliche Stress ohne ausgewogene Ernährung kann bereits im Alter von 30 Jahren zu Osteoporose führen. Erwachsene, die Probleme mit ihrem eigenen Körperbild haben, können die Spuren zurückverfolgen zu den Erfahrungen in der späten Kindheit.

Im Alter von zehn Jahren sind die Vorstellungen, wie beliebte Jungen und Mädchen aussehen und sich verhalten müssen, bereits gut ausgeprägt. Beide Geschlechter bilden Cliquen, die sich häufig selbst darüber definieren, wen sie ausschließen. Was Zehnjährige meist nicht wissen: Jeder hat seine eigenen Unsicherheiten. Die beliebten Kinder, welche die Cliquen anführen, haben Angst davor, ihren Status zu verlieren, während ihre Gefolgschaft Angst davor hat, bei ihnen in Ungnade zu fallen.

In bestimmter Hinsicht hat ein Kind, das bereits als Streber oder Sonderling abgestempelt wurde, sogar Vorteile. Die soziale Ächtung ist zwar sehr schmerzlich, aber Outsider müssen bereits früh damit beginnen, eigene Stärken zu entwickeln. Beim Start ins Berufsleben haben sie die Nase dann vorn. Mit zehn weiß Loren bereits so viel über Computer, dass sie ihrem Vater dabei hilft, Fehler nach einem Absturz zu beheben. John füllt bereits ganze Notizbücher mit seinen Romanen. Zu welcher Gruppe Ihre Zehnjährigen auch gehören, es ist in jedem Fall sinnvoll, in diesem Alter den Horizont in Bezug auf Rollenmodelle auszudehnen und Alternativen ins Spiel zu bringen. Es gibt zahlreiche Bücher für diese Altersgruppe, deren mutige Helden und Heldinnen Ihrem Kind zeigen werden, dass es nicht allein ist.

Der Geburtstag

Der zehnte Geburtstag ist wahrlich ein Meilenstein. Nicht nur ist das erste Jahrzehnt erfolgreich bestanden worden, sondern dieses Alter symbolisiert in vielerlei Hinsicht den Höhepunkt der Kindheit. Zwischen diesem Alter und dem offiziellen Eintritt in die Adoleszenz mit dreizehn Jahren, beginnt sich die Pubertät zunehmend bemerkbar zu machen. Feiern Sie Ihr Kind als die Person, die es im Moment ist, denn die Veränderungen werden schon bald eintreten. Der zehnte Geburtstag kann auch von einer Veränderung wie der Einführung neuer Privilegien begleitet sein oder von einer neuen Einrichtung für das Kinderzimmer.

Im alten Griechenland lebten die Mädchen in diesem Alter eine Zeit lang im Tempel der Artemis, um der Göttin zu dienen. Sie wurden die „Kleinen Bären" genannt und führten zu Ehren der Göttin an ihrem Festtag den Bärentanz auf. Wenn Ihre Tochter Freundinnen aus Familien hat, die weiblicher Spiritualität gegenüber offen sind, können Sie eine kleine Mädchengruppe bilden und etwas über Artemis erzählen. Lassen Sie sie dann in hellbraune Gewänder gekleidet den Tanz der „Kleinen Bären" vorführen.

Das Ritual für dieses Jahrzehnt
Die Traumsuche

Dieses Ritual besteht aus drei Teilen. Der erste Teil kann lange vor der Traumsuche ausgeführt werden. Das Kind wird zunächst ermuntert, die eigene Spielzeugsammlung durchzusehen und jene Spielsachen herauszusuchen, für die es zu alt geworden ist. Diese Sachen können einer wohltätigen Organisation gespendet oder jüngeren Geschwistern oder Freunden geschenkt werden. Ehe Sie die Spielsachen weggeben, legen Sie sie in einem Kreis auf einen Tisch und stellen Sie eine Kerze in die Mitte. Bitten Sie das Kind, zu jedem einzelnen Spielzeug etwas zu sagen und stellen Sie dazu folgende Fragen:

„Hat das Spielzeug einen Namen?"
„Erinnerst Du Dich daran, wann Du es bekommen hast?"
„Weißt Du noch, was Du damit gespielt hast?"

Einige Spielsachen sind vielleicht liebe alte Freunde, andere wurden vielleicht gar nicht beachtet und lassen sich einfach weggeben. Es kann auch sein, das Ihr Kind nachträglich entscheidet, das eine oder andere Spielzeug doch noch zu behalten. Wenn die Spielsachen genügend gewürdigt wurden, bitten Sie das Kind, sich von jedem zu verabschieden und es für den neuen Besitzer zu segnen, wer immer dies sein mag. Dann lassen Sie das Kind die Kerze ausblasen und verstauen die Spielsachen in Taschen zum Abtransport.

Der zweite Teil ist die Traumwache. Je nach Jahreszeit kann diese in einem Zelt im Garten oder in einem hübsch dekorierten und sauberen Schlafzimmer oder einem anderen geeigneten Raum stattfinden. Wenn Sie das Ritual drinnen ausführen, verteilen Sie viele Kerzen in sicheren Behältern im Zimmer und legen Sie eine sanfte Musik auf.

Begleiten Sie das Kind zum Bett in dem vorbereiteten Raum. Ehe Sie aus dem Zimmer gehen, beten Sie zusammen das folgende Gebet:

Für Spiele, die ich gern gespielt,
Bin ich zu groß und geb' sie weg.
Du guter Geist, sei mein Freund
Und send im Traum mir deinen Segen ...

Lassen Sie Papier und Stift neben dem Bett liegen, damit das Kind seinen Traum gleich nach dem Aufwachen aufschreiben kann. Nehmen Sie sich Zeit und reden Sie anschließend über den Traum oder über die Gedanken, die sich das Kind beim Einschlafen gemacht hat. Überdenken Sie den Inhalt des Traums und besprechen Sie mit dem Kind, ob eine Figur aus dem Traum ein geistiger Freund ist, der in Zukunft über das Kind wachen und ihm helfen kann. Tiere sind besonders gute Verbündete. Ermutigen Sie Ihr Kind, die Figuren und Szenen aus dem Traum zu malen.

Der dritte Teil des Rituals kann am nächsten Tag oder später ausgeführt werden: Feiern Sie ein traditionelles Fest, an dem Sie dem Kind neue Spielsachen schenken, welche die alten ersetzen.

Wenn Sie bereits erwachsen sind und alte Probleme aus der Kindheit aufarbeiten, können Sie eine Variation dieses Rituals durchführen, indem Sie sich an die Spielsachen erinnern, die Sie besonders gemocht haben. Verabschieden Sie sich von ihnen und lassen Sie sie in aller Form gehen. Begeben Sie sich selbst auf eine Traumsuche und halten Sie nach einem neuen geistigen Freund Ausschau.

11. bis 20. Jahr –
Gute Zeiten, schlechte Zeiten

Die Erinnerungen an die Kindheit mögen verschwommen sein, aber die meisten Menschen erinnern sich an ihre Jugend, jene Jahre des Schreckens und der Wunder, nur allzu gut. In diesem Zeitraum von zehn Jahren verändert sich alles: Die Form und Größe unseres Körpers, unser Bewusstsein und unsere Gefühle. Der kindliche Körper des Mädchens nimmt weibliche Formen an. Die Grundausbildung ist abgeschlossen – doch wir lernen ein Leben lang weiter. Wir werden unabhängig von der Unterstützung und dem Schutz unserer Eltern und fangen an, andere zu beschützen und ihnen zu helfen.

Diese Altersstufe bringt viele Veränderungen mit sich. Wenn die Hormone die Pubertät einleiten, beginnt für uns eine körperliche und emotionale Achterbahnfahrt. Erst während der Menopause, die unsere fruchtbaren Jahre beendet, werden wir noch einmal diese Extreme von Angst und Freude durchleben. Der biologische Status und die Sexualität dominieren unsere Jugend. In dieser Zeit der Wünsche und Träume finden wir unsere erste Aufgabe und gestalten unseren ersten Lebensabschnitt. Wie können wir unsere Kinder durch diese aufwühlenden Zeiten führen? Wie können wir unsere eigenen Erinnerungen heilen?

Die Jugend ist zwar eine Zeit andauernder Veränderungen, aber die Entwicklung der Kinder kann sehr verschieden ablaufen. Die hier zusammengefassten Jahresentwicklungen sollten deshalb nur als Durchschnittswerte verstanden werden. Abweichungen davon, auch über die Zeiträume von ein paar Jahren, sind jederzeit möglich.

Schicksalsdaten vom 11. bis zum 20. Jahr

12–14 Jahre	♃ ☌ ♃	Erste Rückkehr des Jupiters	Hormone machen sich bemerkbar Persönlichkeit behauptet sich
14–15 Jahre	♄ ☍ ♄	Saturn in Opposition zur Geburtsposition	Interesse an Sexualität erwacht Kind sucht Unabhängigkeit
18 Jahre	☊ ☋	Rückkehr der Mondknoten	Emotionen reifen Einblicke in den ersten Lebensabschnitt
18–21 Jahre	♄ △ ♄	Saturn im Trigon zur Geburtsposition	Talente machen sich bemerkbar Trennung von den Eltern

11. Jahr

Elfjährige sind noch keine richtigen Teenager, sondern noch sehr kindlich. Doch dieses Alter ist bereits von der herannahenden Adoleszenz überschattet. In diesem Alter sitzen die Kinder „zwischen allen Stühlen", aber seit die Bücher über *Harry Potter* auf dem Markt boomen, ist der elfte Geburtstag zu einem einschneidenden Tag geworden. Im traditionellen englischen Schulsystem verlassen die Schüler in diesem Alter die Grundschule und wechseln auf weiterführende Schulen. An seinem elften Geburtstag kann Harry Potter endlich seiner schrecklichen Tante und seinem Onkel entfliehen, um ein neues Leben an der „Hogwarts-Schule für Hexerei und Zauberei" zu beginnen. Er ist zwar nur Schüler im ersten Jahr, aber zum ersten Mal kann er sich eigene Freunde suchen und seine eigenen Fähigkeiten entdecken.

Die Bücher von Harry Potter lösen bei jedem Begeisterung aus. Harry und seine Freunde Hermine und Ron sind gut gewählte Rollenmodelle. Sie gehören nicht zu den attraktivsten, klügsten oder beliebtesten Kindern der Schule, aber sie besitzen genügend Entschlossenheit, Gemeinschaftsgeist und Mitgefühl, um gleichermaßen zu siegen und zu überleben. Heranwachsende, die diese Bücher lesen, können in ihrer Vorstellung ebenfalls ein neues Leben beginnen. Viele von uns fühlen sich so, als wären sie von Muggels (Menschen ohne Magie) aufgezogen worden. Je mehr wir uns unserer eigenen Individualität bewusst wurden, desto öfter haben wir nach unseren „wirklichen" Familien und Freunden gesucht.

Mit elf Jahren, an der Schwelle zur hormonellen Explosion der Pubertät, haben unsere Phantasie und unser Einfallsreichtum befreiende Wirkung. Das neue körperliche Wachstum drückt sich in unstillbarem Appetit und ungezügelter Aktivität aus. Erkennen Sie die zunehmende Unabhängigkeit und die wachsenden Fähigkeiten Ihrer Tochter an. Zeigen Sie ihr Ihre persönliche Form der Zauberei und lassen Sie sie wissen, dass sie in Ihren Augen genau so fabelhaft wie Harry Potter ist.

Der Geburtstag

Wenn Ihre Elfjährige ein Fan dieser Bücher ist, veranstalten Sie eine *Harry-Potter*-Geburtstagsparty. Elfjährige stehen an der Grenze zum Alter der Magie. Suchen Sie magische Gegenstände als Geschenke aus. Dekorieren Sie die Feier mit Bildern aus dem Buch oder Film und fertigen Sie Hüte und Mäntel für die kleinen Zauberer und Hexen an. Überreichen Sie Ihrem Kind eine Einladung von der „Hogwarts-Schule für Hexerei und Zauberei". Besuchen Sie die Website von *Harry Potter* und lassen Sie den „Sprechenden Hut" jeden Geburtstagsgast einem Haus zuweisen.

12. Jahr

Im Alter von zwölf Jahren kehrt Jupiter zum ersten Mal an seine Geburtsposition zurück. Da in diesem Jahr auch Mars wieder einmal vorbeischaut, sind die Kinder in diesem Alter voller Tatendrang, begierig auf Abenteuer. Doch im Gegensatz zum elften Lebensjahr, indem es manchmal noch sehr turbulent zugehen konnte, wirkt ein Mädchen mit zwölf Jahren bereits deutlich reifer. Für Zwölfjährige können sogar Eltern willkommene Begleiter sein. Freundschaften, die in diesem Alter geschlossen werden, können ein ganzes Leben lang halten. Wenn Sie ein Kind in diesem Alter verletzen, wird es sich daran auch noch ein Jahrzehnt später erinnern. Zwölfjährige sind keine Kinder mehr, sondern eigenständige, aber auch sehr empfindsame Persönlichkeiten. Sie wünschen sich Respekt; und wenn Sie ihnen diesen verweigern, werden Sie selbst eines Tages respektlos behandelt.

Mit zwölfeinhalb Jahren steht Saturn in einer Quincunx-Position, gerade kurz vor seiner Opposition zur Geburtsposition und verkündet einen enormen Wachstumsschub und ein steigendes Körperbewusstsein. Obwohl Jungen und Mädchen in diesem Alter noch getrennte Wege gehen, stellen sich Mädchen schon Romanzen vor, meistens jedoch mit Personen, die sich in einem sicheren Abstand befinden, zum Beispiel Rockstars oder bekannten Schauspielern. Manche Mädchen sind jedoch nach wie vor auf Pferde fixiert, deren Stärke und Schönheit das Versprechen auf eine Gemeinschaft mit der andersartigen Kraft in Aussicht stellt, die Fantasie Erfüllung und Freiheit bringt.

Diana erinnert sich an ihre eigene jugendliche Liebe zu Pferden:

Meine Liebe zu Pferden hielt so lange an, bis ich selbst eines bekam. Das tägliche Striegeln und Ausmisten sowie der Kampf um die Zusammenarbeit mit einem eigenwilligen, störrischen Wesen von begrenzter Intelligenz führte mir den Unterschied zwischen meinen romantischen Vorstellungen und der Realität deutlich vor Augen. Die Beziehung hatte sich zwar gelohnt, aber es war harte Arbeit. Als ich Jahre später den Film „Der schwarze Hengst" sah, wurde mir klar, dass dies eine idealisierte Beschreibung von Pferden war, wie ich sie selbst einst geglaubt hatte. Später schien es mir oft, als ob Frauen hinsichtlich ihrer Gefühle Männern gegenüber eine ähnliche Entwicklung durchlaufen würden!

Im Alter von zwölf Jahren beginnt bei den meisten Mädchen die Menstruation. Einige hatten sie vielleicht schon früher, andere werden sie vielleicht erst in ein oder zwei Jahren bekommen. Mit zwölf Jahren sieht ein Mädchen langsam wie eine Frau aus und auch wenn es gleichaltrigen Jungen überlegen ist, ist es alt genug, um von älteren Jungen begehrt zu werden. Ein Mädchen kann dadurch unter sozialen Druck geraten und lässt sich vielleicht auf erste sexuelle Kontakte ein, so dass das Risiko einer ungewollten Schwangerschaft besteht. Eltern müssen die Entwicklung ihrer Tochter aufmerksam verfolgen, und wenn die Möglichkeit besteht, dass sie sexuell aktiv wird, müssen Sie sie darüber aufklären, wie und warum sie sich schützen sollte.

Wenn Sie die Aufmerksamkeit Ihres Kindes in früheren Jahren auf eine Beschäftigung lenken konnten, die es interessiert und seine kreativen Eigenschaften bindet, lässt sich die zunehmende Energie der Heranwachsenden etwas kanalisieren. Eine Fixierung auf den sexuellen Wettstreit wird dadurch gemindert. Ist dies nicht der Fall, können Sie trotzdem versuchen, diese Energie umzulenken, indem Sie Abenteuer inszenieren oder Campingurlaube und interessante Reisen unternehmen. Doch mit der Zeit wird dies immer schwieriger werden.

Der Geburtstag

Nutzen Sie den zwölften Geburtstag als gute Gelegenheit, diesen Moment der Ausgeglichenheit zu feiern – es kann für lange Zeit der letzte sein!

Schlagen Sie vor, diesen letzten Geburtstag vor dem Eintritt ins Teenie-Alter in familiärem Rahmen zu feiern. Planen Sie einen Ausflug, ein gemeinsames Abendessen oder einen Kinobesuch und überlassen Sie Ihrem Kind die Wahl. Versuchen Sie etwas zu unternehmen, das sowohl den Eltern als auch dem Kind gefällt.

13. Jahr

In einer Kultur, in der Zahlen eine große Rolle spielen, ist der 13. Geburtstag ein wichtiges Ereignis – der offizielle Eintritt in das Alter der Teenager. Mit 13 Jahren wird von jungen Menschen erwartet, dass sie mit wechselnden Fächern und Lehrern umgehen können und in der Schule insgesamt selbständiger arbeiten. Der Lernstoff soll sich nun häufig in Form von Teamarbeit und Schulprojekten angeeignet werden. In diesem Alter finden Geist und Körper ihr Gleichgewicht. Es beginnt die Abnabelung von den Eltern. Diese vollzieht sich friedlich, wenn die Eltern Verständnis zeigen, andernfalls auf rebellische Art und Weise. Der Teenager entdeckt seine eigenen Kräfte.

Am Anfang dieser Lebensphase können Kinder, die bereits ein Interessensgebiet für sich gefunden haben, darin große Leistungen erringen, insbesondere im Sport, zum Beispiel beim Eiskunstlauf, im Kunstturnen oder im Ballett. Die Eiskunstläuferinnen Oksana Bayul und Tara Lipinski sowie die Kunstturnerinnen Olga Korbut und Nadia Comaneci waren in diesem Alter bereits internationale Stars. Die 13-jährige Elise Macmillan und ihr älterer Bruder Owen betreiben ein blühendes Geschäft: Sie stellen Bauernhoftiere aus Schokolade her.

Die Herausforderung besteht darin, sich mit den Veränderungen zu arrangieren und gleichzeitig den Standard zu halten, während andere Notwendigkeiten und Wünsche Einzug halten.

Eine räumliche Trennung von den Eltern kann sinnvoll sein. Vielleicht hilft eine Jugendreise oder ein Sommer, weit weg von zu Hause. Wenn Tante oder Onkel verträgliche Menschen sind, können diese als eine Art Pflegeeltern fungieren, bei denen ein Teenager nicht das Bedürfnis hat, sich auflehnen zu müssen.

In einigen Religionen werden 13-Jährige bereits dazu eingeladen, vollständig am Leben in der Gemeinde teilzunehmen. Im

Judentum bietet die Bar oder Bath Mitzwah eine offizielle Gelegenheit für das Kind, sein erwachsenes, spirituelles Verständnis zu demonstrieren.

Für ein Mädchen beginnen mit der ersten Periode oder mit der Stabilisierung des Menstruationszyklus die pubertären Veränderungen. In vielen Kulturen gilt die erste Blutung des Mädchens als besonders heilige Zeit. Bei den Apachen wird zu diesem Anlass ein Fest gefeiert, bei dem das Mädchen Aufgaben bewältigen muss, die es auf magische Weise auf sein produktives Erwachsenenleben vorbereiten sollen. Dann wird sie der Gemeinschaft formell als neues Mitglied präsentiert.

In unserer Kultur lässt sich die Menarche auf viele verschiedene Arten feierlich begehen. Sie können ein kleines Familienfest arrangieren, bei dem das Mädchen während eines Rituals rote Rosen erhält. Dieses Ritual kann von der Mutter und andern Mitgliedern der Göttinnengemeinschaft durchgeführt werden.

Wie auch immer, der Beginn der Menstruation führt zu großen Veränderungen. Z formuliert es so:

Es ist schwer, sich mit den Blutungen abzufinden, weil man daran gewöhnt war, frei von solchen Überraschungen zu sein. Du spielst gerade mit den Jungs Fußball und plötzlich läuft ein kleines Rinnsal Blut an deinen Beinen herunter. Was tun? Du beendest die kindlichen Spiele und gehst nach Hause, schämst dich, weil du merkst, dass du das Blut verbergen musst. Sonst machst du dich lächerlich. Diese Geschichte ist meiner Mutter passiert, die ein Wildfang war. Als ich meine erste Periode mit elf Jahren bekam, ging ich in das Esszimmer, wo meine Eltern gerade zu Abend aßen. Mein Vater war Arzt und deshalb zog ich meine Unterhosen aus, damit er sicherstellen konnte, dass ich mich nicht verletzt hatte. Meine Mutter zeigte mir schnell, wie man Binden benutzt. Aber meine Blutung war so stark, dass ich am nächsten Tag nicht in die Schule gehen konnte.

Diese schulfreie Zeit musste genutzt werden, und deshalb begann ich, die Bücher meines Vaters zu lesen. Viele dieser Romane handelten von Beziehungen zwischen Erwachsenen und waren zu kompli-

ziert für mich, aber ich wurde eine eifrige Leserin. Das veränderte mein Leben, denn es half mir dabei, selbst Autorin zu werden.

Als ich 13 war, hatte mein Körper sich mit dem Menstruationszyklus arrangiert und nach fünf Tagen hörten die Blutungen regelmäßig auf. Doch ich musste mein Leben um dieses Ereignis herum planen, zum Beispiel sicherstellen, dass die notwendigen Kräutertees zur Hand waren und mir Ausreden für Dinge zurechtlegen, die ich dann nicht tun konnte.

„Only Women Bleed" heißt ein Song. Wie wahr. Und wie bedrückend. Ich habe meine Blutungen nie gewürdigt wie es uns später der Feminismus geheißen hat. Es ist schwer, etwas zu mögen, was Schmerzen verursacht, die Unterhosen verdreckt, die Bewegungsfreiheit einschränkt und auch noch riecht, wenn man nicht aufpasst!

Mit 13 Jahren war ich eine junge Frau. Mein Zyklus war stabil und ich kannte alle Methoden die Periode zu verbergen. Zu dieser Zeit verliebte ich mich in meinen ersten Freund, den ich in den Sommerferien kennen gelernt hatte. Er war fünf Jahre älter als ich – ein alter Mann. Meine Mutter sprach mit seinen Eltern, und er wurde aus der Stadt hinausbefördert. Armer Bandi – wegen Liebe abgeschoben! Mein Herz war gebrochen. Ich wusste lange Zeit nicht, warum er sich nicht mehr meldete. Diese Erfahrung hinterließ bei mir die Überzeugung, dass Jungen beziehungsweise Männer nicht vertrauenswürdig waren. Ich glaube, ich habe nie wieder so tief geliebt. Warum das Herz verschenken, wenn es doch nur gebrochen wird?

Der Geburtstag

Der offizielle Eintritt in das Alter des Teenagers sollte den neuen Status des Mädchens anerkennen. Atmen Sie einmal tief durch und lassen Sie Ihre Tochter ihre Freundinnen zu einer „Mädchennacht" außerhalb der elterlichen vier Wände einladen. Da Eltern sich meist noch um die Fahrtmöglichkeiten kümmern, lässt sich auch eine diskrete Begleitung arrangieren. Die Mädchen können wählen, wo sie gerne essen möchten und wohin es danach gehen soll – in die Eisdiele, zum Rockkonzert oder ins Kino. Ihre Tochter sollte wissen, dass sie Ihr Vertrauen nicht missbrauchen darf.

14. Jahr

Dies ist eine Zeit der Annäherung. Die zweite Rückkehr von Jupiter wird vollendet, das heißt, diese Zeit steht unter dem Zeichen der Entfaltung. Jugendliche testen ihre Grenzen. Doch in diesem Jahr geht auch Saturn langsam in Opposition zur Geburtsposition. Wenn dies geschieht, nehmen wir uns bewusster im Zusammenhang mit der großen Welt um uns herum wahr. Dies kann viele Unsicherheiten in einer 14-Jährigen hervorrufen, der dies zum ersten Mal widerfährt.

Mit 14 Jahren nimmt das Selbstbewusstsein zu. Die Identität wird gestärkt und die Unabhängigkeit der Gedanken hält Einzug. Dies spiegelt sich auf dramatische Weise in dem Tagebuch der Anne Frank, das sie schrieb, während sie mit ihrer Familie in Holland versteckt vor den Nazis lebte. Ihr Leben war kurz, aber ihre Worte erreichten die ganze Welt.

Der Mondknotenwechsel, den Saturn an diesem Punkt durchläuft, bewirkt eine große Empfindlichkeit gegenüber Scheinheiligkeit und wenig Toleranz gegenüber Doppeldeutigkeiten. Eltern, die mit der Komplexität ihres eigenen Lebens zu kämpfen haben, finden es manchmal schwierig, sich mit der unerschütterlichen Sicherheit von 14-Jährigen auseinander zu setzen.

14-Jährige entwickeln auch ihre eigene Spiritualität. Diese kann viele verschiedene Formen annehmen. Als Diana in diesem Alter war, las sie mit großem Interesse die Bibel. Vier Mädchen, die anlässlich einer Zeremonie bei den Pfadfindern vier Göttinnen anriefen, berichteten später in *Blessed Bee*, einem Magazin für heidnische Familien, über ihre Erfahrungen: Das Mädchen, das die Göttin Kuan Yin ausgewählt hatte, verehrte die Energie der Bodhisattva, weil „sie so nett ist und sich um andere sorgt". Das Mädchen, das Pele angerufen hatte, entwickelte eine weit reichende Beziehung zu der hawaiianischen Göttin. Während das Mädchen, das die Yoruba-Orisha Yemaya angefleht hatte, sich von ihrer Toleranz und Gleichheit angezogen fühlte, war diejenige, die zur Maismutter gebetet hatte, offensichtlich begeistert davon, über die Lebensweise der amerikanischen Ureinwohner zu berichten.

Alle vier waren über die positiven Reaktionen der jüngeren anwesenden Mädchen in Bezug auf die Energien dieser Göttinnen sehr erfreut. Eine erzählte: „Die kleinen Mädchen, die dort waren, haben uns mit offenen Armen empfangen. Sie sind jung, aber sie wissen viel mehr, als man denkt." Es wird deutlich, dass die 14 Jahre alten „Priesterinnen" auch etwas darüber gelernt haben, wie sie den Kontakt zum Geist und der Kraft einer Göttin im Innern herstellen können.

Mädchen in diesem Alter müssen verstehen, dass bei den gleichaltrigen Jungen die Zeit anbricht, in der sie sich am schnellsten entwickeln. Sie sind bereits an Mädchen interessiert, wollen das aber noch nicht zugeben. Der sexuelle Druck nimmt weiterhin zu. Die männlichen Hormone machen sich bemerkbar. Jungen, die sich früher darüber definiert haben, „keine Mädchen" zu sein, schließen sich nun verschiedenen Gruppen an und raufen miteinander. Auch bei frühreifen Mädchen, die bereits mit älteren Jungen Umgang haben, nimmt der sexuelle Zugzwang zu. In diesem Alter können uns unsere eigenen Reaktionen erschrecken, und wir wissen oft nicht, wie weit wir gehen sollen. Wenn wir den Jungen geben, was sie möchten, verzieren unsere Namen womöglich die Wände der Schultoiletten. Wenn nicht, machen wir uns nicht gerade beliebt.

Mit 14 Jahren, wenn die Figur der Mädchen immer weiblicher wird, werden auch Fragen, die unseren Körper betreffen, entsprechend wichtig. Wer runde Kurven hat, fühlt sich zu dick. Wer schlank ist, hat Angst, zu dünn zu sein. Die Brüste sind entweder zu groß oder zu klein. Akne ist eine permanente Bedrohung. Es gibt kaum ein Mädchen, das sich der eigenen Schönheit in diesem Alter bewusst ist. Einige machen Diäten bis an den Rand der Magersucht, während andere alles Essbare in sich hineinstopfen. Diana erinnert sich daran, wie sie immer in den

Spiegel blickte und ihre Augenbrauen nach oben strich, bis sie eines Tages realisieren musste, dass sie niemals wie Audrey Hepburn aussehen würde.

Bei einigen Frauen dauert der Kampf mit dem Körper, der in dieser Zeit beginnt, ein Leben lang. Es kann hilfreich sein, ein altes Foto von sich selbst aus dieser Zeit zu betrachten und es genau anzusehen. Das Mädchen auf diesem Bild ist wahrscheinlich viel hübscher als in Ihrer Erinnerung. Bewundern Sie Ihre Schönheit nachträglich, wenn Sie es damals nicht konnten. Sagen Sie Ihrem jüngeren Selbst, dass es hübsch ist – nicht wie ein Modell oder Filmstar, sondern wie jene Frau, die es einmal werden wird.

Es gibt einige interessante Bücher, die das Problem der Cliquenbildung bei Mädchen im Teenager-Alter beleuchten, darunter Rachel Simmons *Meine beste Feindin*. Jungen tragen ihre Kämpfe meist auf körperlicher Ebene aus, während Mädchen eher emotionale Feindschaften pflegen. Auf der Suche nach der eigenen Identität, eine der großen Herausforderungen der Pubertät, gehört es zu den einfachsten, aber nicht sehr produktiven Methoden, sich selbst über die Zugehörigkeit zu einer bestimmten Gruppe zu definieren und andere auszuschließen. Die soziale Ausgrenzung, die das Leben eines Teenagers zerstören kann, entspricht denselben Verhaltensmustern wie Sexismus und Rassismus. Wenn wir unseren Kindern beibringen können, ihre eigene einmalige Individualität zu achten und ihr Potenzial auszuschöpfen, werden sie in der Lage sein, auch andere Persönlichkeiten zu schätzen.

Der Geburtstag

Dieser Geburtstag ist eine gute Gelegenheit, Ihrer Tochter ein Geschenk zu überreichen, das ihr dabei hilft, sich mit ihrer Figur anzufreunden. Wenn sie sich über ihren Babyspeck Sorgen macht, spendieren Sie ihr einen Fitnesskurs für Jugendliche; wenn sie auf Sport fixiert ist, schenken Sie ihr etwas zur Entspannung. Bitten Sie Ihre eigenen Freunde, Ihnen bei der Ausrichtung einer „Mode-Party zu helfen. Ziel dieser Party sollte es sein, dass die Mädchen mit Make-up, Schminkutensilien und Farben experimentieren können, um herauszufinden, was zu ihrem Typ passt. Ein solches Fest sollte allerdings mit viel Einfühlungsvermögen gestaltet werden. Wenn Ihre Tochter nach wie vor auf Pferde fixiert ist, freut sie sich wahrscheinlich über ein neues Zaumzeug mehr als über einen neuen BH.

15. Jahr

Bis zum 15. Lebensjahr hat sich Saturn endgültig in Opposition zu seiner Position in unseren Geburtshoroskopen begeben und bringt uns dazu, unsere eigenen Wertvorstellungen unabhängig von denen der Gesellschaft zu entwickeln. Wenn die Eltern ein beständiges und ausgewogenes Wertesystem haben, wird eine 15-Jährige weniger heftig revoltieren. Aber jedes Anzeichen von Unschlüssigkeit wird bestimmt Ärger und Rebellion provozieren.

Im Mittelalter wurden Mädchen mit 15 Jahren bereits verheiratet und führten einen eigenen Haushalt. In einer traditionellen Ballade wird ein Junge besungen, der mit 14 heiratete, mit 15 Vater wurde und mit 16 starb. Heutzutage wird 15-Jährigen nicht so viel Verantwortung aufgebürdet, aber einige holen schon zum großen Schlag aus: Die 15-Jährige Erin Lely hat ihre Freundinnen zusammengetrommelt und einen Babysitter-Service ins Leben gerufen. Josh DeFalco kennt sich so gut mit Computern aus, dass er bereits mit Computerreparaturen sein eigenes Geld verdient.

Das 15. Jahr ist das Jahr der Träume und Erwartungen. Für Z war es eine Zeit der Freundschaft und der Entdeckungen.

Als ich 15 Jahre alt war, arbeitete ich in der Schule besonders hart. Der Lehrplan war anspruchsvoll. Ich lernte Fremdsprachen. Aber wichtiger war, dass sich eine lebenslange Freundschaft mit Marcsi entwickelte, die mich zum Lachen brachte und mit der ich mir meine Zukunft vorstellte. Wir teilten eine seltene Zuneigung. Mein Herz war so voll! Die Unterstützung, die Marcsi mir als Autorin zukommen ließ, als Mädchen, als Studentin und als Einzelkind war zauberhaft. Sie war die Schwester, die ich nie hatte, und die beste Freundin, die ich je hatte, mein Vorbild. Marcsi füllte meine emotionale Leere. Mit ihr verband mich eine heilige Allianz, welche die Wunden aus meiner Kindheit heilte. Sie spiegelte mir mein Selbst in liebevollem Licht zurück; sie zweifelte nie an mir.

Marcsi brachte mir zu Essen von zu Hause mit und teilte ihr Tizorai (ungarisches Pausenpaket) mit mir. Um zehn Uhr morgens aß ich die Äpfel, die ihre Mutter ihr mitgegeben hatte. Ich aß die Hälfte ihres Brotes und trank die Hälfte ihres Saftes. Ich weiß nicht mehr, warum ich selbst nichts dabei hatte. Meine Mutter kochte abends, aber ich kann mich nur noch daran erinnern, dass es in meiner Kindheit immer Brot, Milch und barack lekvar (Aprikosenmarmelade) gab. Ich kann mich nicht entsinnen, jemals etwas mit in die Schule genommen zu haben.

Diese Zeit ist lange her und in meiner Erinnerung verschwommen. Es war eine Zeit des Wartens auf das „Frausein", auf die Liebe und Anerkennung. Ich kann mich noch daran erinnern, darauf gewartet zu haben, dass meine Brüste endlich aufhörten zu wachsen und das Schuljahr zu Ende ging. Ich wartete darauf, den letzten Sommer mit Marcsi in Visegrád an der Donau zu verbringen.

Im Alter von 15 Jahren veröffentlichte ich meine erste Kurzgeschichte und wurde dafür sogar bezahlt. Dies stieg mir zu Kopf und ich schwor mir, eine Drehbuchautorin und Humoristin zu werden. Ich wurde Autorin, aber erst kürzlich flackerte wieder der alte, aber nicht vergessene Traum auf, Drehbücher für Filme zu schreiben.

Das 15. Lebensjahr kann eine unglaubliche Bedeutung haben. In dieser Zeit entstehen Wertvorstellungen, und Träume werden geboren. Jugendliche entwickeln Loyalität gegenüber ihren Freunden. Wir lernen in diesem Alter, auf die Welt zu antworten, die uns umgibt, während wir unseren eigenen Sinn für Moral behalten. Venus regiert diese Opposition von Saturn zu sich selbst und bringt Harmonie mit ins Spiel. Die emotionale und körperliche Sehnsucht nach Liebe verbinden sich das erste Mal miteinander.

In der verwirrenden Welt der Adoleszenz kann die Suche nach der eigenen Identität, sofern sie nicht klug geleitet wird, zur Bildung von Cliquen führen aufgrund von oberflächlichen Wertvorstellungen wie zum Beispiel dem äußeren Erscheinungsbild, sexuellen Neigungen, ethnischer Zugehörigkeit oder sogar dem Benehmen. Wer „in" ist und wer „out", wechselt in Schwindel erregendem Rhythmus. Mädchencliquen können auf ihre Art, das heißt, in Form von emotionaler Gewalttätigkeit, genauso brutal sein wie die körperlichen Auseinandersetzungen der Jungengruppen. Wenn Eltern Rassenhass stillschweigend dulden oder Vorurteile gegen andere Religionen und sexuelle Neigungen pflegen, kann der Hass positive Werte ersetzen. Die gefährlichsten Fanatiker sind Teenager.

Einige der astrologischen Konstellationen dieses Jahres werden sich erst wieder ergeben, wenn wir Mitte 40 sind. Die *Midlifecrisis* wird daher bereits durch diesen jugendlichen Aufruhr der Emotionen angekündigt, welche die Geburt unseres großen Traums signalisiert. Was wir mit 15 träumen, wird seine Verwirklichung einfordern, wenn nicht jetzt, dann später im Leben. Diese Träume werden unser Schicksal.

Der Geburtstag

Es ist eine gute Idee, das Traumritual vom zehnten Geburtstag zu wiederholen, aber diesmal darf es ruhig etwas abenteuerlicher zugehen. Neben all den anderen Festen, die zum Geburtstag mit der Familie oder den Freunden geplant sind, entführen Sie doch Ihr Kind für ein Wochenende an einen schönen Ort draußen in der Natur. Je nach Jahreszeit und Umgebung können Sie einen Mutter-Tochter (beziehungsweise Vater-Sohn) Campingurlaub unternehmen oder in einem Hotel übernachten, dann aber in getrennten Zimmern. Verbringen Sie den Tag mit Wanderungen und lassen Sie dann das Mädchen am Abend draußen am Lagerfeuer sitzen oder mit einer Kerze in ihrem Hotelzimmer. Bitten Sie Artemis, die über die Mädchen wacht, um ihren Segen und überlassen Sie Ihre Tochter ihren Meditationen.

16. Jahr

Süße 16 und noch nie geküsst? Das ist heutzutage ziemlich unwahrscheinlich. Denn in diesem Alter wird die sexuelle Anziehungskraft immer stärker. In der ersten Hälfte des Jahres herrscht weiterhin Venus. Erst wenn wir das Alter von 45 Jahren erreichen, wird sie noch einmal so starken Einfluss ausüben. Aber die Liebe schmerzt mehr mit 16 Jahren. Junge Menschen wissen nicht, wie Sie mit ihrem Schmerz und der Sehnsucht umgehen sollen. In der zweiten Jahreshälfte wird die Sexualität ebenso von den Gefühlen wie von den Hormonen beeinflusst. 16-Jährige müssen die Moral des Herzens erst noch erlernen.

In regelmäßigem Richtungswechsel, typisch für die Pubertät, orientiert sich der 16-Jährige wieder mehr an der Außenwelt, die seine Identität herausfordert. Die inneren Werte erhalten nun ein neues Zentrum und neue Kraft. Es ist an der Zeit, sich zu behaupten und Zeichen zu setzen.

Junge Menschen in diesem Alter können sich schnell an neue Umgebungen anpassen. Reisen in fremde Länder bieten eine gute Möglichkeit, den Teenager mit neuen Eindrücken zu konfrontieren. Wenn wir im Ausland gastfreundlichen Menschen begegnen, können Freundschaften fürs Leben entstehen. Manchmal bieten äußere Umstände entscheidende Gelegenheiten.

Als Z 16 Jahre alt war, fand in Ungarn ein Aufstand gegen die sowjetische Vorherrschaft statt.

In diesem Alter verließ ich Budapest, meine Heimatstadt. Alles, was ich in meinen ersten 16 Lebensjahren gelernt hatte, wies darauf hin, dass es in Ungarn für mich keine Zukunft geben würde. Jetzt hatte ich die Chance, das Land zu verlassen. Den Eisernen Vorhang kannte ich schon mein ganzes Leben und nach dem ungarischen Aufstand blieb er für weitere 40 Jahre bestehen.

Es war ein schwerer Schritt für eine 16-Jährige ohne Ausbildung. Ich hatte noch nicht einmal einen höheren Schulabschluss. Ich schaffte es über die Grenze nach Österreich und fand bei einer wunderbaren Pflegefamilie in Innsbruck Aufnahme. Hier beendete ich meine Ausbildung in einer zweisprachigen Schule. Die Schicksalsgöttinnen helfen denen, die sich selbst helfen. Die helfende Hand findet sich meistens am Ende des eigenen Handgelenks.

Der Geburtstag

Ein weiteres Jahr, das eine weitere Gelegenheit bietet, die Entwicklung Ihres Kindes anzuerkennen. Sie könnten Ihrer Tochter daher eine gemischte Party, also Jungen und Mädchen, erlauben. Stehen Sie ihr diskret zur Seite. Zeigen Sie Ihrer Tochter, dass Sie ihr zutrauen, die Dinge unter Kontrolle zu halten. Ein gutes Geburtstagsgeschenk wäre es auch, sie alleine verreisen zu lassen, zum Beispiel zu einem Verwandten oder einer Freundin.

17. Jahr

Mit 17 Jahren rückt das Erwachsenenalter immer näher. Der Druck in der Schule ist hoch. Einige bereiten sich auf das Abitur vor, andere durchlaufen die Einstellungsprüfungen für Lehrberufe oder wechseln in andere Fortbildungszweige. In diesem Alter suchen sich viele Jugendlichen einen Job für die Ferien oder die Freizeit. Ebenso kann unbezahlte Arbeit eine gute Einführung in die Welt der Erwachsenen sein.

Auch die Emotionen werden intensiver. Wir schwimmen in unserer Liebe zu den Dingen, den Themen, den Freunden und der Welt. Manchmal spielt eine 17-Jährige noch so gerne wie ein Kind, aber sie ist vernünftiger und bereit für mehr Verantwortung. Sie ist weniger leichtgläubig und vertrauensselig, aber noch offen für neue Erfahrungen.

In diesem Alter sind wir auch zu großer Loyalität und Hingabe fähig. Dies kann sich in einem Engagement für bestimmte Gruppen oder Bereiche ausdrücken oder auch in religiöser Begeisterung. Ein Mädchen möchte vielleicht gerne Nonne werden oder aber eine Hexe. Eine 17-Jährige möchte dazugehören, sei es zu einer Clique, einer Kirche, einem Kult oder auch der Armee. Sie möchte akzeptiert und gebraucht werden, ein Teil einer größeren Familie sein. Prüfungen und Herausforderungen sind ihr willkommen.

Meinungen werden jetzt gebildet und mit großer Bestimmtheit vertreten. Wir nehmen feste moralische Standpunkte ein und können nicht verstehen, warum andere, besonders die Eltern, Wert auf Geduld und Kompromissbereitschaft legen. Wir möchten unsere Überzeugungen unbedingt in die Praxis umsetzen und weisen die Bemühungen von Erwachsenen zurück, die uns schützen wollen. Wir möchten unseren eigenen Weg gehen und unseren eigenen Traum leben. Eltern sind manchmal erschrocken darüber, dass die Lebensphilosophie, die sie ihren Kindern nahe gebracht haben, plötzlich zu einer Art Handlungsanweisung umfunktioniert wird, aber 17-Jährige probieren ihre Kräfte aus, möchten ihre eigenen Fehler machen und die Konsequenzen tragen. Lee fasst das so zusammen: „Meine Tochter ist siebzehneinhalb, fast erwachsen, hat einen Freund und einen Halbtagsjob. Ich sehe sie kaum noch. Die Verwandlung, die stattgefunden hat, seit ich ihr das erste Auto gekauft habe, ist erstaunlich. Sie ist zu einer freundlichen, verantwortungsvollen jungen Frau geworden – direkt vor meinen Augen."

Der Geburtstag

Das gerade 17 Jahre alte Mädchen möchte ihre Geburtstagsparty selbst planen. Eltern dürfen bestenfalls noch Vorschläge machen. Suchen Sie nach einer Gelegenheit, um mit ihr über die Traumarbeit des letzten Jahres zu sprechen. Machen die Ergebnisse nun einen größeren Sinn? Hat sie immer noch denselben Traum? Welches Bild hat sie von sich selbst? Wie wird sie ihre Pläne in den nächsten fünf Jahren verwirklichen?

18. Jahr

Wenn dieses Lebensjahr zu Ende ist, haben viele Teenager ihre Schulausbildung abgeschlossen und betreten die Welt der

Erwachsenen. Wir sind nun berechtigt, uns einem weiteren Übergangsritual der Gesellschaft ins Erwachsenenleben zu unterziehen: Wir dürfen den Führerschein erwerben. Nicht alle 18-Jährigen sind dieser Herausforderung gewachsen, doch diejenigen, die die Fahrprüfung bestehen, bekommen einen ersten Geschmack von der Mobilität der Erwachsenen. Es ist die Aufgabe der Eltern, ihren Kindern beizubringen, dieses Privileg klug und verantwortungsvoll zu nutzen.

Je nach Zeit und Ort dürfen wir jetzt ohne elterliches Einverständnis heiraten, wählen, zum Militär gehen oder einberufen werden. Einige beginnen eine Hochschul- oder Berufsausbildung. Andere arbeiten bereits. Manche 18-Jährige haben bereits eigene Kinder, mit oder ohne Ehe. Aber mit den Rechten der Erwachsenen kommen auch die Pflichten.

Im Alter zwischen 18 und 21 Jahren steht Saturn im Trigon zur Geburtsposition und wir entwerfen eine Arbeitsphilosophie für unser Leben. Die Gesellschaft fordert uns dazu auf, unsere Ideale in die Tat umzusetzen und wir vertrauen im Allgemeinen darauf, dass wir dieser Herausforderung gerecht werden. Die Devise dieses Alters lautet: „Erschaffe dich selbst, jetzt hast du alle dazu notwendigen Komponenten vereint!" Der Geist hungert nach Verbindungen, sowohl sozialen als auch geographischen. Es öffnet sich eine Tür in eine neue Welt.

Im 18. Jahr kehren die Mondknoten an ihre Geburtsposition zurück. Diese Konfiguration tritt alle 18 bis 19 Jahre auf und kennzeichnet jeweils ein neues Stadium emotionaler Reife. Dieses Mal erhalten wir einen Ausblick auf die Aufgabe unseres ersten Lebensabschnittes. Als junge Erwachsene sind wir jetzt dazu in der Lage, mit Stress umzugehen und die notwendigen Verpflichtungen für diesen neuen Status auf uns zu nehmen.

Der Geburtstag

Der 18. Geburtstag steht im Zeichen des Erwachsenwerdens. Wenn Ihre Tochter bereits eigene Wege geht oder eine Universität in einer anderen Stadt besucht, ist es an der Zeit, den finanziellen Status zu ändern. Wenn sie nicht bereits ein eigenes Konto hat, geben Sie ihr genug Geld, um eines zu eröffnen und zeigen Sie ihr den Umgang damit. Besprechen Sie Budgetfragen, geben Sie Auskunft über die familiäre Finanzsituation, damit sie realistische Vorstellungen davon erhält, was das Leben kostet.

19. Jahr

Bis zum 19. Lebensjahr hat sich bei den meisten Mädchen der Zyklus eingependelt. Heutzutage, da viele Jugendliche früh aufgeklärt werden, liegt es in der Verantwortung beider Geschlechter, verantwortungsvoll zu handeln. Jungs denken jetzt ständig an Sex. Mädchen wünschen sich oft, Kinder zu bekommen, und sehnen sich nach der Mutterschaft.

In diesem Alter beginnen unsere reifen, fruchtbaren Jahre, die bis zur Menopause andauern werden. Früher hat uns eine hohe Sterblichkeitsrate dazu gedrängt, möglichst viele Kinder auf die Welt zu bringen, doch heute besteht keine Gefahr mehr, dass die Menschheit ausstirbt. Die Verantwortung besteht nun darin, unsere Triebe zu steuern und uns gut zu überlegen, ob wir Kinder haben wollen oder nicht.

Wenn ein junger Mensch als Kind oder Teenager missbraucht wurde, kann seine körperliche und seelische Entwicklung beeinträchtigt sein. Missbrauch, Vernachlässigung oder andere negative und ambivalente Erfahrungen erschweren es dem Opfer, das eigene positive körperliche und emotionale Potenzial anzuerkennen. Es ist deshalb wichtig, zu versuchen diese Erfahrungen zu verarbeiten und die Wunden jetzt heilen zu lassen.

Aus körperlicher Sicht sind die Jahre kurz vor und nach dem 20. Geburtstag die optimale Zeit für eine Mutterschaft. Der Körper ist stark und geschmeidig, und junge Frauen haben das Durchhaltevermögen, fünf Mal in der Nacht das Baby zu stillen und am Tag danach trotzdem nicht allzu übermüdet zu sein. Aus emotionaler und mentaler Sicht kann es jedoch ganz anders aussehen.

Z erinnert sich: „Das junge Herz ist in diesem Alter voller Menschenliebe und Energie. Ich sollte das wissen, denn ich war schon mit 19 Jahren zum ersten Mal schwanger und mit 20 Jahren Mutter. Ich kann mich an diese Jahre aber kaum erinnern. Als ich 22 war, hatte ich zwei Jungen. Ich zog sie auf, habe aber die meisten Erinnerungen daran unterdrückt. Es muss hart gewesen sein ..."

Trotz der Versuchungen in diesem Alter, schieben die meisten jungen Leute die Elternschaft noch weit von sich. Dies ist auch eine Zeit, sich um das eigene persönliche Schicksal zu kümmern. Junge Erwachsene verspüren einen wachsenden Sinn für ihre persönliche Autonomie und die Freiheit, eigene Lebensentscheidungen zu treffen. Intellektuell ist diese Phase sehr stimulierend, besonders wenn junge Menschen das Glück haben, zu verreisen oder einer Ausbildung nachgehen zu können. In dieser Zeit vergrößern sie gerne ihr Wissen über religiöse oder spirituelle Ideen. Die Philosophie, die unser Leben formt, nimmt nun Gestalt an. Das Potenzial, das bisher nur mit 14 Jahren kurz zum Vorschein kam, beginnt sich zu entfalten. Wir können unsere Zukunft intuitiv begreifen.

Diana erinnert sich an ihre College-Zeit:

Als ich im Mills College ankam, fühlte ich mich, als sei ich endlich zu Hause. Das Motto dort lautete „Unum destinatio, viae diversae – Ein Ziel, verschiedene Wege". Zum ersten Mal hatte ich das Gefühl, nicht fehl am Platze zu sein. Was immer ich auch tun wollte, ich fand jemanden, der meine Interessen mit mir teilte. Da ich auf ein Mädchen-College ging, hatte ich keine Probleme damit, mich hervorzutun. Damals war ich mir meiner Sexualität noch nicht sehr bewusst. Die Schule war sehr klein und deshalb konnten wir Studenten und Fakultätsangehörige Freundschaften schließen. Der intellektuelle Austausch war sehr aufregend und ich habe damals Freunde gewonnen, die mir heute noch sehr lieb sind.

Der Geburtstag

Ab diesem Zeitpunkt sollten Sie Ihre Eltern nicht mehr in die Planung für Ihre Geburtstagspartys einbeziehen. Wenn Sie ein

Familienfest wünschen, können Sie trotzdem auch noch etwas anderes mit Ihren Freunden unternehmen. Feiern Sie doch an Ihrem 19. Geburtstag Ihren Körper. Probieren Sie Ihre Grenzen aus. Wenn Sie sich gerne im Freien aufhalten, machen Sie eine Fahrradtour oder einen Campingausflug. Wenn Sie nicht verreisen, gehen Sie aus und tanzen Sie!

20. Jahr

Spätestens mit 20 Jahren sind wir keine Teenager mehr. Wir sind nun ausgewachsen, unsere hormonellen Zyklen sind stabil und unsere Emotionen unter Kontrolle. Wir wissen alles – sicherlich mehr als unsere Eltern. Und manchmal haben wir sogar Recht.

Mit 20 Jahren geben wir uns einer Sache hin; wir sind bereit unser Leben dafür wegzuwerfen, denn wir glauben noch nicht wirklich, dass wir sterben könnten. Unser Leben ist strahlend und neu – keine abgetragene Kleidung, die wir zu erhalten versuchen. Später haben wir noch Zeit, das Gelernte zu würdigen, aber im Alter von 20 Jahren können wir es nicht erwarten, alles, was wir wissen, auch anzuwenden.

Jetzt ist es an der Zeit, unsere Ziele und Träume zu benennen. Aber hüten Sie sich davor, sich auf eine Rolle festzulegen. Halten Sie vor dem Sprung noch einmal inne. Hören Sie auf die Weisheit Ihrer früheren Jahre und lassen Sie sich von ihr leiten. Schließlich ist Weisheit nichts anderes als gesunder Menschenverstand im Leben. Vielleicht glauben Sie, dass Sie genau wissen, was Sie in Ihrem Leben tun werden, aber es gibt nur eines, was sicher ist im Leben: Veränderung.

Der Geburtstag

Stellen Sie sich darauf ein, sich von Ihren Teenager-Jahren zu verabschieden. Laden Sie alle ein, die Ihnen auf Ihrem Weg geholfen haben – Ihre momentan besten Freunde und Ihre alten Freunde, die Sie vielleicht aus den Augen verloren haben. Laden

Sie Ihre Lehrer, Verwandten ein, all jene Personen, die Sie dabei unterstützt haben, die Person zu werden, die Sie jetzt sind. Setzen Sie 20 Kerzen auf den Kuchen und blasen Sie eine nach der anderen aus. Nennen Sie dabei das Alter, das jede Kerze repräsentieren soll und versuchen Sie, sich an eine wichtige Begebenheit aus jenem Jahr zu erinnern.

Das Ritual für dieses Jahrzehnt
Willkommen im Reich der Frau

Die Reifung vom Kind zum Erwachsenen ist eine der wichtigsten Veränderungen in unserem Leben. Für Frauen wird der Beginn dieser Entwicklung durch ein sichtbares körperliches Ereignis markiert, die erste Menstruation. Dies ist eine wunderbare Gelegenheit, die Wandlung eines Mädchens in eine Frau zu feiern. Das erste Blut symbolisiert unser Potenzial, uns fortzupflanzen. Glückliche Frauen feiern deshalb ihre Periode mit einem glücklichen Ritual.

Dieses Ritual lässt sich zu jeder Zeit von der ersten Menstruation an bis zum Ende der Teenager-Zeit ausführen. Es eignet sich sowohl für ein als auch für mehrere Mädchen. Dieses Ritual ist nur für Frauen und Mädchen gedacht, wenn Väter und Brüder auch gratulieren möchten, können Sie dazu ein anderes Fest arrangieren. Wenn die Kandidatin ein junges Mädchen ist und ihre Mutter anwesend ist, sollte das folgende Ritual als erster Schritt der Wandlung ausgeführt werden.

Das Mädchen und die Mutter gehen auf eine Wanne oder einen Pool zu. Ihre Handgelenke oder Hüften sind durch ein rotes Band oder eine Kordel verbunden. Wenn sie am Rand des Beckens stehen, wendet sich die Mutter zur Tochter und erklärt ihr, dass dieses Band die Nabelschnur darstellt, durch die ihr Blut floss, um der Tochter Leben zu geben. Aber nun ist sie zur Frau gereift und kann ihren Weg alleine gehen. Ist sie dafür bereit?

Wenn die Tochter diese Frage bejaht hat, antwortet die Mutter, dass auch sie willens ist, die Tochter gehen zu lassen, und schneidet das Band durch.

Als nächstes erfolgt die Reinigung, mit der sich die Kandidatin auf dieses oder ein anderes Durchgangsritual vorbereiten kann. Die Länge und Art der Reinigung sollten dem Ritual, der Umgebung und der Jahreszeit entsprechen.

Sie können in das Wasser einer Badewanne, eines Whirlpools, eines Flusses, Sees oder des Meeres eintauchen. Wenn Sie eine Badewanne benutzen, dann geben Sie Rosen- oder Kräuteröl ins Wasser. Alle Teilnehmerinnen sollten Handtücher und frische Kleidung bereitlegen sowie Muscheln zum Wasserschöpfen. Es können auch künstliche Muschelformen sein.

Die Freundinnen des Mädchens helfen ihr beim Auskleiden und dem Einstieg in die Wanne. Wenn die Wanne groß genug ist, können auch mehrere gleichzeitig hineingehen. Die Freundinnen nehmen nun die Muscheln und gießen mit ihnen Wasser über das Mädchen, um ihren Körper und Geist zu reinigen. Anschließend kann es eine Weile allein in der Wanne liegen und über das Fruchtwasser im Mutterleib meditieren, aus dem alles Leben geboren wird.

Seine Freundinnen helfen dem Mädchen dann wieder aus der Wanne, trocknen es ab und kleiden es frisch ein, am besten in ein weißes oder rotes Gewand. Es kann auch ein Blumengebinde tragen, wenn es das möchte.

Die Willkommensgruppe sollte aus Frauen jeden Alters bestehen. Die Teilnehmerinnen sollten mit dem Ablauf und dem Sinn der Zeremonie vertraut sein und Essen, Getränke und Geschenke für die Kandidatin(nen) mitbringen.

Wenn das Bad beendet ist, bilden alle eine Reihe, die mit der Mutter beginnt und mit der Tochter aufhört. Die Reihe bewegt sich zum Eingang des Raums hin, in dem das Ritual stattfindet. Wenn die Gruppe klein ist, können sich alle umarmen, aber wenn es mehr als vier Personen sind, sollten Sie die „Durchgangsumarmung" ausprobieren. Dabei wird der Weg durch den Geburtskanal noch einmal symbolisch wiederholt.

Für diese Durchgangsumarmung bilden die Teilnehmerinnen zwei gegenüberliegende Reihen und jedes Paar reicht sich die Hände. Die Tochter nähert sich. Das erste Paar öffnet die Arme, damit das Mädchen in die Mitte treten kann, anschließend fasst es sich wieder an den Händen.

Die eine Frau sagt: „Durch den Mutterleib hast Du diese Welt betreten."

Die andere Frau antwortet: „Durch die Arme der Frauen betrittst Du diesen Kreis."

Dann lassen sie das Mädchen los, damit es vom nächsten Paar umarmt werden kann, das dieselben Worte aufsagt. So geht das Mädchen von einem Paar zum anderen. Dann bilden alle einen Sitzkreis. Mädchen, die noch vor der ersten Menstruation stehen, sollten warten, bis alle anderen ihren Platz eingenommen haben und sich dann außerhalb des Kreises als Zuschauerinnen hinsetzen.

Wenn alle Platz genommen haben, erklärt die älteste der anwesenden Frauen, dass sie sich hier versammelt haben, um das Mädchen (oder die Mädchen) in die Geheimnisse des Frauseins einzuweisen. Das Mädchen setzt sich auf einen schön dekorierten Stuhl und alle applaudieren.

Einer der machtvollsten Archetypen in unserer Kultur ist die Dreifache Göttin, die mit dem Neumond, dem Vollmond und dem abnehmenden Mond assoziiert wird. Um dies zu unterstreichen, können drei Frauen die drei Gesichter der Göttin verkörpern:

Jungfrau:
„Ich bin die Mondsichel, die den Himmel krönt.
Ich bin der Sonnenstrahl, der auf der Welle glitzert,
der Windhauch, der über das frische Gras weht.
Kein Mann hat mich je besessen,
und doch bin ich Ziel allen Verlangens.
Bin Jägerin und Heilige Weisheit,
Geist der Inspiration und die Herrin der Blumen.
Schaue ins Wasser und erkenne in dir,
du siehst dort mein Spiegelbild, denn du gehörst zu Mir ..."
Mutter:
Ich bin die Sonne in all ihrer Pracht,
der warme Wind, der das Korn reifen lässt.
Ich gebe mich in meiner Zeit des Jahres
Und schaffe Überfluss.
Ich bin Gemahlin und Mutter, ich gebäre und verschlinge.

*Ich liebe und werde geliebt,
und eines Tages wirst du Mir gehören ..."*
Alte:
*Ich bin der abnehmende Mond, dessen Sichel die Sterne erntet.
Ich bin die untergehende Sonne
Und der kalte Wind, der die Dunkelheit verkündet.
Ich bin reif an Jahren und an Weisheit;
Ich sehe alle Geheimnisse hinter dem Schleier.
Ich bin die Alte und Erntekönigin, die Hexe und Weise,
und eines Tages wirst du Mir gehören ..."*
(aus: *Die Priesterin von Avalon* von Marion Zimmer Bradley
und Diana L. Paxson)

Jede Frau im Kreis spricht dann über ihre eigenen Lebenserfahrungen, insbesondere über die Jahre der Pubertät. Diese Erzählungen können in ein allgemeines Gespräch übergehen. Im Zentrum sollten jedoch die Bedürfnisse des Mädchens stehen – eine Diskussion für ein pubertierendes Mädchen sollte sich auf Fragen konzentrieren, die den Umgang mit dem erwachenden sexuellen Bewusstsein behandeln, sowie den Charakter und die Wünsche von Jungen und Männern. Handelt es sich schon um eine junge Frau, kann auch von Verantwortlichkeiten in der Liebe und von Kindern gesprochen werden oder davon, wie man ohne sie leben kann.

Wenn jede Frau ihre Weisheiten weitergegeben hat, reicht sie dem Mädchen eine Blume oder ein Geschenk. Das letzte Geschenk sollte ein Ring mit einem roten Stein sein, den das Mädchen während ihrer Periode tragen kann, um ihre Weiblichkeit zu feiern. Nachdem alle Geschenke übergeben wurden, lassen Sie das Fest mit gutem Essen und Getränken ausklingen.

21. bis 30. Jahr – Schöne neue Welt

In unseren Zwanzigern nehmen wir eine neue Hürde, denn wir beginnen unser Potenzial zu erkennen und integrieren die Lektionen der Kindheit und der Jugend. Soziale und persönliche Rituale können uns dabei helfen, diesen Übergang zu bewältigen. In den Zwanzigern beginnen wir auch, Bindungen einzugehen. Möchten wir Hand in Hand mit einem Partner durchs Leben gehen oder lieber allein? Möchten wir Karriere machen oder reicht es uns, einfach nur Geld zu verdienen, während unser „wirkliches Leben" anderswo stattfindet? Unsere Körper drängen uns dazu, unsere Fruchtbarkeit auszunutzen und Kinder zu bekommen, aber ist das der richtige Zeitpunkt?

Wir sind nun erwachsen und stehen auf unseren eigenen Beinen, oder? Für viele ist der Flug aus dem heimischen Nest nur von kurzer Dauer. Dem kulturellen Modell der ersten Hälfte des 20. Jahrhunderts zufolge sollte die Ausbildung Anfang 20 abgeschlossen sein. Männer erhielten ihre ersten Anstellungen, und Frauen heirateten und gründeten Familien. Heute führen die wirtschaftliche Unsicherheit und die hohen Miet- oder Immobilienkosten dazu, dass viele 20-Jährige noch einmal für eine gewisse Zeit ins elterliche Heim zurückkehren. Eine längere Lebenserwartung mag auch den Druck vermindern, das Elternhaus zu verlassen und erfolgreich zu sein. Da unsere Lebensspanne nun der der Hobbits immer mehr gleichkommt, erhält auch Tolkiens Definition für die Altersstufe der Twens eine neue Bedeutung: „Dieses unverantwortliche Alter zwischen 20 und 30 ..." In diesem Jahrzehnt schließen wir unseren ersten Lebensabschnitt ab und damit auch die Aufgabe, an der wir gearbeitet haben, seit wir geboren wurden. Die erste Rückkehr von Saturn, im Alter von 28 Jahren, hat die gleiche Wirkung wie eine Drehtür. Wir drehen uns mit ihr, wenn wir durch sie hindurchtreten. Dann gehen wir spätestens mit 32 Jahren auf einem Weg weiter, der entweder ganz neu ist oder nur neu festgelegt wurde, je nachdem, welche Erfahrungen wir gemacht haben und wie Saturn mit den anderen Planeten in unserem persönlichen Horoskop zusammenwirkt.

Die Umwertung, die bei der ersten Rückkehr des Saturn stattfindet, besagt im Grunde: „Hier sind deine Hausaufgaben!" Während bei seiner zweiten Rückkehr eher eine Überprüfung erfolgt, ob wir unsere Hausaufgaben gemacht haben.

Die Zwanziger können viele Ereignisse und Veränderungen bringen, zum Teil auch solche, die wir nicht erwartet haben. Beim *Goddess 3000 Festival*, das jedes Jahr in La Honda, Kalifornien, abgehalten wird, arbeiten die Frauen entsprechend ihrer Altersgruppen zusammen. Die erste besteht aus den „Jungfrauen" – jungen Frauen, welche die erste Rückkehr Saturns noch nicht erlebt haben. Die zweite Gruppe wird von den „Königinnen" gebildet, Frauen in ihren produktiven Jahren zwischen der ersten und zweiten Rückkehr Saturns, gefolgt von den „Alten", die bereits auf dem Weg zur dritten Rückkehr sind.

Deborah, eine der Teilnehmerinnen, beschreibt ihre Erfahrungen:

Als sich die Schicksalsgruppen auf dem Feld versammelt hatten, um ihren Beitrag zum Ritual zu planen, zögerte ich, mich den „Jungfrauen" anzuschließen, aber nicht weil ich mich meiner Jugend schämte. Im Gegenteil – ich war und bin immer ein Mensch gewesen, der ältere Freunde und Partner hatte, nicht absichtlich, aber meine Energien richteten sich immer auf reifere und erfahrenere Leute. Etwa 20 Minuten lang beobachtete ich die Gruppe der

„Königinnen" (Frauen um die 40 oder 50 Jahre) neidisch, ehe ich hinüber zu den „Jungfrauen" ging. Deren Einführungsrunde hatte bereits begonnen und ich kam gleich an die Reihe.

„Ich möchte ehrlich zu Euch sein", seufzte ich. „Ich bin zwar meinem Alter gemäß ein Mitglied eurer Gruppe, aber ich fürchte, ich kann keine Verbindung zu euch herstellen. Ich bin seit vielen Jahren Stiefmutter und habe einen langjährigen Partner. Ich bin Hochschulabsolventin und Mitglied des Personalrats. Wie viele von Euch sind das auch?"

Da gingen die Hände nach oben und das Gespräch vertiefte sich. Wendy war Krankenschwester. Cecilia hatte eigene Kinder. Jessica unterrichtete am College „Weibliche Spiritualität". Und selbst die Jüngsten waren keine Mädchen mehr – es waren junge Frauen mit ernsthaften Zielen, Errungenschaften und Verantwortlichkeiten. Ich war überrascht und hatte eine große Lektion gelernt, die seit Jahren in meinem Herzen verborgen war, aber nicht an die Oberfläche kam: Jung zu sein bedeutet, Weisheit und Kraft zu haben, ähnlich einer kleinen Flamme, die mit der ersten blauen Glut gegen die Kälte ankämpft.

Unser Beitrag zum Ritual bestand aus Gedichten und kleinen Weisheiten, die wir während der letzten 24 Stunden des Festivals aufgeschrieben hatten.

„Was weiß die erste Flamme? Sie weiß zu wachsen!
Was lernt die erste Flamme? Sie lernt zu brennen!"
Wir sangen Lieder und tanzten mit all unserer jugendlichen Kraft.
„Tanzt, Mädchen, tanzt, wir tanzen den Tanz der Freiheit!
Mädchen, tanzt, wir tanzen den Tanz des Friedens.
Tanzt, tanzt, tanzt, gebt Eure Illusionen auf!
Mädchen, tanzt und seid frei!"

21. Jahr

Mit 21 haben wir ungefähr drei Viertel des Weges durch den ersten Saturn-Zyklus zurückgelegt. In vielen Ländern der modernen westlichen Gesellschaft erreichen wir in diesem Alter unseren vollen rechtlichen Status. Jetzt dürfen wir nicht nur selbst

Schicksalsdaten vom 21. bis zum 30. Jahr

21–23 Jahre	♅ □ ♅	Uranus im Quadrat zur Geburtsposition	Mögliche Identitätskonflikte
22 Jahre	♄ □ ♄	Saturn im Quadrat zur Geburtsposition	Mut verdeckt Unsicherheit Innere Konflikte Dynamische, prägende Phase Einführung in die Verantwortung
24 Jahre	♃ ☌ ♃	Rückkehr des Jupiter	Wertvorstellungen festigen sich Grenzenlose Energie
24–25 Jahre	♄ ✶ ♄	Saturn im Sextil zur Geburtsposition	Sex, Freundschaft, Bindungen Höhepunkt der ersten Aufgabe
28–30 Jahre	♄ ☌ ♄	Erste Rückkehr des Saturn	Wechsel vom ersten in den zweiten Lebensabschnitt Stressige Zeit, Suizidgefahr Eintritt ins volle Erwachsenenalter Zeit, innere Ressourcen zu entwickeln

wählen, sondern auch gewählt werden und sind rechtlich voll für unsere Handlungen verantwortlich. Manche sind auf der Universität, aber viele junge Frauen gehen einen anderen Weg.

Christine beobachtete:

Es ist komisch mit 21 Jahren eine verheiratete Frau und Mutter zu sein, denn die meisten meiner Freunde sind allein stehend und haben keine Kinder. Ich fühle mich selbst oft noch so, als sei ich 17. Damals zog ich in diese Stadt und lernte meinen Mann kennen. Ich fühle mich eigentlich nicht wie eine Mutter, auch wenn ich so aussehe.

Die relativ frühe Mutterschaft hat mich irgendwie von meiner typischen Altersgruppe entfernt. Ich muss Verantwortungen tragen, die sich meine Freunde nicht vorstellen können und wollen. Ich vermisse jene Art von Erfahrungen, die mit einer wilden und sorglosen Jugend einhergehen. Manchmal fühle ich mich, als warte ich in dieser Hinsicht noch auf den Beginn meines Lebens. Die Vorstellung, dass dies erst sein wird, wenn mein Sohn etwas älter ist, deprimiert mich manchmal. Es gibt so viele Dinge, die ich gerne machen möch-

te, und Orte, an denen ich noch nie gewesen bin. Aber mit einer Familie ist das kaum realisierbar. Ich habe all die Wünsche, die für Frauen in meinem Alter ganz typisch sind; ich möchte spontan sein, unbekümmert und waghalsig sein und noch mehr sexuelle Erfahrungen machen. Stattdessen muss ich mit vielen Beschränkungen leben. Es ist oft schwer, nicht in Selbstmitleid zu versinken. Ich fühle mich oft jünger, muss aber handeln wie ein älterer Mensch, und das ist oft etwas frustrierend.

Im Alter von 21 bis 23 Jahren wandert Uranus durch den Aspekt des Quadrats zu seiner Geburtsposition; die exakte Position erreicht er genau im 22. Jahr. Er rüttelt an unserer Identität und zwingt uns, mit unseren inneren Konflikten in Einklang zu kommen. Wenn wir uns mit uns selbst aussöhnen, werden wir einen besseren Sinn dafür haben, wer wir sind und was wir sein möchten.

21 Jahre alt zu werden bedeutet nicht unbedingt jene glückliche Unabhängigkeit, die sich junge Menschen oft davon erwarten. Die Mondknoten kehren nun erstmals an ihre Geburtsposition zurück. Sie bringen den Drang mit sich, sich selbst zu analysieren und haben manchmal ein überwältigendes Gefühl von Einsamkeit. Das Selbst befreit sich wie ein neuer Schmetterling aus seiner Puppe, zum ersten Mal allein und umweht von einem kalten Wind.

Diese neue Einsamkeit ist der Schlüssel zum Erwachsenenleben. Bleiben Sie ruhig, es wird nach einer Weile einfacher werden. Aber im Moment kann diese existenzielle Erkenntnis, dass wir allein für uns verantwortlich sind, große Ängste auslösen. Sie brauchen jetzt eine Verschnaufpause, nehmen Sie sich Zeit, gehen Sie aus, entwickeln Sie ein soziales Leben und erforschen Sie Ihre Sexualität. Sich ein oder zwei Jahre für einen sozialen Zweck zu engagieren, kann Sie nun davor schützen, ein von der Welt abgewandtes Leben zu führen.

Manchmal werden wir dabei von einer wilden Suche nach Beziehungen und Ablenkungen angetrieben – Liebhaber, Partys, Drogen und Alkohol. All dies dämpft zwar den seelischen Schmerz, der von traumatischen Erinnerungen stammen kann, aber es stumpft auch unsere Wahrnehmung ab. Solche Bewusstseinstrübungen können zu oberflächlichen Bekanntschaften führen, aber ehe Sie sich diesen hingeben, sollten Sie herausfinden, wer die Person eigentlich ist, die so attraktiv aussah, als Sie gerade betrunken waren. Wie sieht sie aus, wenn Sie nüchtern sind? Haben Sie Geduld mit sich selbst. Gehen Sie alleine aus und gönnen Sie sich einige freie Zeit, in der sie allein und ruhig sein können. Leben Sie lang und wachsen Sie, denn der Tod kommt bestimmt und dauert für immer – oder zumindest eine lange Zeit!

Wie Lynn sagt:

Ich liebe mein Leben. Ich liebe es, jung zu sein und in einer Zeit zu leben, in der von Frauen nicht mehr erwartet wird, ein Leben hinter dem Herd zu führen und die Kinder großzuziehen. Ich kann frei wählen, welchen Beruf ich ergreifen möchte und welches Leben ich führen möchte. Im Moment habe ich mich für eine Karriere als Songschreiberin entschieden. Ich bin gerade dabei, eine Band zusammenzustellen, arbeite mit einem bekannten Studio und buche Auftritte. Ich habe es geschafft, die Aufmerksamkeit eines verflossenen Verehrers zu gewinnen. Er ist wirklich fantastisch. Gut, er lebt in New York, aber die Dinge laufen bestens. Als er das letzte Mal in Boston war, haben wir uns getroffen. Trotz aller sozialen Unruhen im Moment, würde ich sagen, das ist wirklich die beste Zeit, um jung zu sein. Ich habe mich immer darüber beklagt, dass ich die wilden 60er verpasst habe, aber jetzt beschwere ich mich nicht mehr. Ich glaube, diese Generation wird den Stein wieder (oder überhaupt erst) ins Rollen bringen.

Der Geburtstag

Der 21. Geburtstag ist ein großes Ereignis und wird auch von der Gesellschaft als solcher gesehen. Dennoch gibt es keinen wirklichen Konsens darüber, wie dieser Geburtstag traditionell gefeiert werden sollte. Häufig besteht das Fest darin, das Geburtstagskind in der nächsten Bar um die Ecke betrunken zu machen. Das ist nicht gerade besonders aufregend.

Der 21. Geburtstag sollte mit einer Party und einem Ritual begangen werden. Dies ist der letzte Schritt in unser Erwachsenenleben, das nun den Rest unseres Lebens andauern wird. Laden Sie Ihre Freunde und ältere Erwachsene ein, denen Sie zeigen möchten, dass Sie es wert sind, sich ihnen anzuschließen. Planen Sie ein Menü, das Ihre Hoffnungen in Bezug auf das Leben deutlich macht.

Sie können Ihre Vergangenheit am Anfang des Festes symbolisieren, indem Sie zum Beispiel ein Kleidungsstück aus Ihrer Schulzeit tragen oder einen modischen Stil wählen, der nicht mehr zu der Person gehört, die Sie in Zukunft sein möchten. Spielen Sie eine Musik aus den vergangenen Jahren. Dekorieren Sie die Tür, die in Ihr Schlafzimmer führt oder einen anderen symbolischen Durchgang in ihren Lieblingsfarben.

Bitten Sie in einem geeigneten Moment um Ruhe. Stellen Sie sich vor den Durchgang und halten Sie eine kurze Dankesrede für jene, die Sie unterstützt und inspiriert haben. Erzählen Sie, was Sie an Ihrer Kindheit und Jugend geschätzt haben und führen Sie jene Dinge aus der Vergangenheit auf, die Sie nun hinter sich lassen möchten. Sie können auch alles auf ein Stück Papier schreiben und dieses dann in einem Aschenbecher verbrennen.

Dann treten Sie durch die geschmückte Tür.

In dem anderen Raum wechseln Sie Ihre Kleidung und ziehen nun etwas Neues an, das zu jener Person passt, die Sie in Zukunft sein möchten. Legen Sie nun eine zur jetzigen Zeit passende Musik auf und kündigen Sie Ihren Auftritt an. Sie können sich dabei von Freunden helfen lassen.

Treten Sie dann als neuer Erwachsener und vollständiges Mitglied der Gemeinschaft zurück durch die Tür in den Partyraum. Bitten Sie erneut um Ruhe und legen Sie Ihre Ideale und Hoffnungen für die Zukunft dar. Anschließend treten Ihre Freunde und Familienangehörigen auf Sie zu und geben Ihnen Ratschläge, segnen Sie oder überreichen Geschenke.

Holen Sie dann den Champagner! Wenn das Budget für ein Festessen gereicht hat, können die Segnungen und Ratschläge auch in Form von Toasts und kleinen Reden nach dem Essen erteilt werden.

22. Jahr

Im Alter von 22 Jahren lässt die Ängstlichkeit nach. Zumindest ein wenig. Nun beginnen wir wirklich damit, an der Aufgabe unseres ersten Lebensabschnitts zu arbeiten. Die Jahre zwischen dem 22. und 29. Lebensjahr sind eine sehr dynamische und besonders prägende Phase in unserem Leben. Wir haben das Recht dorthin zu gehen, wohin wir möchten und das zu tun, was wir möchten. Wir fühlen uns, als würden wir ewig leben.

Wir haben so lange gebraucht, alle Komponenten zusammenzufügen: den Körper, den Verstand und den Geist. In diesem Jahr steht Saturn im Quadrat zur Geburtsposition und dasselbe trifft auch für Uranus zu. Der Prozess, der in Ihrem 21. Lebensjahr beginnt und mit 23 Jahren abgeschlossen ist, kommt allmählich in Gang. Dabei treten ungelöste innere Konflikte ans Licht. Eine Fassade aus Selbstvertrauen und Mut kann eine tiefere Unsicherheit maskieren. Wir haben den langen Marsch in die Verantwortlichkeit angetreten, doch wir werden diese erst später erfüllen können. In dieser Zeit werden die Fundamente für alle späteren Reifungsprozesse gelegt.

Sehen Sie sich in der Welt um! Was hat Sie kürzlich besonders berührt? In dem Gefühl der freudigen Aufregung liegt oft eine Aufgabe verborgen. Mit 22 Jahren brauchen Sie eine Aufgabe, etwas, das Sie retten können, etwas, für das es sich zu kämpfen lohnt. Sie können sich selbst retten, oder beschließen, dass es nun an der Zeit ist, die Welt zu retten. Es kann nicht allzu schwer sein, etwas zu finden, das erledigt werden muss. Machen Sie dabei ruhig Ihre eigenen Fehler, aber bewahren Sie sich einen Sinn für Verhältnismäßigkeit. Übernehmen Sie eine Aufgabe, aber verlieren Sie sich nicht in ihr, denn es wird noch viele andere geben. Umweltorganisationen stellen Listen mit ökologischen Problembereichen zusammen. Finden Sie heraus, was in der Welt passiert. Es wird Sie schon etwas „anspringen" und Ihre Leidenschaft erwecken. Etwas, wofür es sich lohnt, schlaflose Nächte zu verbringen und Unbequemlichkeiten auf sich zu nehmen – etwas, das es wert ist, sogar eine Gefängnisstrafe dafür zu riskieren.

Wenn Sie den Mut dazu haben, lehnen Sie sich gegen fest verwurzelte Autoritäten auf. Sie haben jetzt genug Kraft und Ihre Arbeit kann die Welt verändern. Ihre Vorstellungen von den Gesellschaftsstrukturen nehmen nun Gestalt an, aber bis Sie das Alter von 29 Jahren erreicht haben, können sie sich noch einmal radikal ändern. Seien Sie deshalb vorsichtig, je mehr Sie sich jetzt mit Ihren Ansichten festlegen, desto stärker kann sich dieser Lebensaspekt noch einmal verändern, wenn Saturn erneut zurückkehrt.

Natürlich gibt es Situationen, in denen eine Veränderung der Welt wahrscheinlicher scheint als zu anderen Zeiten. Daran erinnert sich Diana:

Als ich 22 Jahre alt war, zog ich nach Berkeley, um im nächsten Herbst mein Hochschulstudium zu beginnen. Dies war genau zur Zeit der Freiheitsbewegung. Die Bürgerrechtsbewegung hatte unglaubliche Fortschritte in den Fragen der Rassengleichheit gemacht. Es schien so, als sei nur noch etwas mehr Engagement notwendig, um das ganze Land auch in anderen Bereichen den Idealen anzupassen. Ich habe in dieser Bewegung eine Nische als Lektorin gefunden und betreute ein kleines Buch für ein glaubensübergreifendes Projekt. Ich hielt freiwillig Unterricht in der Innenstadt und debattierte darüber, ob ich Missionarin werden oder mich dem Friedenskorps anschließen sollte.

Der Geburtstag

Feiern Sie ein Fest und laden Sie dazu die Leute ein, mit denen Sie Ihre Aufgabe gemeinsam ausführen oder die Sie zu dieser Aufgabe inspiriert haben. In Nordeuropa war es früher Brauch, einen Schwur zu besiegeln, indem man einen Nagel in den Türrahmen oder in einen Baum schlug. Dazu brauchen Sie ein Stück Holz, einen Hammer und ein paar Nägel. Während Sie Ihr Ziel beschreiben, hämmern Sie einen Nagel in das Holz. Lassen Sie auch Ihre Freunde einen Nagel einschlagen. Wenn das Ziel sich eines Tages als Sackgasse erweist, können Sie den Nagel später wieder herausziehen. Aber bis dahin legen die Nägel Zeugnis über Ihre Bestimmung ab.

23. Jahr

Im Alter von 23 Jahren beschleunigt sich unser Leben deutlich. Wir prüfen nicht mehr nur das Wasser, sondern schwimmen bereits munter wie ein Fisch. Wenn Sie noch keine Aufgabe gefunden haben, sehen Sie sich um. Was machen die anderen aus Ihrer Generation? Gehen sie tanzen? Verdienen sie Geld? Probieren sie neue Berufe aus? Gründen sie Familien oder versuchen sie immer noch sich zu befreien?

Es gibt einen feinen Grat zwischen Vorsicht und Dummheit. Ein junges Leben kann schnell zu Ende sein, wenn wir nicht aufmerksam sind, auf der anderen Seite möchten wir uns auch nicht aus dem Leben zurückziehen. Wer mit 23 Jahren noch keine Leidenschaft für eine Sache entwickelt hat, leidet wahrscheinlich an Depressionen. Psychisch gesund zu werden, kann auch eine Aufgabe sein. Glücklicherweise gibt es heute viele Möglichkeiten, den Geist zu heilen. Passen Sie auf Ihren Kopf auf! Wenn Sie die nächsten Jahre überstehen, können Sie der Angst ganz entwachsen. Lassen Sie sich nicht unterkriegen, sondern werfen Sie einen Blick gleich um die Ecke.

Mit 23 Jahren arbeiten viele ihre Beziehungen zu den Eltern auf. Johanna berichtet, dass sie ein Großteil dieses Jahres in Therapie verbracht hat, um ihre Depressionen zu bekämpfen und sich mit Problemen zu befassen, die durch sexuellen Missbrauch in der Kindheit entstanden sind.

Andere wiederum zerschneiden die Bande und gehen ihre eigenen Wege. Lucy erzählt: „In diesem Jahr konnte ich meinen lang gehegten Traum erfüllen und nach Europa reisen. Ich sparte mir das Geld zusammen, übernachtete in Jugendherbergen und trampte durch die Länder. Ich blieb drei Monate dort und lebte auf mich allein gestellt, ohne Familienbande, ohne Verantwortungen und nur mit gelegentlichen Kontakten zu anderen Menschen. Ich entdeckte, dass ich ganz gut allein zurecht kam, aber ich hielt es für keinen guten Weg mein Leben zu führen. Deshalb versuche ich jetzt, neue Beziehungen aufzubauen."

Die Abfolge der Ereignisse, die uns in den Zwanzigern widerfahren, hängt oft von dem Alter ab, in dem wir unser Zuhause verlassen haben. Wer bereits direkt nach dem Abitur oder der Mittleren Reife zu arbeiten begonnen hat, lebt vielleicht schon in einer festen Beziehung und hat ein eigenes Haus. Z, die mit 16 Jahren ihre Heimat verließ, hatte in diesem Alter bereits zwei Kinder. Männer müssen sich ebenso zwischen verschiedenen Lebensmodellen entscheiden wie Frauen. Michael erzählt: „Dieses Alter ist großartig. Jedes Jahr in meinem Leben geschieht etwas Neues. Besonders freue ich mich über neue Familienmitglieder! Ich habe zwei Töchter, zwei Nichten und einen Neffen. Junge Eltern tragen bereits eine große Verantwortung, aber ich bin ein aktiver Mensch. Viele Leute finden es ärgerlich, die Person zu sein, die anderen beim Umzug hilft oder den Gartenzaun repariert. Aber ich schätze diese Art von Beziehung."

Elternschaft ist eine Zeit der Entwicklung nicht nur für die Kinder, sondern auch für die Eltern. Junge Eltern müssen ihr Temperament zügeln und erkennen, dass sie ihr eigenes Leben zurückstecken müssen, bis die Kinder älter werden. Elterlicher Stress lässt sich lösen, indem Sie die Last auf mehrere Schultern verteilen. Partner sollten sich bei der Kinderbetreuung abwechseln. Großeltern oder Freunde können gebeten werden, zeitweise als Aushilfen einzuspringen.

Der Geburtstag

Selbstverständlich möchten Eltern Geburtstage gemeinsam mit ihren Kindern feiern und gegen ein Familienessen ist auch nichts einzuwenden. Aber in diesem Alter sollte Ihr Geburtstag ein besonderer für Sie und nicht für Ihre Mutter sein. Verbringen Sie diesen Tag mit einigen Gedanken über Ihre Bindungen – emotionaler, psychologischer oder ökonomischer Natur – zu Ihren Eltern. Schreiben Sie Wörter, mit denen sich diese Bande beschreiben lassen, auf ein weißes Band. Binden Sie sich das Band um die Hüfte und zerschneiden Sie es dann. Anschließend gehen Sie feiern.

24. Jahr

Nach dem 23. Lebensjahr erweitert sich der soziale Horizont und Sie pflegen sowohl Freundschaften als auch Ihre Aufgabe mit großer Hingabe. Jupiters expansive Energie beflügelt Sie dabei. Die Werte, die Sie früher für sich formuliert haben, werden nun realisiert und das ist gut so, denn Sie sind wahrscheinlich im Moment viel zu beschäftigt, um groß zu philosophieren. Saturn steht im Sextil zur Geburtsposition, ein harmonischer, unterstützender Aspekt, der uns drängt, Bindungen einzugehen, die auf ethischen Überlegungen basieren. Anders als Ihre Freunde aus früheren Jahren, die wohl eher für uns ausgesucht wurden, weil sie in dieselbe Schule gingen oder in der Nachbarschaft lebten, beruhen die Freundschaften, die wir in den Zwanzigern schließen, auf einer Wesensverwandtschaft. Innerhalb der Schicksalsgemeinschaft einer Generation können wir Menschen auswählen, die einer ähnlichen Aufgabe nachgehen wie wir selbst.

Die erste Aufgabe kann sich auf unerwartete Weise bemerkbar machen. Diana erinnert sich daran, wie sie dazu kam, die *Society for Creative Anachronism* zu gründen:

Als ich 23 wurde, konzentrierte sich mein soziales Leben auf die Science-Fiction-Fangruppe in Berkeley. Zwei der Jungs aus der Gruppe hatten sich mittelalterliche Schwerter und Schilder gebaut und wollten probehalber europäische Kampftechniken nachstellen. Da ich häufig Illustrationen für ein Fan-Magazin zeichnete, bat ich sie darum, mir ihre Künste vorzuführen, damit ich Skizzen von ihnen machen konnte.

Als sie bereits wieder nach Hause gegangen waren, dachte ich darüber nach, wie sehr es meinen Freunden, die mittelalterliche Literatur studierten und Tolkien lasen, gefallen würde, einmal einen wirklichen Schwertkampf zu sehen. Dann kam mir die sprichwörtlich zündende Idee: Wir könnten doch einmal ein Ritterturnier in unserem Hinterhof abhalten! Die Idee war natürlich lächerlich. Ich musste mich eigentlich um meine Abschlussexamen kümmern. Als ich zu meinen Wohngenossinnen nach Hause kam, sagte ich: „Ich hatte gerade diese blöde Idee, bitte treibt sie mir wie-

der aus!" Aber sie antworteten alle: „Das klingt gut – lass' es uns durchziehen!"

Und so wurde die „Society for Creative Anachronism" ins Leben gerufen. Ich erstellte Flugblätter, die am Ende über der gesamten Bay Area verteilt wurden. Fünfzig Leute kamen, wir führten Schwertkämpfe und Tänze auf, ließen Barden mit ihren Gedichten auftreten und feierten ein Fest. Am Ende marschierten wir die Telegraph-Avenue hinunter und protestierten gegen das 20. Jahrhundert.

Es war ein großer Erfolg. Als der Tag zu Ende ging, beschlossen wir, diese Veranstaltung zu wiederholen.

Bis ich 24 Jahre alt war, hatten wir eine eigene Zeitschrift, einen regelmäßigen Veranstaltungskalender und waren schwer damit beschäftigt, mehr über mittelalterliche Musik, mittelalterliche Tänze und Kostüme sowie Kampfarten herauszufinden. Dabei kam mir meine Ausbildung im Bereich mittelalterlicher Forschung zugute. Die nächsten zehn Jahre war ich eine der Gruppenleiterinnen. Durch die Society lernte ich meinen Mann und einige wundervolle Freunde kennen; sie änderte mein Leben und das von vielen anderen Menschen. Auch heute noch (zum Zeitpunkt dieser Niederschrift) gewinnt sie neue Mitglieder.

Der Geburtstag

In diesem Jahr sollten Sie Ihre Freundschaften feiern. Bitten Sie zwei oder drei Menschen, die Ihnen besonders nahe stehen, Sie zu einer Veranstaltung zu begleiten, die Sie alle genießen können. Gehen Sie in ein Konzert oder machen Sie einen Camping-Ausflug.

25. Jahr

Am Ende des 24. und am Anfang des 25. Lebensjahrs bewegt sich Saturn durch eine Position, die in harmonischer Beziehung zu seiner Stellung im Geburtshoroskop steht. Dies wirkt sich in Form tiefer Bindungen zu anderen Menschen oder einer Sache aus. Ihre

Aufgabe wird Ihre ganze Loyalität und Hingabe erfordern und von einer wachsenden moralischen Empfindsamkeit geprägt sein. Mit 25 Jahren haben Sie Ihre Aufgabe fast erfüllt. Oft wird die Aufgabe auch durch erste Schritte im gewählten Beruf unterstützt. Für die anderen ist der Beruf nur eine Möglichkeit, sich selbst zu ernähren, während Sie „Ihrem Glück folgen". Geben Sie gut auf sich Acht und sorgen Sie dafür, dass Sie genug Schlaf und Essen bekommen, um das notwendige Energieniveau halten zu können. Für einige, zum Beispiel Musiker, die ihr Instrument bereits in der Kindheit erlernt haben, beginnt nun eine Zeit, in der sie es auf Ihrem Gebiet zur Meisterschaft bringen und erfolgreich werden. Manchmal stellt sich jedoch heraus, dass die Aufgabe nicht das war, was wir eigentlich erwartet hatten. Mitte 20 erkannte Nadia Boulanger, dass ihre eigentliche Begabung nicht im Komponieren bestand, sondern im Unterrichten.

Was immer Ihr Ziel ist, holen Sie tief Luft und folgen Sie ihm. Diese Jahre können erstaunliche Erfolge bringen oder viele verpasste Gelegenheiten. Sagen Sie zu allem „Ja", außer zu Dingen, die Ihnen schaden könnten!

Amy schreibt:

Ich glaube, als ich 25 wurde, hatte ich eine Art Meilenstein erreicht. Ich fühlte mich endlich „erwachsen". Ich zog in mein erstes „richtiges" Appartement (bis dahin hatte ich immer nur in Studios gewohnt, die eher Schlafräume waren). Ich war reifer, ruhte in mir und wusste, was ich vom Leben wollte. Ich hatte eine wunderbare, stabile Beziehung zu zwei Männern, die sich sehr um mich kümmerten. Ich merkte, dass ich immer häufiger daran dachte, Mutter zu werden. Früher behauptete ich von mir, ich würde nie ein Kind wollen. Dann bekam eine gute Freundin ein Baby und ich machte mir auch meine Gedanken darüber, aber noch ist das alles sehr weit weg für mich.

Der Geburtstag

Feiern Sie Ihren „silbernen Jahrestag", indem Sie Artemis ehren, die Göttin des Silbermondes und die Patronin der jungen Frauen. Verbringen Sie einen Nachmittag beim Wandern oder mit einem anderen Sport. Wenn es das Wetter erlaubt und der Mond zu sehen ist, können Sie auch eine Mond-Party geben. Tragen Sie dabei weiße oder silberne Kleidung. Backen Sie einen weißen Kuchen, trinken Sie Champagner aus einem Silberbecher und verteilen Sie silberne Münzen als Andenken an Ihre Gäste.

26. Jahr

Wenn Sie 26 Jahre alt sind, werden Sie sich fragen, was Sie eigentlich bisher gemacht haben und wie es weitergehen soll! Keine Sorge, Sie werden die Früchte Ihres ersten Lebensabschnitts erst viel später ernten. Jane Goodall konnte schließlich erst in diesem Alter ihre Feldstudien über die Schimpansen beginnen, die zu ihrem Lebenswerk werden sollten. Wenn Sie noch keine Möglichkeit gefunden haben, Ihre tiefsten Bedürfnisse und Wünsche zu realisieren, starten Sie jetzt durch, denn der Druck wird schmerzhaft, wenn Sie jetzt nicht daran arbeiten. Sie nähern sich nun dem Ende Ihres ersten Lebensabschnitts, aber noch haben Sie Zeit und Energie, Ihren augenblicklichen Interessen nachzugehen. In zwei Jahren wird Saturn das erste Mal zurückkehren und dann werden sich Ihre Prioritäten wahrscheinlich ändern.

Seien Sie spielerisch und kreativ. Fürchten Sie sich nicht vor Ihren Ambitionen, wagen Sie den ersten großen Schritt und probieren Sie etwas Neues aus. In diesem Alter fühlen wir uns unbesiegbar. Aber denken Sie daran, dass dies erst der erste Teil Ihres Lebens ist. Wenn Sie ihn einmal hinter sich gelassen haben, werden sich auch Ihre Gefühle ändern. Also probieren Sie nicht wahllos alles aus, nur weil Sie „bald 30" werden, sondern nur Dinge, die Sie wirklich interessieren.

Die Lektion in diesem Jahr besteht darin, Neues auszuprobieren, aber bleiben Sie nicht daran hängen. Es gibt nur eine Ausnahme: die Liebe. Wenn Sie bereits die Liebe Ihres Lebens gefunden haben, dann herzlichen Glückwunsch! Aber bedenken Sie: Auch die Liebe verläuft zyklisch. Dies muss nicht das Jahr sein, indem Sie die Liebe finden, die alle Liebschaften beendet.

Der Geburtstag

26 ist ein kreatives Jahr. Es ist aber auch die richtige Zeit, um die eigene Seele zu erforschen. Bringen Sie in Erfahrung, wann sie schmerzt und unternehmen Sie etwas dagegen. Mit diesem Prozess sollten Sie an Ihrem Geburtstag beginnen. Welche Feier Sie auch sonst planen, nehmen Sie sich deshalb etwas Zeit und einen Notizblock. Listen Sie in einer Spalte Ihre Träume auf. Was sind Ihre geheimen Ambitionen? Wenn Ihr Leben morgen zu Ende wäre, was würden Sie unbedingt noch tun wollen? In einer anderen Spalte schreiben Sie auf, welche Schritte Sie in diese Richtung unternehmen können. Denn so beginnt jede Reise: Mit nur einem einzigen Schritt.

27. Jahr

Nach den Erneuerungen im letzten Jahr, stürzen wir uns nun wieder ins Geschehen. Vielleicht vergessen wir sogar unseren Geburtstag. Wir sind mit Riesenschritten vorangegangen und von den Projekten umgeben, die sich aus unserer Aufgabe entwickelt haben. Neue Türen öffnen sich und wir freuen uns darauf, durch sie hindurchgehen zu können. Aber wir müssen vorsichtig sein und darauf achten, uns nicht zuviel zuzumuten. Vergessen Sie nicht, zu leben!

Mitten in all diesen Aktivitäten bemerken Sie vielleicht einen gelegentlichen Anflug von Unzufriedenheit, den Sie nicht ganz verstehen. Dies liegt daran, dass die Arbeit Ihres ersten Lebensabschnitts langsam zu einem Abschluss kommt.

Es mag zunächst noch nicht so deutlich sein, aber Sie können es bereits spüren. Die Verschiebung verläuft langsam. Bleiben Sie im Moment einfach bei Ihrer Arbeit, kommen Sie Ihrer Verantwortung nach und genießen Sie Ihr soziales Leben. Dieser Abschnitt ist fast vorbei – machen Sie noch das Beste daraus.

Jessika beschreibt diese Zeit so:

Mit 27 Jahren fühle ich mich genauso wie mit 26 Jahren, nur etwas hektischer und aufgedrehter. Die Entscheidungen, die ich ohne Sinn und Verstand getroffen habe, kommen nun zu mir zurück und verpassen mir die eine oder andere Ohrfeige. Ich bin dazu gezwungen, meine Persönlichkeit, meine Motive und meine Träume noch einmal zu hinterfragen. Ich fühle mich sehr stark unter Druck gesetzt, endlich herauszufinden, was ich im Leben erreichen will. Ich will meine Berufung erkennen und realisieren. Ich richte meine Sinne dazu nach innen und auch nach außen. Ich bin dabei meine Stimme zu finden und zu erkennen, dass ich der Welt etwas zu sagen habe. Manchmal schmerzt das, sehr sogar. Aber das sind Wachstumsschmerzen, die ich jeden Tag mehr willkommen heiße. Sie sind ein spürbarer Beweis dafür, dass ich reifer werde. Ich lerne, mich selbst zu lieben.

Auch Melanie fühlt sich angesichts der herannahenden Saturn-Rückkehr unter Druck:

Ich bin ohnehin sehr introvertiert, aber dieses Jahr war es besonders stark. Ich habe versucht mich zusammenzureißen, um meine Lage zu verbessern. Ich muss mich endlich entscheiden, was ich werden möchte. Mein Problem ist, dass ich mich von vielen Dingen angezogen fühle, weshalb ich in diesem Jahr viele neue Talente, Fähigkeiten und Interessen entdeckt habe.

Die mich immer mehr einschnürende Karriereangst verlangt nach einer Synthese dieser Interessen. In mir gibt es verschiedene Anteile meines Selbst, die manchmal miteinander im Widerspruch liegen. Auf der einen Seite bin ich ein richtiger Naturmensch, der am liebsten ganz natürlich ohne Make-up und in weiten T-Shirts leben möchte. Dieser Teil von mir möchte barfuß gehen, Biokost zu sich nehmen und mit der Erde und allen Lebewesen in Frieden leben. Und dann gibt es da aber auch noch das Mädchen aus der Stadt, das alle Versuchungen der Großstadt liebt und den Verkehr in der Hauptgeschäftszeit atemberaubend findet. Dieser Teil möchte die Haare grell färben, coole Schuhe tragen und in Künstlerkneipen und Buchläden rumhängen.

Ich fechte innere Schlachten aus, denn manchmal glaube ich, dass Fett zu weiblichen Kurven gehört, und dann wiederum denke ich, dass ich die Göttin in mir am besten dadurch ehren kann, dass ich meinen Körper gesund ernähre und mein Gewicht reduziere. Einen Tag lang wünsche ich mir sehnlichst Kinder, am nächsten Tag erschreckt mich der Gedanke daran, soviel von meinem Leben aufzugeben, entsetzlich. Aber es gibt auch etwas Gutes daran: Ich habe gelernt, auf meine innere Stimme zu hören, für mich selbst einzustehen und meine Wahrheit zu sagen. Ich passe besser auf mich auf und weiß, dass ich viel Wertvolles in mir habe. Dies alles habe ich meiner wieder erwachten Spiritualität zu verdanken. In meiner College-Zeit habe ich den christlichen Glauben aus meiner Kindheit aufgegeben. Ich hatte geglaubt, es ginge mir auch ohne spirituelle Verbindung wunderbar. Aber der Ruf der Göttin wurde so stark, dass ich mit ihr zu arbeiten begann und ihre Anwesenheit in meinem Leben zu schätzen lernte. Seitdem sehe ich manche Dinge klarer. Vielleicht ist das Beste an diesem Alter, dass ich Folgendes erkannt habe: Die Reise selbst ist das Ziel.

Während Ihre Unruhe zunimmt, werden neue Wünsche in Ihnen geweckt. Vielleicht finden Sie in der Sexualität Erlösung, die in diesem Alter reif und voller Verlangen ist. Teilen Sie Ihre Liebe mit einem Partner oder nehmen Sie alle gebotenen Chancen wahr. Der glückliche Zufall wartet auf Sie. Lassen Sie Situationen und Ereignisse in Ihrem Leben zu, die Sie nicht geplant haben. Leben Sie im „Hier und Jetzt". Lernen Sie etwas Neues kennen.

Der Geburtstag

Feiern Sie einen Zufalls-Geburtstag! Schmieden Sie einmal keine großen Pläne, sondern informieren Sie nur ein oder zwei Freunde. Am Morgen Ihres Geburtstags holen Sie sich eine Zeitung, blättern sie durch und halten nach etwas Ausschau, das Sie anregt. Machen Sie einen Schaufensterbummel. Ihre Freunde können dabei Geschenke für Sie kaufen. Halten Sie nach einem netten Lokal Ausschau. Wer weiß, wo das enden wird?

28. Jahr

Zwischen den Lebensabschnitten erreichen wir einen Punkt, an dem unser Leben zum Stillstand gekommen zu sein scheint. Doch unsere Position im Leben ist vergleichbar mit einer Türangel, die sich selbst kaum bewegt, aber die Tür weit auf- und zuschwingen lässt. Wir sind an einem Dreh- und Angelpunkt angelangt, einem kosmischen Wendepunkt. Wir erleben eine Zeit des Übergangs, denn die sorgenden Hände der Schicksalsgöttinnen geleiten uns vom ersten in den zweiten Abschnitt unseres Lebens.

Maeves Ratschläge lauten: „Nimm dir, was du kriegen kannst und mach es besser. Stiehl dir zusammen, was du brauchst, um zu überleben. Lebe von der Gnade und Wohltätigkeit anderer, aber halte dich auch von persönlichen Schulden frei. Lebe heute und fürchte dich nicht vor dem Morgen und dem Tod. Nichts ist im Leben so schrecklich, dass du dich deswegen selbst aufgeben musst."

Obwohl dies zwar das Jahr ist, in dem Saturn an seine Geburtsposition in Ihrem Horoskop zurückkehrt, kann die Übergangsphase durchaus drei oder vier Jahre lang dauern. Dies hängt überwiegend davon ab, wer Sie sind und wie Ihr erster Lebensabschnitt ablief. Normalerweise findet diese Übergangsphase im Zeitraum zwischen 28 und 32 Jahren statt. Eine Rolle spielen dabei auch andere Aspekte neben Saturn sowie Ihre eigene Bereitschaft.

Es ist eine gefährliche Zeit. Wer sorglos damit umgeht, kann sterben. Suizidversuche sind jetzt eher erfolgreich. Manche Menschen erhalten nur eine Chance. Werden Sie bei der Vorstellung, dass Ihre Welt zusammenbricht, nicht hysterisch. Sie soll zusammenbrechen. Die Samen für einen neuen Zyklus sind bereits eingepflanzt, aber Sie sollten ihnen Zeit geben. Im

Moment müssen Sie es nur schaffen, mit diesem zwiespältigen Gefühl zu leben.

Lisa kann über diesen Wendepunkt etwas erzählen:

Obwohl ich in meinen Kreisen eher als jung und naiv gelte, gibt es Tage, an denen ich mich sehr weise und wie die älteste Frau im Raum fühle. Ich habe gelernt, dass Liebe ein Kompromiss ist. Ein Kompromiss, den man mit sich selbst und nicht mit den anderen machen muss. Wer einen Teil seines Herzens verschenkt, kann nicht damit rechnen, immer auch etwas dafür zurückzuerhalten.

Ich habe gelernt, dass eine Ehe harte Arbeit ist und eine Scheidung ein Kinderspiel.

Ich habe gelernt, dass nichts im Leben umsonst ist. Alles, was ich habe, habe ich auch verdient – das Lächeln meiner Freunde ebenso wie die Tränen meiner Kinder und meine Beziehung zur Göttin. Sie haben mich alle etwas gekostet und nur die Erinnerungen sind umsonst.

Ich habe Freunde gefunden, die in festen Beziehungen leben und solche, die es nicht tun, aber nötig hätten. Doch es sind meine Freunde und ich mag sie. Sie glauben an mich.

Ich habe gelernt, dass es so etwas wie eine „zweite Chance" nicht gibt.

Ich habe gelernt, dass meine Eltern Recht hatten und die Schule Spaß machen kann. Ich weiß, dass Mütter nicht perfekt sind und Geld nicht auf den Bäumen wächst.

Ich habe gelernt, dass ich eine FRAU bin, kein Mädchen, keine Puppe und kein Baby, aber manchmal bin ich ein „Schatz"…

Ich habe gelernt, dass es noch viel zu entdecken gibt und dass ich damit gerade erst begonnen habe. Ich blicke positiv in die Zukunft, was auch immer mich erwartet.

Der Geburtstag

Saturn, der alte Mann am Himmel, bewegt sich durch unser Leben. Empfangen Sie ihn mit guter Laune und geben Sie für ihn und seine Frau eine Party. Die Frau von Saturn ist die Göttin

Ops (von diesem Namen lässt sich das Wort *Opulenz* ableiten). In der römischen Mythologie herrschten Saturnus und Ops im Goldenen Zeitalter, in dem alle gleich waren und alles gedieh. Geben Sie also eine richtig opulente Party. Wenn Sie jeden etwas mitbringen lassen, können alle Ihre Gäste an dieser positiven Magie teilhaben. Reichen Sie guten Wein, reichhaltige Nachspeisen, Schokolade … Stellen Sie einen Teller mit Essen und Getränke direkt vor ein Bild von Saturn und heißen Sie seine Energie willkommen!

29. Jahr

Wenn Sie im letzten Jahr das Gefühl hatten, das Leben ginge nicht mehr weiter, so wissen Sie jetzt mit 29 Jahren, dass Sie nach wie vor in Bewegung sind. Wenn Sie glauben, alles wird einfacher, dann denken Sie noch einmal nach – die Tür ist noch in Bewegung.

Haben Sie die Verschiebung in sich selbst bereits bemerkt? Ihre Haltung hat sich geändert. Sie haben andere Wertvorstellungen entwickelt. Plötzlich müssen Dinge ausrangiert werden oder sterben, ohne die Sie nicht leben zu können glaubten. Suizidgedanken können übermächtig werden, doch Sie müssen sie ignorieren.

Am Ende der Zwanziger können solche Gefühle aufkommen: „Ich bin fast 30 und immer noch kein Millionär, immer noch nicht verheiratet, immer noch kinderlos …" Sie werden die Lücken schon noch füllen. Es gibt aber kein Gesetz, das vorschreibt, dies müsse alles bis zum 30. Geburtstag geschehen sein. Im Moment haben Sie nichts anderes zu tun, als das 29. Lebensjahr hinter sich zu bringen und 30 Jahre alt zu werden. Halten Sie auf dieser schwankenden Brücke zwischen den beiden Lebensabschnitten das Gleichgewicht! Nehmen Sie sich zusammen und erdulden Sie den Übergang mit Anmut und mit Sicherheit.

Nachdem nun alle jene Dinge aus Ihrem Leben entfernt worden sind, die tatsächlich überflüssig waren, rücken Ihre neue Familie, die neuen Freunde, Berufe und Aufgaben allmählich ins

Blickfeld. Versuchen Sie, die Veränderung der Gezeiten zu genießen! Erfreuen Sie sich an den Leidenschaften, die Ihnen aus dem ersten Abschnitt Ihres Lebens geblieben sind, während Sie die ersten zarten Sprösslinge des neuen Lebens zu erkennen versuchen.

Einige Menschen heiraten zu dieser Zeit (oder heiraten erneut). Kate erinnert sich an den Tag, an dem sie ihren Mann kennen lernte:

Er und ein Freund kamen vorbei, um eine Spende von mir einzusammeln. Ich begrüßte die beiden und überreichte meinen Scheck. Direkt hinter meinem Freund stand dieser Typ mit Ledermantel und Filzhut. Ich blickte ihn an, er sah mich an und plötzlich spürte ich etwas ... einen Ruck, ein Klicken, ein Wissen. Ich kann mich noch daran erinnern, dass ich mir dieses „Wissen" für später aufhob und mich zurück an meinen Schreibtisch setzte. Ich „wusste" er würde beim Ostara-Ritual anwesend sein und so war es auch. Er fand das Ei der Göttin und gab es mir, was ich bereits ahnte. Später in der Nacht redeten wir noch zu recht ungöttlicher Stunde und erkannten, dass wir uns gegenseitig in unser Leben gerufen hatten. Ich hatte nie an die Liebe auf den ersten Blick geglaubt, aber irgendetwas ist ganz sicher mit uns geschehen!

Frauen und Männer legen häufig ein ähnliches Verhalten an den Tag, wenn es darum geht, eine Beziehung einzugehen. Brad, der in diesem Alter geheiratet hat, erinnert sich an die Besprechung vor der Hochzeit in der Kirche seines Vaters:

Eine der Fragen lautete: „Wenn alles in Ihrer Ehe komplett schief läuft, woran glauben Sie dann noch?" Das erste und zweite Paar sahen sich romantisch an und sagten: „Liebe." Dann kam der Pastor zu uns und ich musste zuerst antworten. Ich blickte ihm gerade in die Augen und sagte: „Kommunikation!" ... Meine Braut antwortete dasselbe. Die beiden anderen Paare platzten danach heraus: „Genau, das wollten wir auch sagen!" ...

Später nach der Besprechung beglückwünschte uns der Pastor zu unserer Antwort und Überzeugung.

Aber es kann riskant sein, eine solche Bindung einzugehen, ehe die eigene Entwicklung abgeschlossen ist. Vielleicht sind Sie hinterher nicht mehr dieselbe Person. Es ist besser mit einer Heirat zu warten, bis Sie sich in Ihrem zweiten Lebensabschnitt gut eingerichtet haben. Dann stehen die Chancen für eine dauerhafte Partnerschaft gut.

Bedenken Sie, dass alles, was Sie nun beginnen, Einfluss auf die nächsten 28 Jahre haben wird ...

Bianca denkt über ihre 29 Jahre und die Zugehörigkeit zur „Generation X" nach:

Ich bin 29 und Mutter zweier hübscher Kinder ... Wie ich mich in meiner Haut fühle? Verdammt gut. Ich bin stolz, der Generation X – vor vielen Jahren habe ich diesen Ausdruck noch gehasst – anzugehören, aber in meinem Alter finde ich es OK, so bezeichnet zu werden.

Es ist manchmal etwas frustrierend, Teil meiner Generation zu sein. Wir wurden immer stereotyp als „Drückeberger", „Trantüten" und „ungebildet" – mein persönlicher Favorit – bezeichnet. Oh, ich habe das immer währende „respektlos" noch vergessen!

In den 80er Jahren aufzuwachsen, war manchmal ganz witzig, aber immer eine Herausforderung. Drogen auf der Straße, schwangere Teenies, AIDS, Essstörungen, häusliche Gewalt, Scheidungen, Obdachlose – das alles war in den Schlagzeilen. Aber von niemandem wurden diese Probleme wirklich angegangen. Ich habe mich oft im Albtraum unserer Mittelklasse-Vorstadt umgesehen und mich gefragt, was zum Teufel die Erwachsenen eigentlich denken und tun?

Wirtschaftlich gesehen geht es vielen schlecht, die meisten aus meiner Generation können sich kein eigenes Haus, keinen Wagen kaufen. Die Generation unserer Mütter und Väter konnte das sehr wohl. Welchen Sinn soll das haben? Wir mussten viel härter kämpfen als die Generationen vor uns. Das hinterlässt ein bitteres Gefühl.

Es gilt so viel harte Arbeit zu leisten, so viel Negatives zu entwirren. Aber ich weiß, dass wir es trotzdem schaffen.

In den 80er Jahren aufzuwachsen, hieß auch: Schlüsselkinder, schlechte Schulsysteme (meistens) und viele Kinder, die auf die eine oder andere Art durch die Maschen des Systems gefallen sind wie ich selbst auch. Wir hatten Eltern, die sich nicht für uns interessiert haben, und niemanden, an den wir uns wenden konnten.

Aber alles in allem bin ich trotzdem stolz darauf, Teil einer intelligenten Jugendgruppe aus Jungen und Mädchen gewesen zu sein, die viel dafür gegeben hat, Rassismus und Sexismus zu beenden. Wir hatten den Mut gegen das Böse zu protestieren, mit dem uns unsere Regierung täglich fütterte.

Manchmal wünsche ich mir, dass die Baby-Boom-Generation uns ein Stück vom Kuchen abgibt. Ich wünsche mir, dass sie respektieren, was wir geleistet haben.

Der Geburtstag

Um dem Syndrom „Ich bin schon fast dreißig und habe noch nicht ..." entgegenzuwirken, sollten Sie diesen Geburtstag dazu nutzen, jene Dinge zu feiern, die Sie bereits vollbracht haben. Feiern Sie die Taten Ihres ersten Lebensabschnitts. Hängen Sie ein großes Stück Papier an die Wand. Listen Sie jedes Jahr in diesem Jahrzehnt auf und schreiben Sie daneben, was Sie in jedem einzelnen Jahr unternommen haben. Halten Sie mehrere Stifte bereit, vielleicht möchten Ihre Freunde, die zur Party kommen, auch noch etwas hinzufügen und Sie überraschen.

30. Jahr

Dreißig ist ein einschneidendes Jahr. Saturn schiebt uns beharrlich voran. Welche Pläne wir auch immer hatten, sie sind nur Kapitel in einem großen Buch, dessen Seiten von Saturn beschrieben werden. Mit 30 Jahren wissen wir, dass noch etwas anderes vor sich geht.

Stellen Sie sich vor, Sie wären ein Patient auf einem Operationstisch. Sie können nicht einfach aufstehen und davonlaufen, während das Universum Sie verarztet. Sie müssen still liegen bleiben und ruhig sein, während Saturn Ihren Körper, Geist und Ihre Seele neu ausrichtet. Wenn dieses Jahr verstrichen ist, sind

Sie wieder bei Ihren Grundlagen angekommen, die Sie durch die nächsten 30 Jahre tragen werden.

Halten Sie die Augen offen, Ihre nächste Aufgabe sollte nun bald erkennbar sein. In der Zwischenzeit wählen Sie jene Dinge aus der Vergangenheit aus, die Sie mitnehmen möchten. Genießen Sie Ihr Leben und sorgen Sie sich nicht darum, dass Sie älter werden!

Der Geburtstag

Wem vertrauen Sie? Wer vertraut Ihnen? Erstellen Sie eine Liste jener Dinge und Menschen, auf die Sie sich verlassen können. In einigen Fällen täuschen Sie sich vielleicht, aber dieser Versuch wird Ihnen Stabilität geben. Feiern Sie den Abschluss Ihrer Zwanziger Jahre. Laden Sie dazu Ihre besten Freunde und Bekannten ein und danken Sie ihnen für ihre Hilfe in der vergangenen Zeit.

Entzünden Sie eine braune Kerze (für die fruchtbare Erde), auf der Sie leben, und zwei grüne Kerzen (für das Wachstum), die Sie bei Ihrer Entwicklung unterstützen sollen. Sie können das Kerzenlicht für sich privat anzünden oder mitten auf Ihrer Geburtstagstorte. Der 30. Geburtstag ist auch eine gute Gelegenheit, die Vorfahren zu besuchen. Sie können Ihre Kerzen also auch auf dem Friedhof anzünden. Geburtstag und Todestag sind die zwei Seiten derselben Tür. Wenn es keinen Ort gibt, an dem Ihre Familie begraben liegt, machen Sie einen Spaziergang über den nächstgelegenen Friedhof und suchen Sie nach einem freundlichen Ort. Adoptieren Sie ein nicht gepflegtes Grab und kümmern Sie sich darum. Zünden Sie Ihre Kerzen an und sprechen Sie ein Gebet wie dieses:

> *Vorfahren! Ihr, deren Gene in meinem Körper sind,*
> *Die ihr durch mich weiterlebt,*
> *Beschützt mich vor Dummheit und Angst,*
> *Schickt mir Gesundheit, Wohlstand und Weisheit,*
> *Die heiligen Drei!*
> *So will ich es, so soll es sein!*

Das Ritual für dieses Jahrzehnt
Der Gang durchs Labyrinth

Das Ritual zur ersten Rückkehr des Saturns kann zu jeder Zeit innerhalb der drei bis vier Jahre durchgeführt werden, in denen die Umwälzungen stattfinden. Doch es empfiehlt sich, damit zu warten, bis die Veränderungen deutlich sind und Sie die Notwendigkeit spüren, sie auch zu begreifen.

Der Zweck des Rituals besteht darin, Sie durch Ihre Entwicklung zu begleiten. Sie können dann besser verstehen, was auf psychologischer und spiritueller Ebene mit Ihnen geschieht. Auf diese Weise lässt sich das bewusste Verstehen besser mit der eigenen Intuition in Einklang bringen. Auch Freunden und der Familie kann es dabei helfen zu begreifen, dass Sie nicht mehr genau derselbe Mensch sind, den sie einmal gekannt haben.

Das Symbol für diese Wendung in unserem Leben ist das Labyrinth – jenes alte Muster, das kreisförmig zum Zentrum hin führt und dann wieder nach außen. Dieses Muster findet sich in vielen Kulturen, von den alten Kretern bis hin zu den Indianern. Wenn Sie durch das Labyrinth gehen, sind die Kurven und Biegungen, durch die Sie in die Außenwelt zurückkehren, nicht identisch mit denen, durch die Sie hineingeschritten sind.

Für dieses Ritual müssen Sie ein Labyrinth bauen. Das bekannteste Modell ist hier abgebildet.

Um ein Labyrinth zu bauen, stehen mehrere Möglichkeiten zur Verfügung: Man kann Steine aufstellen, das Muster auf einen glatten Boden zeichnen, seine Umrisse mit Klebeband markieren oder in den feinen Sand am Strand zeichnen. Manche haben sich ein dauerhaftes und tragbares Labyrinth erstellt, indem sie das Muster auf eine oder mehrere zusammengeklebte Plastikplanen oder Stoffbahnen aufgemalt haben. Eines unserer Lieblingslabyrinthe befindet sich auf dem Gelände der *Grace Cathedral* in San Francisco.

Feiern Sie nach dem Ritual ein Fest. Bestimmen Sie eine Freundin, die sich um die Organisation dieses Ereignisses kümmert.

Die spirituellen Kräfte, die in diesem Ritus geehrt werden, sind die drei Schwestern, die auch als die Parzen und die Nornen bekannt sind und die Z in ihrem Buch *Der Einfluß der Schicksalsgöttinnen* beschreibt. Mit der ersten Saturn-Rückkehr wechseln Sie von der Kraft der Urd, die die Vergangenheit regiert, zu der von Verdandi, die über das herrscht, was im Werden begriffen ist. Selbstverständlich arbeiten Sie immer, wenn Sie eine Veränderung in Ihrem Leben vornehmen, mit diesen zwei Schicksalsgöttinnen zusammen, aber in diesem Ritual werden Sie die dynamische Spannung zwischen ihnen noch stärker spüren.

Da Sie mit den Kräften des Saturns arbeiten, empfiehlt es sich als Tag, an dem Sie Ihr Ritual abhalten, einen Samstag zu wählen. Laden Sie Freunde ein, die Ihren Übergang bezeugen sollen. Geschenke sind angebracht, aber nicht notwendig. Sorgen Sie für eine Sitzgelegenheit in der Mitte des Labyrinths, etwa einen Stuhl oder ein Kissen, und stellen Sie dort einen Kelch oder eine Schale voll Quellwasser hin. Tragen Sie neue Kleider, aber ziehen Sie einen alten Kaftan, ein locker fallendes Gewand oder irgendein Stück Stoff über. Ein alter Vorhang oder ein Bettlaken genügen vollkommen.

Bitten Sie eine Freundin, dafür Sorge zu tragen, dass alle um das Labyrinth einen Kreis bilden. Geben Sie ihr frühzeitig die Anweisungen für das Ritual zu lesen und suchen Sie sich jemanden, der sich bereit erklärt, das Lied anzustimmen. Betreten Sie zum regelmäßigen Rhythmus einer Trommel den Raum und bleiben Sie vor dem Eingang des Labyrinths stehen. Wenden Sie sich den anderen zu und erklären Sie, dass Sie hierher gekommen sind, um Ihr Schicksal zu verändern, indem Sie den Quell der Weisheit aufsuchen. Sie sind bereit, alles aufzugeben, was unnötig oder veraltet ist, um Ihre Bestimmung zu finden.

Dann betreten Sie das Labyrinth. Währenddessen stimmen alle das folgende Lied an:

> *Zeit, sich zu wenden,*
> *Such die Quell' in deinem Innern;*
> *S' ist Zeit, zu lernen,*
> *Die Weisheit zurückzubringen.*

Gehen Sie langsam. Erinnern Sie sich jedes Mal, wenn Sie eine Biegung erreichen, an einen bedeutenden Augenblick oder eine bedeutende Beziehung in Ihrem Leben, die vorüber ist, oder an etwas, das Sie aufgeben wollen, und lassen Sie es bewusst hinter sich. Während Sie auf die Mitte des Labyrinths zugehen, stellen Sie sich vor, dass Sie sich auf die Mitte der Erde zubewegen, wo die Nornen am Urdarbrunnen unter den Wurzeln des Weltbaumes warten.

Wenn Sie das Zentrum erreicht haben, nehmen Sie Platz. Die anderen sollten nun vom Gesang zu einem leisen, wortlosen Summen übergehen. Schließen Sie die Augen und entspannen Sie sich.

Sehen Sie vor Ihrem geistigen Auge den Urdarbrunnen. Stellen Sie sich vor, dass neben ihm eine verschleierte Frau sitzt. Dies ist Verdandi, die Norne, die das regiert, was gerade entsteht. Denken

Sie darüber nach, was Sie sich für Ihr weiteres Leben erhoffen und schauen Sie dann in den Brunnen. Bitten Sie um eine Vision von Ihrem neuen Lebensabschnitt.

Wenn Sie das Gefühl haben, dass Sie alles erfahren haben, was Sie wissen müssen, öffnen Sie die Augen, nehmen Sie den Kelch voll Quellwasser und trinken ihn aus.

Dann ziehen Sie das Gewand oder den Umhang aus, der Ihre neuen Kleider verhüllte, und lassen Sie ihn zu Boden fallen. An diesem Zeitpunkt können alle das Lied noch einmal singen. Begeben Sie sich auf den Rückweg durch das Labyrinth. Gehen Sie gemächlich, sodass sich neue Eindrücke bilden und Sie Ihre Gefühle und Empfindungen registrieren können. Wenn Sie den Ausgang erreicht haben, bleiben Sie stehen, während alle applaudieren. Falls Sie sich dazu imstande fühlen, teilen Sie mit Ihren Freunden, was Sie gelernt haben. Gehen Sie im Kreis herum und lassen Sie sich umarmen, zuerst von der Freundin, die das Ritual geleitet hat, und dann von allen anderen. Widmen Sie sich dann dem Essen, den Geschenken und der Feier.

31. bis 40. Jahr – Das Karussell

Wenn wir unser drittes Lebensjahrzehnt beginnen, haben wir einen guten Sitzplatz im Karussell des Lebens gefunden und greifen nach den Sternen! Unser zweiter Lebensabschnitt kann beginnen! In den nächsten Jahren werden wir erblühen und Früchte tragen. Wir wissen nicht nur genug, um wirklich leistungsfähig zu sein, sondern haben auch genügend Energie, um unsere Ideen auszuführen. Unsere Generation ist jetzt am Zug.

Herzlichen Glückwunsch, dass Sie es bis zum Alter von 30 Jahren geschafft haben. Nicht jeder kommt so weit. Aber auch wenn Sie sich bereits ein paar blaue Flecken geholt haben, haben Sie Ihren ersten Lebensabschnitt überlebt und wir heißen Sie willkommen. Steigen Sie ein, springen Sie auf den Zug auf – und warten Sie noch etwas ab. Sie sind zwar bereits im zweiten Teil Ihres Lebens angelangt, aber das Karussell dreht sich noch nicht so richtig. Holen Sie tief Luft und warten Sie auf die Sterne.

Am Anfang des dritten Jahrzehnts unterliegen Sie immer noch dem Einfluss des Saturns, der um den 28. Geburtstag herum in Ihr Leben getreten ist. Er versetzt Ihnen einen Anstoß und verbringt dann einige weitere Jahre in der Nähe, während Sie alles Neue durchdenken. Sie haben sich auf eine große Veränderung vorbereitet und dann scheint es eine Zeit lang so, als geschähe gar nichts. Aber die Samen sind schon im Verborgenen ausgesät worden. Florence Nightingale, die jahrelang davon geträumt hatte, Krankenschwester zu werden, konnte ihre Ausbildung erst mit 31 Jahren beginnen. Drei Jahre später leitete sie bereits den Krankendienst der britischen Armee im Krimkrieg. Diese Aufgabe machte sie zu einer nationalen Heldin und veränderte die Rolle und den Status der Krankenschwestern für immer.

Dies sind die sprichwörtlichen Jahre der Selbstfindung. Der Drang sich zu bewegen und zu verändern, ist jetzt unglaublich stark. Diese Zeit kann auch von Schmerzen begleitet sein, die Sie in das wahre Erwachsenenleben katapultieren sollen. Nichts verändert einen Menschen so stark, wie großes Leid. Die Zeit zwischen den Lebensabschnitten kann wirklich schmerzlich sein, sie ist geprägt von tiefen Gewissensbissen und Selbstanalyse.

Um zu überleben, müssen Sie lernen, sich zu behaupten. Laufen Sie nicht davon und verstecken Sie sich nicht. Ziehen Sie sich in sich selbst zurück und meditieren Sie. Lassen Sie Ihre verborgensten Gedanken hervorkommen – nichts zu tun ist momentan vielleicht das Beste. Dadurch wird sich jener Moment schneller einstellen, an dem das neue Ziel in Sicht kommt. Haben Sie Vertrauen. Mit der Zeit werden Sie ein klares Bild vor sich sehen und wissen, wie Sie handeln müssen. Die Spiritualität vereinigt sich jetzt mit der Tat.

Jeder Mensch hat seine eigene Art mit dieser Wandlungsphase umzugehen. Selbst wenn alles ganz finster aussieht, wenn Sie nur noch das sehen, was Sie verloren haben, verzweifeln Sie nicht. Auf der anderen Seite der Tür liegt noch sehr viel mehr verborgen. Das Leben gibt uns nur so viele Informationen, wie gerade notwendig. Jede Seite wird einzeln umgeblättert. Im Alter von 30 Jahren kann niemand sagen, wo er in 10 Jahren stehen wird, aber die Pläne dafür befinden sich bereits in Ihren Genen und in den Sternen.

Nach drei chaotischen Jahren hat Saturn sein Werk vollbracht, packt seine Koffer und zieht weiter. Er lässt Sie mit der enthüllten neuen Lebensaufgabe zurück.

Diana denkt darüber nach, wie viel einfacher es ist, die bedeutsamen Ereignisse dieser Zeit der Veränderungen im Nachhinein zu erkennen:

Als ich 28 Jahre alt wurde, begann sich alles in meinem Leben zu ändern, auch wenn ich das damals gar nicht richtig wahrnahm. Am Anfang dieses Jahres stellte ich fest, dass ich neben meinem Sekretärinnenjob noch Zeit hatte und begann einen Roman zu schreiben. Als Teenager hatte ich immer davon geträumt, eine Autorin zu werden, aber im College beschloss ich, dass dies nicht „praktikabel" sei. Doch hatte ich mir auch fest vorgenommen bis zum 30. Geburtstag entweder ein Kind zu bekommen oder ein Buch zu schreiben. Ich hatte ein Kind, aber mir war auch klar, dass das Aufwachsen, obwohl ich ihm zwar dabei helfen konnte, sein eigenes kreatives Projekt war und nicht meines. Ein Roman, so dachte ich, würde mein eigenes sein.

In den folgenden drei Jahren verschob sich das Zentrum meiner Tätigkeiten weg von der „Society for Creative Anachronism" hin zu einer fiktionalen Welt, die ich mir selbst schuf. Ich merkte, dass es unfair war, andere Menschen zu meinem kreativen Medium zu machen. Die Organisation wuchs immer weiter und für mich wurde klar, dass eine neue Leitung das Ruder übernehmen musste.

Als ich den Wendepunkt überschritten hatte, fand ich meine neue Aufgabe.

Wir leben immer in zwei verschiedenen Schicksalen – unserem persönlichen und dem Schicksal der gesamten Menschheit. In den Zeitungshoroskopen können wir zwar unser persönliches Schicksal auf der Basis unseres Sternzeichens nachlesen, aber wir leben dieses Schicksal innerhalb des umfassenderen Schicksals derjenigen Menschen, mit denen wir zusammen durchs Leben gehen. Jeder in unserer Generation hat eine andere Geschichte, aber die Wendepunkte in unserem Leben sind dieselben und werden von den Sternen bestimmt. Ob wir uns dessen bewusst sind oder nicht: Wir nehmen an einem himmlischen Schauspiel teil, einer kosmischen Seifenoper, die noch nicht zu Ende ist. Am Ende der ersten Saturn-Rückkehr haben wir die Gelegenheit, jene Elemente aus unserer Vergangenheit auszuwählen, die wir mit in unser neues Leben nehmen möchten. Den Rest lassen wir hinter uns.

Die Erde selbst ist ein Schauspieler. Dürrekatastrophen und Überschwemmungen, Wirbelstürme und Erdbeben erschüttern die Erde immer wieder zu verschiedenen Zeiten. Wir glauben, davon unabhängig zu sein, aber wir sind nur ein kleiner Teil einer Einheit, die wir als *Gaia* bezeichnen. Wir leben auf nur fünf Prozent ihrer Gesamtoberfläche. Und die Erde ist nur ein Planet in einem Sonnensystem, das Teil des Universums ist, in dem die himmlischen Schwestern ihren ewigen Tanz fortführen. Eine der großen Einsichten der 60er Jahre vermittelten die Fotos aus dem All, die unseren kleinen blauen Planeten zeigten, der unsere Heimat ist.

Wir leben auch in einer kulturellen Umgebung. Wir treiben Handel und Kunst mit Produkten, die zu unserem Wohl oder Leid dienen. Die Vögel singen zwar, aber wir machen Musik, die den Geist eines jeden Zeitalters ausdrückt. Tiere essen, aber wir haben das Kochen erfunden. Was wir nicht vergessen dürfen: Wenn andere verhungern, ist unser Geist unterernährt, auch wenn unsere Körper genug Nahrung haben.

Alle diese Dinge sind die Fäden im Webstuhl unseres Lebens, mit denen wir unser eigenes Schicksal knüpfen. Sie beginnen Ihren zweiten Lebensabschnitt als Erwachsener. Dieser wird Ihr Leben formen bis Sie Ende 50 sind. Es wird viele Hindernisse und Verwicklungen geben, aber geben Sie nicht auf. Dies ist Ihre beste Zeit im Leben, die Belohnung für die Bewältigung des ersten Lebensabschnitts. Machen Sie das Beste daraus!

31. Jahr

Bis zum 30. Lebensjahr haben die meisten ihre Elternhäuser verlassen, auch wenn es manchmal Umstände gab, noch einmal vorübergehend dorthin zurückzukehren. Aber in unseren Zwanziger Jahren waren wir doch noch überwiegend abhängig von unseren Eltern, sei es finanziell oder auch emotional. Vielleicht haben Sie sich auch in eine frühe Heirat oder Beziehung geflüchtet. Erst wenn Sie unabhängig sind, wird sich Ihr zweiter Lebensabschnitt entfalten. Was immer auch geschieht, diese Abspaltung ist wie eine Geburt – Sie werden als neuer Erwachse-

Schicksalsdaten vom 31. bis zum 40. Jahr

32–33 Jahre	♆ ⚹ ♆	Neptun im Sextil zur Geburtsposition	Vertieftes Verständnis von Sinn und Aufgabe der eigenen Generation
	♇ ⚹ ♇	Pluto im Sextil zur Geburtsposition	Schwierige Übergangszeit
36 Jahre	♃ ☌ ♃	Rückkehr des Jupiter	Erfolgreiche Suche nach einer Nische und Lebensaufgabe Mögliche Beförderung, Horizonterweiterung
37–42 Jahre	♅ ☍ ♅	Uranus in Opposition zur Geburtsposition	Bedürfnis nach Unabhängigkeit Krisenzeit, die einen Wendepunkt des Lebenssinns, des Lebensstils, der Ziele und Richtung anzeigen kann Möglicher innerer Konflikt kann zu neuer Identität führen Stress und Gefahr
	♆ □ ♆	Neptun im Quadrat zur Geburtsposition	Verlust alter Ideale und die Entwicklung neuer
	☊ ☋	Rückkehr der Mondknoten	Neue Bewertung von Zielen und Beziehungen
44 Jahre	♄ ☍ ♄	Saturn in der Opposition zur Geburtsposition	Veränderung ist ein Muss

ner geboren und sind bereit, den Weg zu betreten, auf dem Sie die nächsten 30 Jahre gehen werden.

Diese Trennung ist meistens traumatisch, da sich auch Ihr Gefühlsleben ändern kann. Einige Frauen entdecken, dass sie lesbisch oder bisexuell sind, finden einen neuen Lebenspartner oder beschließen, den Weg alleine zu gehen. Adric berichtet, dass homosexuelle Männer, die meistens mit 20 Jahren ihr *Coming out* haben, mit 30 Jahren feststellen, dass ihre Jugend vorbei ist und sie neue Aspekte ihres Lebensstils erkunden müssen.

Vielleicht gründen Sie eine neue Familie, lernen neue Freunde kennen und setzen sich andere Ziele im Leben.

Annette erzählt: „Im Alter von 30 Jahren, nach viel innerer Arbeit, habe ich schließlich festgestellt, dass ich eigentlich keinen Mann in meinem Leben brauche, um mich als ganze Person zu fühlen. Mein ganzes bisheriges Leben habe ich mich nach jemandem gesehnt, der mich rettet, und es hat immer damit geendet, dass ich die Männer, die es versucht haben, zurückwies. Meine Unabhängigkeit und mein Selbstvertrauen sind nun meine kostbarsten Schätze."

Seien Sie vorsichtig, denn die Wahl, die Sie treffen, kann Sie weiterbringen oder zerbrechen. Aber lassen Sie es auch nicht zu, dass die Unsicherheit, die Saturn mit sich trägt, Sie erstarren lässt. Manche Menschen reagieren mit Verweigerung auf diese Herausforderung. Doch wenn Sie sich in diesem Moment weigern, sich weiter zu entwickeln, werden Sie niemals reif.

Z erinnert sich:

Mit 30 Jahren versuchte ich beides: vor der Herausforderung des Erwachsenwerdens zu fliehen als auch mich ihr zu stellen. Meine erste Reaktion war, in den karmischen Winden zu erstarren. Ich beging einen Selbstmordversuch, der Gott sei Dank scheiterte. Dann, immer noch unfähig zu essen oder zu reden, verließ ich mein Zuhause und meine Familie in New York und trampte nach Kalifornien. Bis ich 31 war, hatte ich dort ein Apartment in Santa Monica und lebte zum ersten Mal allein. Über zehn Jahre lang hatte ich einem Ehemann und den Kindern hinterhergeputzt und nun gab es nur noch mich. Freudig folgte ich den Spuren dieser neuen Frau. Wer war sie?

Ich mochte sie, denn sie tat vernünftige Dinge, goss die Pflanzen und putzte ihre Wohnung. Sie war nicht einsam, denn sie hatte sich gerade selbst neu erfunden und darum ging es in der Frauenbefreiungsbewegung. Meine Generation stand unter dem Zeichen dieser Bewegung. Wir versammelten uns und tauschten unsere Erfahrungen als Frauen aus. Wir hörten einander zu und viele von uns realisierten zum ersten Mal, dass wir einen Schmerz miteinander teilten, der nur darauf beruhte, dass wir in einer Gesellschaft lebten, die Frauen nicht akzeptierte! Es ist nicht einfach, diese Gedanken zu verarbeiten, wenn man eine Mutter von zwei Söhnen ist.

Ich wurde durch die Freundschaft mit den anderen Frauen gestärkt, mit denen ich diese historische Erweckung gemeinsam erlebte. Die Veränderung verlief unterschwellig. Aber am Ende war

ich glücklich. Ich schloss mich dem „Women's Center on Mondays" an, las alle Zeitungsartikel und Bücher über Frauen und machte meine Weiblichkeit zum Studien- und Kunstobjekt.
   Am Ende meines 31. Lebensjahrs hatte ich die erste feministische Hexengruppe ins Leben gerufen – den „Susan B. Anthony Hexenzirkel Nr. 1". Die Weiblichkeit dominierte meine Vorstellungswelt und meine Spiritualität. Am Ende des nächsten Jahres kamen die Frauen bereits von überall her. Ich war eine gerade flügge gewordene Hohe Priesterin mit einem spontan entstandenen Hexenzirkel und hatte meine zweite Aufgabe gefunden.

Der Geburtstag

Sie sitzen auf dem Karussell und können sich einen Spaß daraus machen! Wie wäre es mit einer Geburtstagsparty zum Thema Karussellfahrt? Machen Sie ein Picknick in einem Freizeitpark und fahren Sie anschließend Karussell. Entspannen Sie sich, während Sie sich drehen und singen Sie dabei!

32. Jahr

Ein Großteil des Staubs, der von der Rückkehr des Saturns aufgewirbelt worden ist, hat sich nun gelegt. Sie finden sich vielleicht in einem ganz neuen Leben wieder, mit einem neuen Zuhause, einer neuen Arbeit, Ihren eigenen Steuern oder einer eigenen Familie. Eine Frau, die in ihren Dreißigern Kinder bekommt, hat vielleicht bereits einen eigenen Beruf und muss nun bezüglich der Kinderbetreuung schwierige Entscheidungen treffen.
   Bezahlte Babysitter sollten die letzte Wahl bei regelmäßiger Unterstützung sein. Kein Angestellter wird Ihr Kind so lieben, wie jemand, der eine persönliche Beziehung zu ihm hat. Vielleicht gibt es Möglichkeiten, sich die Betreuung der Kinder mit Verwandten oder guten Freunden zu teilen. Wählen Sie eine vertrauenswürdige Agentur aus, wenn es keine andere Möglichkeit gibt und stellen Sie sicher, dass der Babysitter die Grundregeln für

einen sicheren Umgang mit Kleinkindern kennt und weiß, wo die Grenzen der Disziplinierungsmaßnahmen liegen. Vermeiden Sie es, Teenager dafür zu engagieren. Deren Aufmerksamkeitsspanne ist sehr kurz und das macht sie im Umgang mit Babys unzuverlässig. Ältere Frauen, auch Seniorinnen, die aufmerksam und erfahren sind, sind die bessere Wahl. Sie haben eine beständige und ruhige Ausstrahlung, die das Kind beruhigt und entspannt.

Eltern zu sein ist nie einfach, aber es kann helfen, währenddessen eine Allianz mit der Welt der Geister einzugehen. Tägliche Gebete mit dem Kind sind eine gute Tradition, die dem Kind dabei hilft, sich der Seele in sich selbst bewusst zu werden und diese anzuerkennen und zu unterstützen. Spiritualität in der Kindheit errichtet eine Basis, auf der andere spirituelle Praktiken aufbauen können.

Z erinnert sich noch an das Gute-Nacht-Gebet, das ihre Tante ihr vor vielen Jahren beigebracht hat. Durch seine Einfachheit werden die Beziehungen zu den Vorfahren bekräftigt:

„Mein Gott, guter Gott, ich schließe heute Nacht meine Augen, aber Deine bleiben offen. Ich schlafe, während Du über mich wachst. Segne meine Eltern und meinen kleinen Bruder, damit wir uns nach dem Aufwachen wieder küssen und umarmen können. Sei gesegnet."

Mein kleiner Bruder ist nun 47 Jahre alt, aber ich bin sicher, dass dieses Gebet ihm dabei geholfen hat dorthin zu gelangen. Und meine Eltern, sie seien gesegnet, sind vor 25 Jahren gestorben.

Die meisten Kulturen glauben an Schutzgeister. Ob es sich dabei um Engel oder Vorfahren handelt ist nicht entscheidend. Ein Vorfahre kann Ihnen, besonders, wenn die eigene Mutter und Großmutter nicht mit Rat zur Seite stehen, zum Thema Kindererziehung kluge Ratschläge geben, wenn Sie sich öffnen und zuhören.

Achten Sie auf die kollektiven Visionen Ihrer Generation. Am Anfang der Dreißiger steht Neptun, der Überbringer der Träume, im Sextil zur Geburtsposition, das ist ein harmonischer Aspekt. Er bringt Ihnen vielleicht einige glückliche Erkenntnisse und stimuliert Ihre Vorstellungskraft. Pluto, der ganze Generationen beeinflusst, steht ebenfalls im Sextil. Sein Einfluss wird noch weiter zunehmen.

Es ist nun an der Zeit zu verstehen, was es mit Ihrer Generation auf sich hat. Was ist die kollektive Aufgabe dieser Altersgruppe? Pluto und Neptun bewegen sich langsam und bringen historische Veränderungen mit sich, die als Kulisse für Ihre persönliche Entwicklung dienen.

Der Geburtstag

Viele Ihrer Freunde haben nun vielleicht ebenfalls die Saturn-Rückkehr hinter sich gebracht. Laden Sie sie zu einem Geburtstagsessen ein. Der erste Trinkspruch gilt Ihnen, aber dann sollten Sie den zweiten vorschlagen. Bitten Sie jeden Gast, auf das zu trinken, was ihm in den letzten fünf Jahren am wichtigsten war. Versuchen Sie die Unterhaltung in Richtung einer Diskussion über den Weg Ihrer Generation zu lenken.

33. Jahr

Unsere Kindheit hat uns eingeholt! Neptun und Pluto stehen im Sextil zu ihrer Geburtsposition und zwingen uns, unsere Beziehung zu unserer Generation zu überdenken. 33 ist ein Alter, in dem auch unsere unreifen Gefühle endlich erwachsen werden müssen. Aber damit dies geschieht, müssen wir gefördert werden, ebenso wie in unserer Kindheit. Doch jetzt müssen wir uns selbst erziehen. Wenn Ihre Kindheit unglücklich war, ist jetzt die Gelegenheit, ein anderes Szenario für sich zu entwickeln. Nehmen Sie dazu Selbsthilfebücher zur Hand oder besuchen Sie Gesprächsgruppen. Erinnern Sie sich daran, wie die Mutterrolle, in dem Ritual am Ende des Kapitels „11. bis 20. Jahr" definiert wurde. Wenn wir selbst in das Lebensalter unserer Mütter kommen, werden wir damit zu unserer eigenen Mutter. Wir müssen unser Selbst neu großziehen, damit wir zu der Person werden, die wir sein möchten.

Ellen erzählt, dass Sie den größten Teil dieses Alters damit verbracht hat, sich mit der Karte „Die Kraft" aus dem Tarot zu befassen: „Ich habe mich viel mit Stärke und Stark-Sein beschäftigt und glaube, das hat mich mehr mit mir selbst, meiner Wahrheit und Aufrichtigkeit in Einklang gebracht. Ich bin nicht weniger nett, aber kenne meine Grenzen jetzt besser und weiß, welche Regeln in meinem Territorium gelten."
Regina kommentiert:

Ich mag mein Alter, mich selbst, meinen Körper und mein Leben. Ich war ein Spätzünder, aber bin nun alt genug, um zu wissen, dass ich nicht alle Dinge tun kann, nicht jedermanns beste Freundin sein kann und nicht immer nett zu meinen Eltern und keine Supermutter bin. Ich habe auch realisiert, und akzeptiert, dass ich bisexuell bin, dass ich eine große, schöne Frau bin und kein Mann mich mehr schlagen wird. Meine Selbstachtung stammt von mir und ich kontrolliere sie. Ich bin eine Göttin und sie ist in mir, aber besonders stolz bin ich darauf, auch eine Heilerin zu sein, als ausgebildete Krankenschwester und als Hexe.

In diesem Alter, wenn das Erwachsenen-Ego sich entwickelt, sind wir empfindlich. Wir haben den Schock von Saturns Rückkehr überwunden und langsam gewöhnt sich unser neugeborenes Selbst an die sozialen Kontakte. Wir sind noch zerbrechlich, aber unser neues Selbst ist bereits klar definiert. Nun ist es Zeit für eine Herausforderung. Wir müssen in die weite Welt hinaus und etwas aus uns machen, unsere Talente nutzen und herausfinden, wo wir einen Beitrag leisten können. Wir möchten als Individuen wahrgenommen werden und nicht mehr als Kinder unserer Eltern. Wir gehorchen einem instinktiven Zwang.
Die Aufgabe des zweiten Lebensabschnittes hat begonnen.

Der Geburtstag

Im *Herr der Ringe* von J.R.R. Tolkien erfahren wir, dass Hobbits erst im Alter von 33 Jahren volljährig werden. Nehmen Sie diese

Gelegenheit wahr, um Ihren eigenen Auftritt im zweiten Lebensabschnitt in der Tradition der Hobbits zu feiern. Das bedeutet: Viel essen und trinken, singen und tanzen. Wenn Sie wissen möchten, was auf der Speisekarte eines Hobbits alles zu finden ist, lesen Sie das Einführungskapitel von *Der Hobbit*.

34. Jahr

Dies ist das richtige Jahr, um klar Schiff zu machen. Wir sind nach wie vor zerbrechlich, aber die Dinge sind in Bewegung. In diesem Alter brauchen wir innere Ruhe, wie ein Fischer auf dem klaren blauen Meer, Wachsamkeit, aber eben auch Ruhe.

Der Fruchtbarkeitszyklus ist auf seinem Höhepunkt. Unsere biologische Uhr tickt und unser Wunsch nach sozialer Interaktion drängt uns dazu, eine Familie zu gründen. Es ist eine gute Zeit, um ein Kind zu bekommen. Nichts treibt den Reifeprozess so voran, wie selbst Eltern zu werden.

Aber es gibt auch andere Arten der Fruchtbarkeit. Wenn Sie bereits Kinder haben, möchten Sie sich vielleicht gerne in einem neuen Bereich ausprobieren oder neue Beziehungen zu anderen Menschen knüpfen.

Z erinnert sich:

In diesem Alter hatte ich eine Beziehung zu einer Frau. Sie war etwas jünger und stammte aus dem mittleren Westen. Ich liebte meine schüchterne, intelligente und schöne Freundin. Während Männer mir Kummer gemacht hatten, unterstützte sie meinen Traum von der Spiritualität der Frauen. Ich zog schließlich mit ihr nach Santa Monica. Sie war Waage und ich bin Wassermann. Sie brachte anderen Leuten bei, wie man einen Volkswagen reparierte, denn die meisten von uns fuhren diese Marke. Ich verdiente meinen Unterhalt durch Gartenarbeiten und Putzjobs. An Samstagen war ich eine Hohe Priesterin, welche die Natur um Wunder bitten konnte. Nachts war sie mein sicherer Zufluchtsort. Ich schrieb Artikel und gab mit anderen Frauen eine Zeitung namens „Sisters" heraus. Wir bauten die feministischen Zirkel im Gebiet von Los

Angeles auf und gründeten Einkaufsverbände, so genannte „Food Conspiracies", um in den frühen Morgenstunden günstig Lebensmittel zu erwerben. Ferner richteten wir eine Hotline für Opfer von Vergewaltigungen ein und eröffneten in Santa Monica ein Frauenzentrum. Das waren ausgefüllte, produktive Zeiten.

Der Geburtstag

Stellen Sie Ihre neuen Interessen in den Mittelpunkt Ihrer Geburtstagsfeier. Laden Sie Menschen, mit denen Sie zusammen arbeiten, ein, gemeinsam mit Ihren anderen Freunden oder der Familie. Geben Sie jedem Gast die Möglichkeit über das zu sprechen, womit er sich beschäftigt. Sie werden überrascht sein, was Sie dabei zu hören bekommen. Zu häufig stecken wir unsere Freunde in getrennte, mentale „Schubladen". Das heißt, uns entgeht der eigentliche Reichtum der Interaktion.

35. Jahr

Dieses Jahr kann sich ganz anders anfühlen als das vergangene. Jetzt erfolgt der letzte Aufruf an die zweite Aufgabe, sich zu zeigen. Wenn Sie noch keine neue Richtung gefunden haben, so wird es dieses Jahr der Fall sein. Für viele ist ihre neue Aufgabe bereits ins Bewusstsein getreten und fühlt sich gut an. Das ist wichtig, denn das Leben sollte kein Tal der Tränen sein. Die meisten Dinge, die von uns erwartet werden, fühlen sich gut an. Wenn der eingeschlagene Schicksalsweg der richtige ist, dann werden Sie das daran erkennen, dass Sie Zufriedenheit und Aufregung verspüren. Es ist eine Situation, in der man nur gewinnen kann!

Isina berichtet: „Als ich 35 war, hatte ich mehr Selbstvertrauen in mich und meine Fähigkeiten, als je zuvor. Ich habe begonnen, mich selbst dafür zu mögen, was ich bin, anstatt mich dafür zu hassen, was ich nicht bin."

Doch das Leben versetzt uns immer wieder auch einen Schrecken, um sicherzustellen, dass wir zuhören. Als Z 35 Jahre alt war, wurde sie wegen einer Tarot-Lesung inhaftiert. „Das Nervenaufreibende an der Sache war, dass ich als Hexe verurteilt wurde. Ich ging zu Gericht, saß mit meinem Rücken zu den Zuschauern und hörte den Staatsanwalt über meine Religion reden, die von Natur aus betrügerisch sei. Ich verlor den Prozess, aber gewann die öffentliche Meinung für mich. Neun Jahre später gewann ich auch vor Gericht."

Dianas 35. Jahr war ebenfalls ereignisreich:

Nachdem ich sieben Jahre lang Manuskripte verschickt und zurückerhalten hatte, wurden meine ersten beiden Kurzgeschichten veröffentlicht. Aber Saturn hatte ein letztes Geschenk für mich: Eine Freundin bat mich, ein Volljährigkeitsritual für sie abzuhalten, was damit endete, dass wir eine spirituelle Frauengruppe namens „Darkmoon Circle" gründeten, die es auch heute, 20 Jahre später noch gibt. Das war der eigentliche Beginn meiner Arbeit als Priesterin.

Dieses Alter kann also ereignisreich sein, denn Sie sind immer noch dabei, sich in die Richtung zu entwickeln, in die Saturn Sie bei seiner Rückkehr dirigiert hat. Nach diesem Jahr werden Sie sich endlich auf dem richtigen Weg befinden.

Der Geburtstag

Wenn dieses Jahr ereignisreich werden soll, müssen Sie sich darauf einstellen! Laden Sie Menschen ein, die Ihre Party wirklich unterstützen. Überreichen Sie ihnen Geschenke und lassen Sie sie wissen, wie sehr Sie Ihre Zuneigung und Freundschaft schätzen.

36. Jahr

Ein großartiges Jahr! Jupiter kehrt nach zwölf Jahren wieder einmal an seine Geburtsposition zurück und bringt klare Sicht, Wohlstand, Gesundheit, Freunde und noble Ziele mit. Dies traf sicherlich für Marie Curie zu, deren Forschungen über das Radium ihr mit 36 Jahren den Nobelpreis und Weltruhm einbrachten. In unsere Leben kehrt das Glück zurück. Der Einfluss von Jupiter wird Sie dabei unterstützen, Ihren Platz zu finden. Er erzeugt einen wahren Energiesturm. Jetzt sind wir an einem Höhepunkt angelangt. Wir haben Energie für alles: für Sex, Essen und Trinken, Arbeit, Liebe. Und können von allem nicht genug bekommen. Jetzt ist die Zeit für unsere Lebensaufgabe gekommen. Unser Intellekt vergrößert sich und damit auch unsere Visionen. Jupiters Rückkehr bringt häufig eine Beförderung mit sich oder eine Position, die unseren Horizont erweitert. Das Schicksal nimmt einen tiefen Atemzug und schickt uns dann der Erfüllung unserer Träume entgegen.

Diana aus Seven Pines meint: „Ich bin 36 und fühle mich stark. Ich habe mich niedergelassen und bin tief verwurzelt. Ich kann mich den Kräften widersetzen, die gegen mich wirken und versuchen, meine Richtung und mein Zentrum zu verändern."

Der Geburtstag

Ergreifen Sie bei diesem Geburtstag die Gelegenheit, Jupiters Rückkehr zu feiern. Geben Sie eine Toga-Party! Dekorieren Sie den Raum in der Farbe Königsblau. Dies ist die Farbe von Jupiter. Servieren Sie leckeres Essen und bieten Sie reichlich Getränke an. Schwingen Sie das Tanzbein!

37. Jahr

Für einige kann das 37. Jahr zu einem Rätsel werden. Manche halten die Zahl 37 für eine symbolische „Unzahl", aber im Sternenhimmel ist einiges los. Saturn hat sich aus seiner Geburtsposition herausbegeben und steht nun im Quadrat zu ihr, genauso wie in Ihrem siebten Jahr. Sie sind nun in einer starken Position. Kaufen Sie also Ihr Traumhaus oder lassen Sie sich auf ein Großprojekt ein. Sie können auch unerledigte Geschäfte in den Vordergrund stellen – Probleme mit Ihren Eltern, der Familie oder

der Gesellschaft. Sie sind nun stark genug, damit umzugehen. Es ist an der Zeit, eine starke Identität zu entwickeln, denn es wird schon bald neuer Druck auf Ihnen lasten.

Rita war überrascht darüber, dass sie mit 37 Jahren Ihren Nestbauinstinkt entwickelte:

Nachdem ich die ganze Zeit in verschiedenen Apartments gelebt hatte, entschloss ich mich nun, mit zwei Freunden ein Jugendstil-Haus in einem vornehmen Teil der Stadt zu kaufen. Es war eine grandiose Idee, die uns alle einige Zeit beschäftigen sollte. Ich hatte festgestellt, dass ich lange auf die perfekte Dauerbeziehung warten konnte, womöglich bis an mein Lebensende. Wenn ich doch noch jemanden finden würde, könnte ich meinen Anteil am Haus auch verkaufen und umziehen. In der Zwischenzeit hätte ich immerhin etwas getan, worauf ich stolz sein konnte.

Brad ist die Eigentumsfrage von der anderen Seite angegangen: „Egal, wie sehr du an etwas glaubst, das du aufbauen hilfst: Wenn derjenige, der den Geldbeutel hat, das Geld nicht mehr für diesen Bau ausgeben möchte, dann schicken sie Dich fort. Auch wenn dies gleichzeitig bedeutet, dass das Element des Helfens ebenso fortgeschickt wird. In diesem Fall für immer." Brad ist nicht über seine Arbeitslosigkeit beunruhigt, sondern darüber, dass er seinen Freunden nicht mehr helfen kann.

Später in diesem Jahr kehren die Mondknoten zurück in ihre Geburtsposition. Der Mond regiert das emotionale Leben. Seien Sie darauf gefasst, dass es zu einer Neubewertung von Zielen und Beziehungen kommt. Uranus verändert seine Stellung ebenfalls und wandert in die Opposition zur Geburtsposition. Dort bleibt er bis zu Ihrem 42. Lebensjahr. Dies kann Sie sehr nervös machen. Erinnern Sie sich daran, dass Uranus die Aufgabe hat, Sie vorwärts zu bewegen, auf etwas Neues zu. Ihre Wahrnehmung der Realität wird sich dabei ändern, aber keine Sorge, dies ist ganz natürlich.

Lucile sagt: „In meinem Leben hat es eigentlich keine sehr dramatischen Veränderungen gegeben, eher eine Art Evolution in eine Richtung, die noch nicht ganz klar ist."

Der Geburtstag

Wenn die Planeten dieses Jahr durch Ihr Leben tanzen, sollten Sie ihnen Aufmerksamkeit schenken. Geben Sie ein Fest, bei dem Sie Mond und Sterne beobachten. Planen Sie einen Ausflug in das nächstgelegene Planetarium und sehen Sie sich die Sterne an. Dekorieren Sie den Partyraum mit astrologischen Motiven und legen Sie *Die Planeten* auf, ein wundervolles Werk von Gustav Holst.

38. Jahr

In diesem Jahr wird die Bewegung fortgeführt, die im letzten begonnen hat. Innere Konflikte können eine Herausforderung sein. Es ist Zeit, sich darüber klar zu werden! Sie begeben sich auf eine neue Ebene der Verpflichtungen. Die gute Ausstrahlung von Jupiter liegt hinter Ihnen, die Rückschau der Mondknoten verblasst und der alte Lehrmeister Saturn wandert weiter.

Sie sind in einer guten Verfassung, um bestimmte Probleme anzugehen. Schließen Sie sich einer Selbsthilfegruppe an oder unternehmen Sie andere Schritte. Lernen Sie, auf Ihre Psyche zu hören. Wenn Sie Ihre inneren Konflikte erörtern, werden Sie dabei etwas lernen. Das Schicksal drängt Sie, lassen Sie nicht zu, dass selbst auferlegte Grenzen Sie einschränken. Z erinnert sich an die vielen schönen Tage in Kalifornien, an denen sie sich selbst zwang, im Haus zu bleiben, weil sie ein Manuskript fertig stellen oder ein Theaterstück proben musste. Ihr Körper ist auch wichtig. Halten Sie ihn in Ehren!

Heutzutage haben viele Frauen im vierten Lebensjahrzehnt Kinder, aber einige entscheiden sich mit Ende 30 endgültig gegen Kinder. Dies kann entweder aus medizinischen Gründen notwendig sein oder weil die Familienplanung abgeschlossen ist. Ein Ritual kann beim freiwilligen Verzicht auf die Fruchtbarkeit unterstützend wirken. Es ist wichtig zu erkennen, dass Sie nach wie vor in der Zeit der „Mutter" leben und dazu beitragen, Kinder des Geistes zu erzeugen.

Diana erinnert sich daran, dass sie sich genau in diesem Jahr endgültig für das Schreiben entscheiden musste. Sie wurde aus der Arbeit entlassen, bei der sie Unterrichtsmaterialien erstellte. In einem Weihnachtsbrief schrieb sie: „Es ist schwer auszudrücken, was es bedeutet, all diese Träume zu haben und all die gestohlene Zeit, die man für andere Dinge aufbringen musste. Doch schließlich hat sich alles gelohnt. Ich fühle mich wie ein Mädchen, dessen heimlicher Liebhaber sie nach vielen Jahren endlich heiratet."

Der Geburtstag

Die folgende Zeit Ihres Lebens wird noch sehr anstrengend. Ergreifen Sie deshalb diese Gelegenheit, sich zu entspannen. Geben Sie in diesem Jahr kein großes Fest. Vielleicht finden Sie jemanden, der Sie ein Wochenende in ein Wellness-Hotel begleitet oder zum Campen in der Natur. Unternehmen Sie etwas, das Sie entspannt.

39. Jahr

Jetzt ist die Zeit gekommen unsere persönliche Identität zu erkunden, indem wir Fragen stellen. Was ist unsere Berufung? Was macht uns aus? Selbsterkenntnis führt zu Selbstachtung; und diese wird uns durch die Ängste führen, die in uns aufkommen, wenn wir auf die 40 zugehen. Wenn wir den Prozess der seelischen Entwicklung nicht vorantreiben, riskieren wir Depressionen. Die Gestaltung unserer Seele ist die krönende Arbeit unserer Lebenszeit.

Für Diana war dies nicht nur das Jahr, in dem ihr erster Roman erschien, sondern auch die Zeit, in der ihre Entwicklung als Priesterin zu einer formellen Ordination führte. Aber Sicherheit entsteht nicht immer auf so einfache Weise. Arielle bemerkte: „Ich fühle mich überhaupt nicht so alt. In mir scheint vieles noch so kindisch und unreif zu sein. Ich traue meinen eigenen Instinkten und Gefühlen immer noch nicht. Ich dachte immer, das würde ich in diesem Alter können. Eigentlich fühle ich mich nur dann wie 39, wenn ich jüngere Frauen von inneren Ängsten sprechen höre, die bei mir bereits lange zurückliegen."

Während wir eifrig unserem Schicksal hinterherlaufen, dürfen wir nicht vergessen, dass unsere Seelen diesen Übergang auch nachvollziehen müssen. Lynn erzählt: „Ich habe angefangen zu glauben, dass Geschichten erzählen nur etwas für Junge und Alte ist und für diejenigen, die dafür bezahlt werden. Wir, im mittleren Alter, sind meist zu müde dazu, eine gute Geschichte zu erzählen. Es sei denn, wir haben Alkohol getrunken." Es ist schwer, denn dies ist eine Zeit, in der viele von uns sich mit Arbeit zudecken und keine Zeit mehr zum Nachdenken haben. Zwingen Sie sich selbst dazu, gelegentlich aufzutauchen und einen Blick auf die Sterne zu werfen.

Z berichtet:

Ich kann mich an mein 39. Jahr überhaupt nicht erinnern. Ich war darin gefangen, an Besprechungen teilzunehmen, Bücher zu schreiben, einen Liebhaber zu haben, auszugehen und mich mit den Visionen meines Schicksals zu beschäftigen. Als meine Mutter in diesem Jahr starb, war ich eine Zeit lang total deprimiert. Danach schob ich alles einfach nur von mir weg. Aber nach und nach musste ich mich mit den tiefen Veränderungen auseinander setzen, die der Tod der eigenen Mutter mit sich bringt. Es gab niemanden mehr zwischen mir und dem Tod. Ich hatte Angst. Wenn die eigene Mutter stirbt, muss man erwachsen werden.

Der Geburtstag

Dieses Jahr ist vielleicht zu anstrengend, um Geschichten zu erzählen, aber an Ihrem Geburtstag könnten Sie sich etwas Zeit dafür nehmen. Laden Sie Freunde ein, mit denen Sie wirklich entspannt zusammensitzen können und servieren Sie kleine Sandwichs. Machen Sie es sich auf dicken Kissen in einem Kreis gemütlich. Reichen Sie ein Horn oder einen Kelch mit etwas Köstlichem darin reihum von Frau zu Frau. Jede Frau, die das Horn in der Hand hält, soll eine Geschichte erzählen, vorzugsweise eine lustige. Die Geschichte kann aus ihrem eigenen Leben oder über Sie beide sein. Was war das Lustigste, was Ihnen in den letzten zehn Jahren passiert ist? Lachen ist eine heilsame Medizin.

40. Jahr

Wenn man schon niemandem über 30 trauen darf, dann liegt 40 außerhalb jeder Diskussion. Jahrelang war man 30 und irgendwas, und jetzt steht plötzlich eine große Vier vor der Null! Viele Frauen verlieren deshalb die Fassung. 40 ist nichts für Weichlinge! Die beste Möglichkeit, mit diesem Alter umzugehen, besteht darin, den Anforderungen dieses Alters zu entsprechen. Der Drang nach Veränderung ist in Ihnen nun stärker geworden, nehmen Sie einen tiefen Atemzug und setzen Sie die Veränderungen um!

In dieser Zeit sind viele von uns mit den Anforderungen alt gewordener Eltern konfrontiert. Unweigerlich beginnen wir, über den letzten Teil des Lebens nachzudenken. Lynn hat beobachtet: „Egal, ob ich glaubte, älter geworden zu sein oder nicht, meine Eltern waren älter geworden. Es ist meine Aufgabe, dafür zu sorgen, dass sie gut versorgt sind." Die Gedanken über die Zukunft geben auch der Gegenwart eine Bedeutung. Die Zeit enthüllt alle Oberflächlichkeiten und stuft sie als wertlos ein. Sie werden anfangen, über Werte nachzudenken. Auch körperliche Veränderungen werden Sie daran erinnern, dass die Zeit vergeht. Sie sind mit Ihrem Körper ein Leben lang verheiratet, aber jetzt stellen Sie vielleicht fest, dass Sie und Ihr Körper auf verschiedene Arten älter werden.

Hierzu erläutert Arielle: „Mein Körper hat mich entmutigt. Oder besser gesagt, ich habe ihn entmutigt. Jeden Tag wirkt er wabbeliger, dicker und weniger anziehend. Die ganze Zeit habe ich als hässliches Entlein darauf gewartet, endlich zum schönen Schwan zu werden, aber ich muss das irgendwie verpasst haben. Anders gesagt ich hätte es wohl einfach geschehen lassen müssen, anstatt darauf zu warten. Aber jetzt ist es schwierig, diesen Körper zu mögen."

Genau zu dem Zeitpunkt, wenn unsere Seele abhebt, bleibt unser Körper auf dem Boden. Nach dem 40. Lebensjahr, wird der geliebte Körper, der uns so viel Freude und Sinn geschenkt hat, nie wieder so gut in Form sein. Aber geraten Sie nicht in Panik. Der körperliche Alterungsprozess ist ein natürlicher Vorgang. Außerdem gibt es Kompensationsmöglichkeiten. Wie Lynn ausführt: „Ich hätte gerne etwas mehr Energie gehabt, aber ich wäre nur ungern auf den wirtschaftlichen Stand der Jugend zurückgekehrt."

Der Druck, nach einem Sinn im Leben zu suchen, nimmt zu, wenn Uranus, der große Veränderer, in Opposition zur Geburtsposition geht. Helen meint:

Ich hätte nie gedacht, dass es sich so seltsam anfühlen würde, 40 zu werden. In einem Anflug von Panik bemerkte ich, wie schnell das erste Drittel meines Lebens vergangen war. Was sollte ich mit diesem mittleren Drittel anfangen? Ich befand mich irgendwie auf einer Ebene meines Lebens. Wenn ich zurückblickte, wusste ich, was ich getan hatte und gleichzeitig wusste ich, dass ich weitergehen musste, um die Berge am Horizont zu erklimmen. Ich war mir nicht ganz sicher, ob ich die richtige Richtung eingeschlagen hatte. Ich dachte, mit 40 hätte man alle Antworten. Doch mit 40 fragte ich mich erst, ob ich die richtigen Fragen gestellt hatte.

Die Unzufriedenheit und Ruhelosigkeit, die Sie mit 40 Jahren verspüren können, sollen Sie zu einer Entscheidung drängen. Ihr Lebenssinn mag dadurch nicht verändert werden, aber vielleicht die Art und Weise, wie Sie ihn bisher ausgedrückt haben.

Z erinnert sich:

Als ich 40 wurde, zog ich von Los Angeles nach San Francisco in die Bay Area. Ich hatte L.A. gerne gemocht, vor allem die milden Winter und den Duft der Blumen, der es manchmal sogar schaffte, die unglaublichen Abgasmengen zu durchdringen. Aber ich bekam Atemprobleme. Es gab täglich Meldungen über die Smogwerte und Warnungen, die Kinder nicht zum Spielen nach draußen zu schicken. Dann starb mein geliebter Hund Ilona im Alter von 10 Jahren an Lungenkrebs. Das gab den Ausschlag. Ich wollte nicht die nächste sein.

Ich fuhr rauf nach Oakland, um einen Freund zu besuchen und mich nach einem neuen Haus umzusehen. Das erste Haus, das ich mir ansah, hatte einen Obstbaum im Hinterhof. Es war die Schwester des Obstbaums, den ich in L.A. hatte. Also zogen wir um, und natürlich änderte sich an dem neuen Ort alles. Mein Lebenssinn bestand nach wie vor darin, die Göttin zurück in das Bewusstsein der Frauen zu bringen. Aber ich erkannte, dass ich durch die Veröffentlichung von Büchern noch viel mehr Frauen erreichen konnte. Deshalb gab ich meine regelmäßigen Lehrstunden auf und widmete mich ganztags dem Schreiben.

Der Geburtstag

Der 40. Geburtstag kann in kleinem, intimem Rahmen stattfinden. Lynn hat zum Beispiel im Death Valley den Sonnenaufgang beobachtet. Sie können aber auch mit einigen engen Freunden Absinth trinken oder es richtig „krachen" lassen, wie Anne bei ihrer Kehraus-Party in einer Suite des Hotels *Marriott*:

Ich hatte ein ganz enges, rotes Vinylkleid an. Wir tanzten zu Iggy Pop und Bowie und die Party dauerte bis zum Morgengrauen. Die letzten Stunden verbrachten wir damit, über Magie, Liebe und Sozialpolitik zu sprechen. Auf dem Weg aus dem Hotel hinaus trugen einige von uns ein paar Sachen zum Auto. Ein Ambulanzfahrer rief uns zu, wie großartig wir aussähen. Zuvor hatte ich gerade K. genau erklärt, was „Glamour" ist, und während wir so durch das blasse Morgenlicht gingen, unser Make-up nur leicht verwischt, unsere Haare und Kleidung beinahe noch perfekt, drehte ich mich zu ihm und sagte: „Genau das ist Glamour!" Oder vielleicht sagte er es zu mir. Jedenfalls war es ein perfekter Moment!

Der Stress, 40 Jahre alt zu werden, erweckt bei vielen auch den Wunsch, die eigenen Errungenschaften zu feiern. Nehmen Sie Tagebuch und Fotoalben zur Hand. Laden Sie Ihnen wichtige Leute ein, und feiern Sie das, was Sie zusammen bewirkt haben. Es ist kein Verhängnis, 40 zu werden. Es ist nur eine weitere Etappe auf Ihrem Weg. Holen Sie den Champagner heraus und trinken Sie auf die Vergangenheit und die Zukunft.

Das Ritual für dieses Jahrzehnt
Die Welt verändern

Wenn wir in den Dreißigern sind, haben wir den Ehrgeiz und die Energie, die Welt zu verändern. Nun, da wir unsere Ausbildung abgeschlossen und uns an die Anforderungen der Arbeit unseres zweiten Lebensabschnittes gewöhnt haben, ist es an der Zeit, unsere Fähigkeiten für ein hohes Ziel einzusetzen. Rebellen in den Zwanzigern sind zwar voller Idealismus, haben aber Schwierigkeiten, ihre Energien zu konzentrieren. Ein Jahrzehnt später verfügen wir nicht nur über die notwendigen Mittel, sondern auch über Know-how. Ein Ritual ist kein Ersatz für Taten – stellen Sie es sich vielmehr als ein Werkzeug vor, das Ihnen helfen wird, Ihre Fähigkeiten einzusetzen und dadurch Ergebnisse herbeizuführen.

Natürlich ist „die Welt verändern" eine ziemlich vage Aussage. Was genau wollen wir anders machen? Solange wir kein Ziel vor Augen haben, ist es sinnlos, Energie aufzuwenden. In jeder Generation gibt es Dinge, die einer Änderung bedürfen – wir haben den Krieg gegen Armut und den Krieg gegen Drogen durchlebt, Märsche für Bürgerrechte und Marathons, um Geld für Brustkrebsforschung aufzubringen, Proteste für sexuelle Freiheit und gegen sexuelle Diskriminierung. Wir können jede Menge Probleme finden, wenn wir einfach nur die 20-Uhr-Nachrichten einschalten. Aber einige Probleme sind zwingender als andere. Jeder von uns muss ein Anliegen finden, das in seinem Inneren auf Resonanz stößt.

Ihr Anliegen mag ein gesellschaftliches oder ökonomisches sein, es kann sich um ein gesundheitliches Thema oder ein politisches handeln, aber mit Umweltproblemen sind wir leider immer konfrontiert. Das hier vorgestellte Ritual kann auf jedes Problem abgestimmt werden, aber die Umweltverschmutzung soll als nützliches Beispiel dienen.

Viele kennen die Redewendung „Global Denken, lokal Handeln". Nehmen Sie sich eines ökologischen Problems in Ihrer Gegend an: Luft- oder Wasserverschmutzung, ärmere Viertel Ihrer Stadt oder Zersiedelung – wenn es in Ihrer Gegend nichts gibt, was in Ordnung gebracht werden sollte, lassen Sie es uns wissen, wir würden gern dorthin ziehen! Beim zweiten Schritt geht es um Recherche. Verschaffen Sie sich umfassende, verlässliche Informationen über die Ursachen des Problems und die Argumente im Hinblick auf seine Lösung. Ökologische Zentren, die Kommunalverwaltung und verschiedene Umweltorganisationen sind allesamt gute Anlaufstellen.

Sie könnten natürlich jetzt auch direkt zur Tat schreiten. Aber unserer Erfahrung nach hilft ein Ritual dabei, spirituelle Kräfte einzubeziehen und auf Aktionen zu konzentrieren. Sie können allein arbeiten oder eine Gruppe von Gleichgesinnten um sich versammeln, die sich für das gleiche Problem interessieren und das Ritual mit vollziehen wollen.

Die folgende Beschreibung ist nur ein Vorschlag – Sie können das Ritual so durchführen, wie es beschrieben wird, oder es als Modell für ein eigenes heranziehen.

Bauen Sie als Erstes einen Altar. Die schöpferische Tätigkeit, die einzelnen Teile zusammenzusetzen, ist im Grunde Teil der spirituellen Arbeit. Das physische Anordnen symbolischer Gegenstände hilft Ihnen, sie auch im Geiste zu ordnen. Wenn Sie Ihr Bewusstsein, Ihren im Alltagsleben verhafteten Geist, auf einfache Handlungen während des Rituals konzentrieren, dann kann Ihr Unterbewusstsein ungehindert wirken. Seien Sie sich dessen bewusst, dass Sie durch Ihr Bestreben, die Welt zu verändern, auch selbst eine Veränderung durchmachen und sich in Einklang mit den Kräften des Wachstums und der Erneuerung bringen müssen. Zu welchen Resultaten Ihr Ritual und die anschließenden Maßnahmen auch führen mögen, Sie werden danach konzentrierter und ausgeglichener sein.

Sie können einen Tisch verwenden oder einen mehrstufigen Altar aus Kisten bauen. Bedecken Sie das Ganze mit einem Tuch in der passenden Farbe – blau für Wasserverschmutzung, weiß für Luftverschmutzung und erdbraun für die meisten anderen Probleme. Experimentieren Sie mit der Anordnung der Symbole. Legen Sie auf eine Seite des Altars Gegenstände, die sich auf das Problem beziehen – Bücher oder ein Album mit Artikeln und Fotos, eine Karte des Gebiets, ein Glas verunreinigtes Wasser oder ein Teller mit Erde. Wenn beispielsweise das Problem, das Sie angehen, ein durch Abfälle verunreinigter Fluss ist, stellen Sie auch etwas von dem Müll und ein Glas mit Flusswasser hin. Die andere Altarseite ist für Symbole bestimmt, die sich auf die Situation beziehen, so wie man sie sich wünschen würde – ein Bild von dem Ort, wie er früher einmal aussah, oder von einer ähnlich natürlichen Umgebung, ein Vorschlag für oder eine Gerichtsentscheidung über die Säuberung dieser oder ähnlicher Stätten. Platzieren Sie in der Mitte ein Bild der Erdgöttin, einen Globus oder ein Bild von der Erde vom Weltraum aus gesehen. Stellen Sie vier Kerzen in Schwarz, Grün, Weiß und Rot davor.

Um den Platz zu reinigen, an dem Sie arbeiten werden, sollten Sie gegen den Uhrzeigersinn fegen, mit Salbei räuchern und jegliche andere Vorbereitungen treffen, die Sie wünschen. Setzen Sie sich in ausgeglichener Stimmung und bequemer Haltung vor Ihren Altar. Atmen Sie langsam und tief, während Sie Ihre Mitte suchen und das Bewusstsein von Ihrer Verbindung mit der Erde verstärken. Wenn Sie mit anderen arbeiten, fragen Sie: „Warum seid ihr hergekommen?" Erklären Sie selbst oder jeder von ihnen dann, worin das Problem liegt.

Entzünden Sie als Erstes die schwarze Kerze. Sprechen Sie: „Das ist, was gewesen ist."

Beschreiben Sie die verschiedenen Aspekte der Gefahr. Nach jeder Aussage nennen Sie die gewünschte Veränderung. Beispielsweise:

„Wo das Wasser schmutzig ist – Lass es sauber sein!"
„Wo das Wasser dunkel ist – Lass es klar fließen!"
„Wo sich das Wasser staut – Lass es schnell strömen!"

Wiederholen Sie diese Aussagen immer wieder, steigern Sie dabei die Intensität, bis Sie schließlich mit folgendem Refrain den Höhepunkt erreichen:

Herrin, führe den Wandel herbei, den ich/wir ersehnen –
So will ich/wollen wir es, so soll es sein!

Danach holen Sie tief Luft und zünden die grüne Kerze an. Sagen Sie: „Das ist, was sein wird."

Jetzt sind Sie bereit für die Meditation. Vielleicht finden Sie es nützlich, eine Kassette mit Trommelmusik oder Naturgeräuschen einzulegen. Wenn Sie mit anderen arbeiten, erklären Sie, dass es darum geht, den Ort, so wie er ist, zu visualisieren und ihn dann mit Ihrer Fantasie zu verändern, bis Sie ihn klar und deutlich so sehen können, wie er sein sollte. Wenn Ihnen das gelungen ist, stellen Sie sich ein Licht vor, das auf dem Wasser funkelt, Licht, das wächst und sich zum Geist des Flusses formt. Sprechen Sie mit dem Geist, bitten Sie um seine Hilfe und Inspiration bei der Arbeit, die vor Ihnen liegt, versprechen Sie, dass Sie ihn ehren werden.

Schließen Sie jetzt die Augen und konzentrieren Sie sich. Wenn Sie den Geist sehen oder seine Gegenwart irgendwie spüren können, fragen Sie, ob er einen Rat hat, wie Sie das Problem angehen könnten, oder ob es etwas gibt, das Sie für ihn tun sollen. Warten Sie ein paar Augenblicke lang darauf, dass Ihnen eine Antwort zuteil wird.

Wenn Sie fertig sind – stellen Sie Ihren Recorder so ein, dass die Musik nach fünf Minuten aufhört –, öffnen Sie die Augen und zünden die weiße Kerze an, während Sie sagen: „Das ist der Geist, der uns/mich inspirieren wird."

Füllen Sie nun ein Glas oder einen Kelch mit klarem Wasser. Lassen Sie jeden Anwesenden das Glas halten, die Maßnahme erläutern, die er unternehmen wird, trinken und es weiterreichen. Danach entzünden Sie die rote Kerze und sagen: „Das ist, was wir (ich) unternehmen werden!"

Nehmen Sie sich ein paar Augenblicke Zeit, um das Erfahrene und Gelernte Revue passieren zu lassen und es sich einzuprägen. Schreiben Sie es sich sobald wie möglich nach dem Ritual auf. Danken Sie der Erdmutter und dem Geist des Flusses, blasen Sie die Kerzen aus und bauen Sie den Altar ab. Wenn es Ihnen möglich ist, errichten Sie mit einigen seiner Bestandteile einen kleineren Altar, der stehen bleiben kann, solange Sie an dem Problem arbeiten. Bevor Sie sich aufmachen, um den Müll zu beseitigen oder mit den Behörden zu sprechen, zünden Sie die Kerzen für kurze Zeit an und bitten den Geist um Hilfe.

41. bis 50. Jahr – Krise und Krone

Hier kommen die Vierziger! Sind Sie märchenhaft oder beängstigend? Eine Zeit der Krise oder eine Zeit, um nach der Krone zu greifen? Für viele enthält dieses Jahrzehnt die aktivsten und produktivsten Jahre. Wir haben unsere emotionalen Traumata aus jüngeren Jahren überlebt, aber unsere Körper sind noch relativ beweglich und stark. Wir wissen, was wir wollen und haben keine Angst davor, es auch anzustreben. In der Mitte dieser Dekade können uns die Planeten jedoch eine Zeit der Krise bringen, die uns zwingt, unsere Ziele noch einmal neu zu bewerten.

In den Vierzigern wechseln Frauen vom Archetyp der Mutter zum Archetyp der Königin. Wir stehen mitten in unserem zweiten Lebensabschnitt, arbeiten hart an Projekten und realisieren unsere Träume. Bisher sind wir die Karriereleiter beständig bergauf geklettert. Wir kennen uns gut genug aus, um zu den hochrangigen Mitarbeitern und Autoritäten in unseren Berufen zu gehören. Frauen sollten diesem Aspekt besondere Aufmerksamkeit widmen. Wir haben die Kraft dazu und müssen nur den Mut finden, sie auch zu benutzen.

Bis vor nicht allzu langer Zeit, hatten nur Männer ein persönliches Schicksal. Die Energie der Frauen richtete sich ausschließlich darauf, das Schicksal der Menschheit zu erfüllen, das heißt, Kinder zu gebären und großzuziehen. Diese Aufgabe erfüllte

Schicksalsdaten vom 41. bis zum 50. Jahr

42 Jahre	♆ □ ♆	Neptun im Quadrat zur Geburtsposition	Wendepunkt bei den Visionen Schnelle Neuorientierung bei
		Uranus in Opposition zur Geburtsposition	Zielen, Spiritualität, Freunden Midlifecrisis!
42–46 Jahre	♀ □ ♀	Pluto im Quadrat zur Geburtsposition	Veränderungen werden verstärkt Zeit für Einsicht und Erneuerung Niedriges Einkommen bei kreativen Leuten Neue Muster; keine Panik!
44–46 Jahre	♄ ☍ ♄	Saturn in Opposition zur Geburtsposition	Der Ehrgeiz kehrt zurück! Zeit, um Kleinigkeiten zu erledigen Entspannen Sie sich, genießen Sie eine ruhige Zeit, aber befassen Sie sich mit allem, was auf Sie zukommt Keine Kindheit gehabt? Jetzt erhalten Sie ein zweite Chance
48 Jahre	♃ ☌ ♃	Rückkehr des Jupiter	Neues Potenzial für Wachstum, Stabilität Neue Berufsziele, weiteres Studium Mut wird größer, Risiken eingehen Wenn Kinder das Zuhause verlassen, nutzen Sie die Gelegenheit, um eigene Interessen zu entwickeln Männer beschäftigen sich mit ihren emotionalen Seiten
	♄ ⚻ ♄	Saturn in Quincunx	Äußere Rollen fordern die innere Identität heraus
50 Jahre	♄ △ ♄	Saturn im Trigon zur Geburtsposition	Integration von Gegensätzen Neue Lebensphase akzeptieren Vitalität taucht wieder auf
50–52 Jahre		Rückkehr des Planetoiden Chiron	Geistig-seelische Flexibilität

uns, bis wir 50 wurden. Wir begaben uns direkt vom Archetyp der Mutter in den der alten Frau. Aber die Frauen, die im vorigen Jahrhundert für ihre Freiheit und Bürgerrechte gekämpft haben, öffneten uns eine Tür: Wir können unsere Souveränität jetzt leben. Wir profitieren von ihren Erfolgen und sollten nicht vergessen, was wir ihnen schulden.

Aber dieser Kampf ist auch noch nicht zu Ende. Die Durchschnittsgehälter von Männern sind nach wie vor höher als die der Frauen. Die sexuelle Belästigung am Arbeitsplatz ist immer noch ein Problem, und wir kämpfen immer noch mit dem Problem, wie wir uns in einer von Männern geprägten Welt bewegen sollen, ohne den Zwang die maskulinen Rollen und Werte zu übernehmen. Solange nicht beide – Männer und Frauen – so entgegenkommend oder aggressiv, streitbar oder kooperativ sein können, wie es die jeweilige Situation verlangt, so lange wird keiner von beiden frei sein.

In unseren Vierzigern sind wir vielleicht in einer Position, in der wir uns nicht nur mit diesen Problemen auseinander setzen müssen, sondern auch die Autorität besitzen, Änderungen herbeizuführen. So beschäftigt wir auch sein mögen, es ist wichtig, von Zeit zu Zeit einen Schritt zurückzutreten, tief durchzuatmen und gut über das nachzudenken, was wir tun und warum wir es tun.

41. Jahr

Wenn wir 41 Jahre alt werden, sind wir immer noch damit beschäftigt, die Veränderungen aus dem vergangenen Jahrzehnt zu integrieren. Aber glücklicherweise gönnen die Planeten uns jetzt eine Erholung vom permanenten Entscheidungszwang bezüglich einer Veränderung unseres Berufs, unseres Lebensstils, unserer Wohnorte und Beziehungen oder sogar der eigenen Identität. Stattdessen haben wir nun die Möglichkeit, die Person ans Licht treten zu lassen und zu erforschen, die wir geworden sind.

Als Heranwachsende haben wir gelernt, wie wir überleben können. Dabei war es häufig notwendig, bestimmte Komponenten unserer Persönlichkeit zu unterdrücken, um uns der Gesellschaft anzupassen. Wir mussten Anweisungen befolgen und wendeten den dadurch hervorgerufenen Unmut gegen uns selbst, weil wir keine Macht hatten. Doch jetzt werden wir zu Königinnen und können das alles herausbrüllen!

Andrea erläutert:

In meinen Vierzigern fühlte ich mich besser als in den Dreißigern. Auf der einen Seite spürte ich zwar den Druck der Zeit, auf der anderen Seite fühlte ich mich aber gesünder und sicherer als je zuvor. Ich fühlte mich mehr wie ich selbst. Ich bin ruhiger geworden, obwohl ich immer alle Dinge noch genauso ernst nehme. Ich habe auch zu meditieren gelernt, was eine unglaubliche Bereicherung war! Und weil ich mich körperlich gesünder fühle, probiere ich viel Neues aus, so lerne ich zum Beispiel Bauchtanz und gehe Zelten.

Das Leben hat uns darauf vorbereitet, über unsere eigenen Fachgebiete und unsere Domänen zu herrschen. Es ist jetzt an der Zeit, Charakterzüge hervortreten zu lassen, die wir bisher unterdrückt haben. Die nächsten fünf Jahre werden eine erfüllte Zeit sein.

Der Geburtstag

Die Energie sollte in diesem Alter aktiv ausgedrückt werden. Sie haben alles erreicht, also tanzen Sie!

Andrea erinnert sich an ihren 41. Geburtstag:

Ich hatte zwölf Freunde in ein japanisches Restaurant zum Abendessen eingeladen. Der Wirt schenkte reichlich Sake aus. Später ging die Hälfte von uns noch in diesen Club namens „Glitz", um die Band „Blue Period" zu hören und ausgelassen zu feiern. Danach ging es weiter ins „Assimilate", um zu tanzen.

Besonders merkwürdig an diesem Abend war aber, dass mich ein Mensch, den ich sehr mochte, sehr verletzt hatte. Eine meiner Freundinnen kam zu meiner Unterstützung herbei. Ich überlegte schon, ob ich überhaupt ausgehen oder alles abbrechen sollte. Schließlich beschloss ich aber, dass ich es nicht zulassen würde, dass diese Person mein Leben oder meinen Geburtstag ruinierte. Und der Abend war es wert, ich realisierte nämlich erst richtig, dass mei-

ne Freundin mich genauso unterstützt hatte, wie ich immer sie. Seit dem Zeitpunkt sind wir ein Paar.

42. Jahr

Dieses Jahr bringt uns ein weiteres kosmisches Ereignis. Neptun, der Träumer und Konzeptentwickler, steht nun im Quadrat zur Geburtsposition. Das heißt, wir werden in unseren Visionen einen Wendepunkt erleben. Uranus, der große Störenfried, begibt sich nun in die Opposition zu seiner Position in unserem Geburtshoroskop. Wir müssen uns zusammenreißen und auf eine Midlifecrisis gefasst machen! Mit 42 Jahren werden wir feststellen, dass wir unsere alten Ideale verlieren. Diese Veränderung wird sich im nächsten Jahr noch fortsetzen. Manche stürzt der Verlust einer alten Weltsicht in Depressionen. Halten Sie durch und bleiben Sie für neue Ideen offen. Das Traumleben wird nun aktiver. In der Tiefe regen sich neue Werte und Wünsche. Wenn wir daran arbeiten, sie in unser Bewusstsein zu bringen, finden wir auch eine neue und passende Lebensphilosophie.

Um den Stress noch zu verstärken, steht der Wohlstand liebende Pluto auch noch im Quadrat zur Geburtsposition. Pluto rührt an Themen wie Sexualität und Tod, weshalb unsere Seelen zu dieser Zeit auch eine tiefe Reinigung erfahren. Dieser Prozess kann bis zum Alter von 46 Jahren andauern. Die frühen Vierziger können schwierig sein, müssen es aber nicht. Die Schicksalsgöttinnen weben unser persönliches Schicksal in den Stoff ein, der die Geschichte unserer Generation erzählt. Wenn Sie sich bereits im Einklang mit den Änderungen befinden, die die Sterne bringen, kann es auch ein großartiges Jahr werden.

Susanne zum Beispiel genießt es, 42 zu sein. Sie berichtet:

Ich mache mir endlich keine Sorgen darüber, was die anderen von mir denken. Ich bin noch gut in Form, körperlich gesund, aber kein Kind mehr. Ich lasse mich nicht mehr von anderen Leuten herumschubsen, weil ich nicht mehr davon überzeugt bin, dass sie mehr wissen oder mehr Lebenserfahrung haben als ich. Ich glaube nicht mehr, dass die anderen immer das Recht haben, Führungsrollen in meinem Leben zu übernehmen und ich ihnen nur folgen muss. Das dritte Jahrzehnt in meinem Leben lief viel besser als die zweite Dekade. Und das zweite Jahrzehnt war besser als das erste. Wenn das so weitergeht, dann kann das fünfte Jahrzehnt ja nur noch fabelhaft werden und im sechsten oder siebten werde ich ein perfektes Leben haben. Betrachtet man meine Familiengeschichte und die Gene ist es wahrscheinlich, dass ich meinen 100. Geburtstag noch erleben werde. Ich glaube, dass im Alter alles immer besser und besser wird. Und darauf freue ich mich.

Der Geburtstag

An Ihrem 42. Geburtstag können Sie eine Party für Ihre Träume geben. Feiern Sie allein oder mit nur wenigen anderen Leuten Ihres Alters. Laden Sie Neptun zu dieser Party ein. Dekorieren Sie den Raum in Blau und Lila und wählen Sie Motive aus der Unterwasserwelt aus. Legen Sie dazu *Neptun, der Mystiker* aus dem Werk *Die Planeten* von Gustav Holst auf oder *La Mer* von Debussy. Auch Klänge vom rauschenden Meer sind geeignet. Wenn Sie an einer Küste leben, gehen Sie zum Strand oder verbringen Sie ein Wochenende in einem Haus am Meer.

Lassen Sie sich zum Abendessen Fisch oder Meeresfrüchte schmecken, blasen Sie die Geburtstagskerzen aus und entspannen Sie sich bei einer guten Flasche Wein oder einem wohl duftenden Kräutertee. Lassen Sie Ihre Gedanken frei zur Musik fließen. Befragen Sie Ihr Unbewusstes, was es wirklich möchte, und stellen Sie sich vor, wie Sie diese Frage in das tiefe Meer werfen. So wie sie in den Strömungen treibt, lassen Sie auch Ihre Gedanken treiben. Halten Sie einen Notizblock bereit und schreiben Sie alles auf, was Ihnen dabei in den Sinn kommt.

43. Jahr

Während des Übergangs werden alle Möglichkeiten neu geordnet. Das Gute daran ist, dass die neuen Ziele recht schnell deutlich werden. Neue Muster bilden sich, aber es kann eine Weile dauern, bis sich die Ergebnisse zeigen. Insbesondere kreative Menschen haben nun vielleicht eine Durststrecke vor sich, in der sie wenige Erfolge verbuchen können. Die Veränderungen, welche die gesamte Generation betreffen, interagieren mit der Entwicklung der einzelnen Menschen.

Keine Panik. Ergreifen Sie diese Gelegenheit, um Ihr Leben neu zu bewerten. Opfern Sie etwas Zeit für Selbstprüfungen, Erholung und Erneuerung. Es gibt keinen Grund, durch diese Zeit zu hetzen und Ihre Energie zu verschwenden. Leugnen Sie diesen wichtigen Wendepunkt nicht. Wenn Sie nicht jetzt mit Ihren Problemen umzugehen lernen, wenn Sie die Sterne hinter sich wissen, werden nicht abgeschlossene Angelegenheiten Ihre Fähigkeiten einschränken. Sie werden dann nicht in der Lage sein, aus der guten Energie, die Sie jetzt erhalten, Nutzen zu ziehen. Die Gelegenheiten, die Ihren Bedürfnissen entsprechen, werden sich allmählich selbst offenbaren. Und Sie können Ihre Entwicklung mit der Entwicklung Ihrer Generation in Einklang bringen.

Die Veränderung der Seele dauert einige Zeit – es ist eine Zeit täglicher Entdeckungen. Vielleicht finden Sie eine Philosophie, die Ihnen Trost spendet. Versuchen Sie zu erspüren, wie alle Lebewesen miteinander verbunden sind. Spiritualität ist gut, wenn sie mit gesundem Menschenverstand die Lebensqualität verbessert.

Es kann ein Jahr voller Widersprüche sein. Deborah erzählt, dass sie sich mit 42 manchmal wie sechs und manchmal wie 600 Jahre alt gefühlt habe. „Wenn ich mich viel bewege, fühlt es sich auch gut an, in diesem Alter zu sein. Ich bin dann stark, energiegeladen und ausgeglichen. Wenn die Gelenke weh tun, ist es der blanke Schmerz. Ich kenne jetzt meine Grenzen besser. Ich überschätze mich nicht mehr so oft und kann mehr erledigen."

Es kann auch ein Jahr neuer Verantwortlichkeiten sein. Als Marion Zimmer Bradley beschloss, die Dachorganisation aufzulösen, die neben vielen anderen Gruppen auch dem Frauenzirkel *Darkmoon* Schutz geboten hatte, musste Diana aus ihrem Schattendasein als Priesterin heraustreten und sich dazu entscheiden, die Reorganisation der Gruppe unter dem Namen *Fellowship of the Spiral Path* zu übernehmen.

Z erinnert sich:

Am Anfang meiner Vierziger gründete ich den Hexenzirkel „Laughing Goddess" in der Bay Area mit etwa 17 Frauen. Eine Zeit lang war es der Himmel auf Erden. Unten in Los Angeles hatte ich öffentliche Rituale geleitet, aber hier in Nordkalifornien gab es viele andere Gruppen, zwischen denen die Menschen wählen konnten. Deshalb wurden die Zirkel nur auf Einladung abgehalten. In Wahrheit war ich der Leitung großer Gruppen ohne Mikrofon müde geworden. Hier konnte ich mich besser auf die persönlichen Belange und nicht so sehr auf die politischen konzentrieren. Ich sprach nach wie vor über die Bedeutung der Rückbesinnung auf die Göttin, aber es war für mich auch eine Zeit, in der ich meine lesbische Identität erforschen konnte.

Der Geburtstag

Dies ist nicht das richtige Jahr, um eine große Geburtstagsparty abzuhalten. Halten Sie sich stattdessen von Zerstreuungen fern. Sie können zum Zelten fahren oder in einem Hotel übernachten – es ist wichtig, ein paar Tage auszuspannen, ohne sich von anderen Personen ablenken zu lassen. Denn an diesem Geburtstag kommen Ihre Vorfahren zu Besuch.

Sobald die Nacht hereinbricht, zünden Sie drei Kerzen in Haltern an, die neben einem kleinen Geburtstagskuchen stehen. Die schwarze ist für das Universum und den Kessel der Schöpfung, die rote für das eigene körperliche Leben, das nun wie guter Wein reift, und die weiße Kerze ist für die Geisterwelt, aus der Sie kamen und in die Sie zurückkehren werden. Zünden Sie auch etwas Weihrauch oder Myrrhe an. Wenn Sie sich in einem geschlossenen Raum befinden, öffnen Sie ein Fenster. Ebenso öffnen Sie die Pforten Ihres Geistes.

Während Sie die letzte Kerze anzünden, sprechen Sie etwa Folgendes:

Ahnengeister in der Nähe –
Lasst Euch von den gerechten Winden hierher tragen.
Süßer Duft erwartet Euch,
Lasst Euch sanft an meiner Seite nieder ...

Bleiben Sie ruhig und öffnen Sie Ihr Bewusstsein. Fühlen Sie eine Präsenz neben sich? Ahnen Sie, wer es sein könnte? Sprechen Sie mit dem Geist über Ihr Leben, Ihre Hoffnungen und Ihre Bedürfnisse. Zünden Sie nun die Kerze auf dem kleinen Kuchen an und laden Sie den Geist ein, ihn mit Ihnen zu teilen. Verwenden Sie dazu folgende Worte:

Mit diesem Kuchen, der hier wartet,
Teile ich die Süße meines Lebens.
Die Liebe, die wir teilen, hat dich zu mir gebracht,
Wir teilen die Liebe, die du gegeben hast.

Schneiden Sie ein Stück vom Kuchen für den Vorfahren ab und legen Sie es beiseite. Dann nehmen Sie sich selbst auch ein Stück.

Wenn Sie Tarot-Karten haben, ziehen Sie drei Karten aufs Geratewohl und sehen Sie sie sich an. Welche Weisheit halten die Geister für Sie bereit?

Gehen Sie dann allein schlafen. Eventuell haben Sie prophetische Träume, schreiben Sie diese auf.

44. Jahr

Heron hat eine gute Geschichte zum 44. Geburtstag:

Es war März in Connecticut, und meine Mutter hatte Geburtstag. Ich war damals fünf Jahre alt. Der März brachte damals Unmengen Schnee in unsere kleine Stadt und ich liebte ihn. Schnee ist magisch, wenn man jung ist. Und auch heute noch finde ich den ersten Schneefall zauberhaft, selbst wenn die Flocken schon schmelzen, bevor sie den Boden berühren. Mein Vater küsste meine Mutter zum Abschied und fuhr zur Arbeit. Ich beobachtete ihn, wie er etwas auf unserer kleinen Veranda in den Schnee zeichnete. Als ich verstanden hatte, was es war, fand ich die Idee süß. Er winkte, fuhr los und hinterließ im Schnee metergroße Zahlen. 44 war da mit sehr viel Liebe in den Schnee geschrieben worden.

Mein Vater ist vor sechs Jahren gestorben. Ich lebe jetzt in Virginia und spreche einmal pro Woche mit meiner Mutter in Connecticut.

Ich sehe sie etwa alle paar Monate einmal. Von beiden Elternteilen habe ich einen anderen spirituellen Glauben mit auf den Weg bekommen. Ich bin gebunden, aber war nie verheiratet, sondern verbunden mit dem gleichen Geschlecht. Ich wollte nie Kinder haben, aber die kleine Geste, die er da für sie in den Schnee gezeichnet hatte, wird immer in meinem Gedächtnis bleiben. Ich glaube 44 ist ein gutes Alter. Das Leben mit chronischer Migräne ist manchmal nicht leicht, aber diese erzwungenen Ruhezeiten geben mir Raum, meine Geschichten in meinem Kopf auszuarbeiten. Die Musen waren sehr großzügig zu mir. Ich weiß im Moment sehr gut, wer ich bin, besser denn je zuvor in meinem Leben. Das ist ein Segen. Ich habe zwar nicht mehr den Körper einer 22-Jährigen, aber die Weisheit hat mich dafür mehr als entschädigt. Ich muss meinen Geldbeutel oft etwas enger schnüren, aber dafür bin ich reich an Freunden.

In der Mitte unserer Vierziger verabschieden wir uns von unserer närrischen Jugend. Saturn geht nun in Opposition zur Geburtsposition. Wie unsicher wir uns auch fühlen, ab jetzt erwartet das Universum von uns, dass wir uns wie Erwachsene benehmen. Jetzt ist Schluss damit, unsere Kindheit für unsere Probleme verantwortlich zu machen. Wir tragen die volle Verantwortung für unsere Taten. Positiv ausgedrückt: Wir sind dazu auch bereit! All die Gewissensprüfungen, denen wir uns unterzogen haben, seit wir 40 wurden, kommen uns jetzt zugute. Wir müssen lernen, zu verzeihen und zu lieben, und jene segnen, die uns auf die Welt gebracht haben, welche Fehler auch immer sie haben. Mit 44 Jahren besitzen wir genug Erfahrung, um zu verstehen, dass sie das Bestmögliche getan haben, genauso wie wir.

An diesem Punkt können unerledigte Aufgaben noch einmal auftauchen. Wir müssen sie endlich angehen, damit wir vorwärts kommen können. Alte Gefühle der Unzulänglichkeit werden durch neu entwickelte Ambitionen herausgefordert. Das Leben kann nicht nur im Augenblick gelebt werden; es muss auch Tiefgang, Wahrheit und Bedeutung haben. Dies ist nicht immer einfach. Es kann das ganze Jahr dauern, bis wir uns darauf eingestellt haben.

Sofie berichtet:

Als ich 44 wurde, fühlte ich mich irgendwie reifer als je zuvor in meinem Leben. Ich hatte das Gefühl, alles was ich bisher getan hatte, hat zu diesem Moment hingeführt, obwohl es erst fünf Tage her ist, seit ich 44 geworden bin. Außerdem habe ich das Gefühl, dass es sehr wichtig ist, mich meiner Spiritualität zu erinnern. Ich weiß, welche Bedeutung sie in meinem Leben hat und weiter haben wird. Ich glaube, ich kann jetzt besser mit einigen Problemen in Bezug auf meine Selbstachtung umgehen, zum Beispiel mit meinem permanenten Abnehmwahn. Ich habe mir jedes Mal gesagt: „Diesmal ist es meine letzte Diät." Und dabei den Jojo-Effekt nicht beachtet. Heute fühle ich mich gut gerüstet, mit jenen Dingen fertig zu werden, denen ich früher irgendwie ausgeliefert war.

Der Geburtstag

Okay, wir sind jetzt alle erwachsen. Also beweisen Sie es. Erstellen Sie eine Liste von Leuten, von denen Sie verletzt worden sind und schreiben Sie auf, wie das geschehen konnte. Lassen Sie die einzelnen Erinnerungen auftauchen. Denken Sie darüber nach – machen Sie sich den Schmerz noch einmal bewusst und lassen sie ihn dann gehen. Wenn Sie nach wie vor Kontakt zu den Personen haben, schreiben Sie einen Brief, in dem Sie erklären, wie Sie sich gefühlt haben und dass Sie ihnen vergeben haben. Wenn sich jemand dessen nicht bewusst war, wie tief er sie gekränkt hat, wird Ihr Verzeihen zu seiner spirituellen Entwicklung beitragen. Wenn die Person es wusste, kann ihr Schmerz durch Ihre Vergebung gelindert werden.

Legen Sie diese Liste in eine feuerfeste Form und verbrennen Sie sie darin. Schütten Sie die Asche in fließendes Wasser oder lassen Sie sie vom Wind fortwehen. Sprechen Sie dazu:

Verletzung und Hass, Abneigung und Neid,
Alle Schmerzen aus der Vergangenheit lasse ich jetzt gehen –
Hinfort, hinfort, hinfort!

Zünden Sie dann Ihre Geburtstagskerzen an. Nennen Sie für jede Kerze eine Eigenschaft, die Sie in Ihr Leben bringen möchten.

45. Jahr

Gratulation! Mit 45 Jahren sind Sie in der Mitte Ihres Herrschaft angekommen. Dies ist ein Wendepunkt. Sie können nun zurück blicken und bewerten, was Sie bisher getan haben. Wenn es ein Muster in Ihrem Leben gibt, werden Sie es jetzt erkennen. Saturn ist nach wie vor in Opposition zur Position in Ihrem Geburtshoroskop und wird dort auch bis zum nächsten Jahr bleiben. Erinnern Sie sich daran, wie es sich anfühlte, 15 Jahre alt zu sein? Machen Sie sich bereit, einige dieser Gefühle noch einmal zu erleben.

An diesem Punkt werden viele von uns ruhelos und halten Ausschau nach anderen Möglichkeiten, um das zu tun, was wir noch tun müssen. Oder wir werfen die Vorsicht über Bord und beginnen etwas ganz Neues. Diesen Zustand nennt man *Midlifecrisis*. Er verursacht Depressionen und Enttäuschungen. Sie blicken zurück auf den Weg, den Sie nicht eingeschlagen haben und sehnen sich nach einem besseren Leben. Venus erwacht und zeigt ihre Kraft. Sie bewirkt, dass Männer mit ihren jüngeren Sekretärinnen durchbrennen oder sexy Sportwagen kaufen, die sie sich nicht leisten können. In manchen Fällen haben sie auch endlich ein *Coming-out* als Homosexuelle. Frauen verlassen ihre Familien, nehmen sich männliche Liebhaber oder beschließen, dass sie lesbisch werden. Andere werden depressiv und versuchen sich umzubringen.

So muss es nicht sein. Die Ängste der Midlifecrisis können auch als Weckruf interpretiert werden und nicht als Warnsignal. Ein bewusstes Leben ermöglicht es uns, die energetische Veränderung vorherzusehen und zu nutzen. Es ist harte Arbeit, ein Mensch zu sein. Die Tatsache, dass wir es so weit geschafft haben, ist ein Sieg und keine Tragödie. Holen Sie Ihre alten Träume hervor und stauben Sie sie ab. Das Beste kommt erst noch.

Marina nimmt die Midlifecrisis als Herausforderung:

Manchmal wache ich nachts mit Herzklopfen auf und frage mich, ob ich genug Geld habe, durch das Jahr zu kommen. Zur Beruhigung holte ich meine Kontoauszüge heraus, aber das bereitete mir nur noch größere Sorgen. Ich beschloss schließlich, das Beste aus meiner Schlaflosigkeit zu machen und begann, einen Roman zu schreiben. Das hilft mir mein Bewusstsein zu schärfen. Niemand wird ihn je lesen, aber es verschafft mir gefühlsmäßig Erleichterung. Nach ein paar Seiten werde ich müde und dann kann ich wieder schlafen.

Roy meint:

Die Arbeit ist hart und ich fühle mich alt. Meine Knie knacken, wenn ich zu lange knien muss, und meine Knochen scheinen viel häufiger zu schmerzen. Aber die Leute, mit denen ich arbeite, sind wirklich nett und diesen Teil der Arbeit mag ich sehr. Wenn ich nicht arbeite, fühle ich mich jung und frei. Ich habe immer nach dieser Philosophie gelebt: „Man muss nicht erwachsen werden, sondern nur zur richtigen Zeit Verantwortung übernehmen." Und mit dieser Einstellung ist das Leben immer ein großes Abenteuer. Spaß ist normal. Manchmal legt mir mein Körper Grenzen auf. Ich kann nicht mehr alles machen, aber die Beschränkungen sind klein und ich habe keine Angst davor. Ich weiß, dass ich mit 45 Jahren die Hälfte meines Weges durch das Abenteuer hinter mir habe, aber ich glaube nicht, dass mich das alt macht. Ich fühle mich im Herzen jung und sehe in meiner Zukunft noch vieles vor mir. Wenn ich andere Leute in meinem Alter ansehe, kommen sie mir älter vor als ich. Sie tun mir dann sehr Leid, denn das Leben muss nicht so hart sein.

Nehmen Sie Ihr Leben kritisch unter die Lupe. Fühlen Sie sich gefangen oder durch Ihre Beschäftigung angeregt? Es zählt nicht das Geld, das Sie mit Ihrer Arbeit verdienen, sondern, ob sich die Zeit auszahlt, ob Sie zufrieden sind und Weisheit erlangen. Wenn Sie Ihre Arbeit nicht mögen, fragen Sie sich selbst, was Sie stattdessen lieber machen würden. An diesem Punkt im Leben haben einige Menschen Ihren Beruf gewechselt oder sind zur Schule zurückgekehrt, um einen anderen Abschluss zu machen.

Für Diana waren die Mittvierziger auch eine Zeit spiritueller Entfaltung: „Genau als ich 45 wurde, besuchte ich eine Runen-Klasse. Das Lernmaterial konnte ich mir so gut merken, dass es sich anfühlte wie ein „Download". Im nächsten Jahr entwickelte ich eine Methode für Orakelarbeit, die in weiten Teilen der USA und in Europa angewendet wird."

Der Geburtstag

Stellen Sie an diesem Geburtstag die Seelenarbeit, die Sie geleistet haben, in den Mittelpunkt, indem Sie auf physischer Ebene altes Gepäck abladen. Misten Sie Ihren Schrank, Ihren Keller oder Ihre Garage aus und veranstalten Sie eine Entrümpelungs-Party. Haben Sie gerade das Kleid gefunden, das Sie sich zum 25. Geburtstag gekauft haben? Sie wissen, dass Sie es nie mehr anziehen werden und dass es jetzt nicht mehr zu Ihrer Person passt. Und was ist mit dem Schal, den Ihnen Ihre Tante vor zwei Jahren zu Weihnachten geschenkt hat? Sie werden ihn auch in Zukunft nicht schöner finden.

Wenn die Kleidung aufgetragen oder kaputt ist, werfen Sie sie weg. Wenn Sie noch gebrauchsfähig ist, präsentieren Sie die Dinge Ihren Freundinnen. Anstatt Geschenke von ihnen zu erhalten, geben Sie diesmal Dinge fort. Während Sie den Geburtstagskuchen essen, können Sie erzählen, woher die einzelnen Stücke stammen und was Sie Ihnen bedeutet haben. Was danach noch übrig ist, geben Sie an die Wohlfahrtsverbände.

46. Jahr

Bis zum Jahresende wird Saturn aus der Opposition herauswandern. Sie hatten Ihren Weckruf und nun werden Sie sehen, was vor Ihnen liegt. Es ist noch nicht zu Ende. In Ihrem Leben beginnt gerade ein ganz neues Kapitel. Es ist eine große Erleichterung, sich wieder wichtig vorzukommen. Es ist nun an der Zeit, eine langsame, gemütliche, aber definitive Änderung vorzunehmen. Für kreative Menschen sind die Prüfungen nun vorbei und die harten Zeiten sind zu Ende.

Wie sich die Dinge nun entwickeln, hängt davon ab, was Sie in Ihrem ersten Lebensabschnitt erreicht haben oder wie Sie mit den Problemen umgegangen sind, die Uranus, der große Veränderer, aus Ihrem Unbewussten hervorgeholt hat. Es gibt keine Vorhersage, die für alle zutrifft. Ob Fluch oder Segen, wir haben die freie Wahl. Das Universum baut das Haus, aber es liegt an uns, wie wir es einrichten. Um erfolgreich zu sein, müssen wir die uns verliehenen Gaben dazu nutzen, die Probleme zu lösen, die vor uns liegen. Das ist die Natur des organischen Lebens.

In der Mitte der Vierziger können diejenigen ihre Kindheit zurückerobern, bei denen sie kurz ausgefallen ist oder vereitelt wurde. Wer hingegen das Erwachsenwerden scheute und die Jugend in die Länge zog, kann sich nun aus der Selbstverstrickung lösen und Verantwortung für die eigenen Entscheidungen übernehmen. Welches Extrem wir auch immer gelebt haben, jetzt sollten wir es ausgleichen. Dies ist eine Zeit der Umkehr.

Sharon fand in Ihrem 46. Lebensjahr eine neue Erweckung:

Die Jahre meines Lebens haben einen inneren Teppich gewoben, dessen Muster sich langsam zeigt. Ich webe immer noch an Details, die noch nicht ganz entwickelt sind, während ich mich den Schicksalsgöttinnen öffne. Einige ursprünglich pastellfarbene Muster waren das Ergebnis einer Erziehung durch ein exzentrisches, aber liebevolles, katholisches Elternpaar in der Babyboom-Zeit. Das Leben hielt erst Einzug, als ich bemerkte, dass ich nach der Nadel greifen und mir selbst neue, pulsierende Farben für die Fäden aussuchen konnte. Ich nähte in den funkelnden Farbtönen der neuen Musik, der Sakramente, der neuen Kulturen, Philosophien und Lebensstile. Die Geburten meiner Töchter fügten tiefere Farbabstufungen hinzu. Es entstanden neue Muster, weil Generationen durch mich miteinander verflochten wurden.

Mit 46 fühle ich mich dazu bereit, mich selbst noch einmal neu auf die Welt zu bringen. Ich wähle neue Fäden aus, die weiter denn je zuvor reichen müssen. Sie sollen mich auf neue Art mit der Welt verknüpfen. Ich webe mehr Dienste an der Umwelt und Gemeinde und mehr politische Aktionen in meine persönliche Geschichte hinein. Ich habe Jahre damit verbracht, mich von meinem Herz-Chakra nach oben auszudehnen. Jetzt bin ich etwas geerdeter und lebe bewusst in meinem Körper, meinem Tempel.

Mit 46 gibt es weniger feine goldene Strähnen in meiner Haarmähne, und die wachsweißen sind ungeheuerlich, denn sie stehen wie Antennen ab. Sie sind stark und frei und entsprechen überhaupt nicht meinem Wunsch, gepflegt auszusehen. Aber sie scheinen wie eine symbolische Vorhersage für mich zu sein. Ich freue mich auf die Jahre meiner Weisheit.

Aber nicht jeder Mensch macht dieselben Erfahrungen. Linda erzählt: „Ich habe mir an meinem letzten Geburtstag eine Massage gegönnt, denn ich brauchte eine Erinnerung daran, dass das Leben in meinem Körper nicht nur aus Mühen und Schmerzen besteht. Ich fühle mich, als hätte ich in die Mitte meines Lebens nur sehr wenig mitgebracht. Ich habe gelernt, dass ich mich auf nichts verlassen kann, dass ich mich nicht sicher fühle. Mit 46 Jahren trete ich in ein neues mysteriöses Lebensstadium ein, und die Geschichte muss sich erst noch entfalten."

Der Geburtstag

Um Balance in Ihr Leben zu bringen, sollten Sie sich an diesem Geburtstag etwas Zeit nehmen, um das Muster Ihres Lebens zu analysieren. Machen Sie dann das Gegenteil! Wenn Sie immer diejenige waren, die sich um andere gekümmert hat, dann werden Sie jetzt wieder zum Kind. Gehen Sie in den Zoo oder an den Strand. Amüsieren Sie sich mit Partyspielen. Blasen Sie Luftballons auf und essen Sie viele Süßigkeiten. Setzen Sie anstelle von 46 nur sechs Kerzen auf Ihren Kuchen.

Wenn Sie jedoch feststellen, dass Sie eher zu selbstbezogen waren, verbringen Sie diesen Geburtstag damit, etwas für andere zu tun. Haben Sie eine Freundin, die schon länger nicht mehr ausgegangen ist? Bitten Sie sie um ihre Gesellschaft und laden Sie sie zu Ihrem Geburtstag ein. Kochen Sie für alle Ihre Freunde ein leckeres Essen. Wenn Sie nichts zurückgeben können, geben Sie es im Voraus. Suchen Sie eine Organisation, die freiwillige Helfer benötigt.

47. Jahr

In diesem Jahr schließen wir die Arbeit der letzten zwei Jahre ab. Der Stoß, den Uranus Ihnen versetzt hat, hat seine Wirkung getan und Sie in eine neue Richtung geführt. Jetzt müssen Sie sich mit den Folgen dieses Energieschubs beschäftigen, denn nun kann die Midlifecrisis so richtig beginnen. Das hat auch eine gute Seite, denn unser Körper ändert sich ebenso wie unsere Psyche. Die hormonelle Veränderung, die uns von der Natur verordnet wird, ist im Anmarsch. Bei einigen Frauen beginnt nun die Perimenopause – ein Zustand, der leider stark an die Zeit vor der Pubertät erinnert. Auch wenn eine sorgfältige ärztliche Untersuchung eine gute Idee ist, lassen Sie sich von den ersten Anzeichen nicht erschrecken. Die Natur läutet nur eine Warnglocke.

Das bedeutet natürlich nicht, dass wir uns nicht mehr für Sex interessieren, aber er muss jetzt Seele haben. Leider beginnen die Männer genau dann abzubauen, wenn die Frauen an einem Punkt angelangt sind, an dem sie nach einer bedeutungsvollen Romanze suchen. Einige Männer verlieren nicht nur ihr Haar, sondern auch ihre Libido. Beide Geschlechter kämpfen gegen das Alter. Alte Männer und alte Frauen verweigern sich gleichermaßen.

Aber es geschieht auch noch etwas anderes. Wir erkennen zwar, dass unsere Körper sterblich sind, doch gleichzeitig werden wir uns der glückseligen Unsterblichkeit unserer Seelen bewusst. Die Seele reift anstatt zu altern, anders als ihr Partner – der Körper. Wir haben diese Wahrheit immer schon gekannt, aber jetzt stehen wir ihr gegenüber. Als wir geboren wurden, waren sowohl Körper als auch Seele kindlich. Jetzt trennen sich ihre Wege.

Monika sagt: „Persönliche Gesundheit ist in diesem Jahr für mich viel wichtiger geworden. Ich habe meinen Körper zwar auch früher nicht missbraucht, aber ich habe ihn auch nicht besonders gut behandelt. Das Resultat war: Bluthochdruck, Diabetes, Fibromyalgie ... Ich habe meine Weltsicht verändert und gebe nun auch besser auf mich selbst Acht anstatt mich dauernd um den Rest der Welt zu kümmern."

Mit 47 Jahren tragen wir die Verantwortung für unsere eigene Entwicklung.

Von Gabriele aus Deutschland kommt dieser Bericht:

Wenn ich mein Leben als Wanderung betrachte, dann befinde ich mich heute auf dem Gipfel. Ich kann zurückblicken und den Weg erkennen, den ich gegangen bin. Scharfe Felsen ließen mich straucheln und fallen, Erfahrungen verletzten mich und Verletzungen heilten wieder. Die schwierigen Wegstrecken haben mich gestärkt. Es gab Stücke, auf denen ich meinen Weg verloren habe, falsche Entscheidungen, falsche Abzweigungen und Umwege, die vielleicht vermieden hätten werden können. Aber diese falschen Wege und Umwege haben mir Erfahrungen und neue Erkenntnisse eingebracht. Es gab wunderbare Streckenabschnitte, Wiesen für die Rast, Bäche zum Stillen des Durstes, Menschen, die wirklich gute Freunde geworden sind und Momente des Glücks und der Liebe. Das ist die Vergangenheit. Ich möchte sie nicht missen, aber es gibt keinen Grund, wieder in mein früheres Leben zurückzukehren.

Ich bin am Gipfel des Lebens angelangt und kann deshalb in die Zukunft sehen. Der Abstieg ist angenehmer als der erste Teil des Weges. Ich sehe in der Ferne bereits mein Ziel, den Fluss, der mich zurück in den ewigen Ozean bringt. Ich kann nicht nur das Ende des Lebens sehen, sondern auch den Weg vor mir. Auch hier werden wieder scharfe Felsen liegen, aber ich habe die Kraft, diese Schwierigkeiten zu überwinden.

Sicherlich werde ich von Zeit zu Zeit von meinem Weg abweichen und Abstecher unternehmen, um neue Erfahrungen und Erkenntnisse zu gewinnen. Ich freue mich schon sehr auf die schönen Strecken des Wegs.

Der Geburtstag

Diesen Geburtstag sollten Sie mit engen und vertrauten Freunden verbringen. Gehen Sie zusammen zu einer Massage oder in die Sauna oder entspannen Sie sich zu Hause. Zünden Sie Kerzen im Zimmer an und legen Sie leise Musik auf. Wenn Sie eine Badewanne haben, nehmen Sie ein langes, heißes Bad. Legen Sie Handtücher bereit und bieten Sie unterschiedlich duftende Massageöle an. Massieren Sie sich gegenseitig.

Servieren Sie Essen und Getränke, die Sie wirklich mögen. Nachdem Ihre Freunde auf Sie angestoßen haben, sprechen Sie selbst einen Toast auf Ihren Körper aus! Sagen Sie zum Beispiel:

„Ich möchte auf meinen treuen Körper, meinen Begleiter und Partner trinken. Er ist so viele Jahre jeden Morgen mit mir aufgewacht und jeden Abend mit mir schlafen gegangen. Mein treuer Diener, mein bester Geliebter – Ruhm und Dank sei dir, liebster Körper, dass du mich atmen, mein Herz schlagen und meine Muskeln bewegen lässt. In Dankbarkeit verspreche ich, für den Rest dieser Reise gut auf dich aufzupassen, damit wir beide ein gesundes hohes Alter erreichen! Sei gesegnet!"

Dann feiern Sie Ihre Party weiter.

48. Jahr

Gerade wenn wir annehmen, alles verstanden zu haben, gibt es einen neuen kosmischen Faktor in der Gleichung: Jupiter, der Glücksbringer, kehrt zum vierten Mal an die Geburtsposition zurück. Er bringt neue Gelegenheiten, Potenzial und Wachstumschancen. Was wollen wir mehr? Dies ist ein gutes Jahr – der Nebel hat sich gelüftet und die Angst ist gewichen. Wir entdecken mit Freude, wie weit wir gekommen sind. Alles macht jetzt so viel mehr Sinn.

Wir müssen diese Energie für unser Wachstum nutzen. Jupiters Einfluss wird unser Interesse an Reisen, Studium und beruflicher Weiterbildung anregen. Mut kommt auf und gibt uns den Impuls, Risiken einzugehen. Aber wir müssen aufpassen, damit wir uns nicht zu sehr mitreißen lassen. Nehmen Sie sich auch Zeit für Meditationen, damit die Seele nicht zurückbleibt. Jupiters Energie betrifft jeden Aspekt unseres Lebens. Langjährige Muster, ob in Beziehungen oder im Beruf, sind nun bedroht, wenn wir sie nicht bereits früher neu bewertet haben.

Zur gleichen Zeit befindet sich Saturn in der Quincunx-Position. Wir blicken nach draußen und unsere Identität wird von der Welt herausgefordert. Wir werden vielleicht etwas durchsetzungsfähiger, aber auch die inneren Werte müssen herausgefordert und zur Unterstützung unserer Handlungen konzentriert werden.

Diana erinnert sich: „Meine Mitwirkung an der physischen Welt drückte sich in meinem neu erwachten Interesse an Gar-

tenarbeiten aus. Ich wühlte mich mit Leidenschaft durch unseren Vordergarten, entfernte Efeu, der sich schon überall ausgebreitet hatte und pflanzte heimische Pflanzen und Kräuter an. Diese Aktivität band meine überschüssigen Energien und unterstützte gleichzeitig das Wachstum."
Debra schreibt:

Körperlich fühle ich mich jung und schön. Mein Herz ist ruhig und friedvoll, doch mein Geist ist wild und frei. Ich habe gelernt, dass das Leben zwar nicht immer toll läuft, aber aus vielen schönen Momenten besteht. Und ich habe gelernt, dass auch die nicht so schönen Momente im Grunde notwendig waren, um mich zu jener göttlichen Frau zu machen, die ich heute bin. Ich habe gelernt, dass es sich besser anfühlt, zu vergeben als sich zu rächen. Wenn mal etwas nicht „perfekt" scheint, dann ist es das trotzdem, denn genau so wurde es von einer höheren Macht geplant. Ich habe gelernt, dass ich nicht zu leidenschaftlich sein darf, nicht zu sehr lieben darf und mich nicht zu sehr sorgen darf. So wie es ist, ist es in Ordnung. Und wie niedergeschlagen man auch nach manchen Erlebnissen ist, man kann immer wieder wie Phoenix aus der Asche auferstehen. Das ist nicht immer einfach. Aber am wichtigsten ist, dass ich gelernt habe, mich selbst zu mögen.

In diesem Alter erkennen viele Frauen, die ihre Jahre bisher der Familie gewidmet haben, dass es an der Zeit ist, sich um sich selbst zu kümmern. Dieses neue Bewusstsein führt gelegentlich zu zwiespältigen Gefühlen gegenüber früheren Lebensentscheidungen, und Beziehungen mit Partnern, die nicht zu Veränderungen bereit sind, können darunter leiden. Nichtsdestotrotz ist dies eine heilsamere Antwort als die von Frauen, die sich nicht von ihren alten Rollen lösen können. Nun ist die Zeit gekommen, die Kinder in das eigene Leben ziehen zu lassen. Auf jeden Fall benötigen Sie jedoch einen Ausgleich in Ihrem Leben.

Wir sollten uns auch darüber klar werden, was mit den Männern in unserem Leben geschieht. Jetzt, wo sich die männlichen Hormone reduzieren, können viele Männer zum ersten Mal mit ihren unterdrückten Gefühlen umgehen. Der Mann vom Mars ist auf die Venus emigriert. Wenn sich ein emotional emanzipierter Mann verliebt, ist dies ein wichtiges Ereignis für ihn. Vielleicht stellt er fest: „Ich fühle mich, als wäre es das erste Mal in meinem Leben." Und damit hat er ganz Recht. Die Natur hat ihn endlich so sanft werden lassen, wie wir ihn uns, seit wir 20 sind, gewünscht haben. Die Dinge haben sich geändert.

Der Geburtstag

Heißen Sie den freundlichen Einfluss von Jupiter mit einem „königlichen" Fest willkommen. Dekorieren Sie den Raum in blauen Farben und spielen Sie *Jupiter, der Bringer der Fröhlichkeit* von der CD *Die Planeten* von Gustav Holst. Bei dieser Party sind Sie die Königin. Ihre Freunde sollten eine Krone und einen Thron für Sie bereithalten. Jupiter bringt Freude in Ihr Leben. Betonen Sie diese Freude, indem Sie einen Kuss auf die Reise schicken. Dazu setzen Sie sich mit Ihren Freunden in einen Kreis und küssen die erste Person rechts von Ihnen. Der Freund oder die Freundin gibt den Kuss weiter und so wandert er im Kreis herum bis er wieder zu Ihnen zurückkommt.

Da Sie die Königin sind, können Sie Ihre Begleitung für diesen Abend auswählen. Beauftragen Sie Ihre Freunde, Sie zu unterhalten. Es liegt dafür auch in Ihrer Verantwortung, Ihr Glück mit ihnen zu teilen. Wünschen Sie allen Gesundheit, Wohlstand und Weisheit. Seien Sie großzügig und verteilen Sie Schokoladen-Goldmünzen. Schenken Sie jedem Gast einen Glücksbringer.

49. Jahr

Dieses Jahr haben wir eine Glückssträhne. Wir stehen kurz vor der 50, aber unser Geist ist gerade erst volljährig geworden. Wie lange Sie auch leben, Ihr Geist wird immer diese dynamische Reife besitzen. Hoffentlich gibt Ihnen Ihr persönliches Schicksal die Energie, das zu tun, was Sie möchten. Schließlich ist unsere Arbeit von Bedeutung. Wir finden unsere Stimme, also jene

Ausdrucksform, die andere verstehen werden. Autoren schaffen nun Ihre besten Arbeiten.

Wir haben auch das Stehvermögen, ein gesundes, aktives Leben zu führen. Die Sexualität erblüht auch bei halben Gelegenheiten. Es ist also eine gute Zeit, einen Blick auf unser Leben zu werfen. Wir sollten unsere Wünsche prüfen und herausfinden, was uns noch fehlt. Wir sollten unseren Gerechtigkeitssinn sprechen lassen und uns für etwas Wichtiges einsetzen. Vielleicht können wir unserer Aufgabe in der zweiten Hälfte des zweiten Lebensabschnittes noch einmal eine andere Wendung geben. Dies sind die Jahre, in der wir zu Hohen Königinnen werden – wir sollten also großzügig sein. Es ist nun außerdem Zeit, uns als Mentorin einer jungen Frau anzunehmen, die in unser Wirkungsfeld eintreten möchte. Wenn wir unser Glück teilen, wird es sich vervielfachen.

Dieses Jahr muss dazu genutzt werden, den Geist zu kultivieren. Wir sollten in diesem Alter Früchte zeitigen und ein nobles Ziel anstreben. Wir müssen aber auch die physische Komponente, unseren Körper, mit einbeziehen. Bis zum 49. Lebensjahr erleben die meisten Frauen, die noch nicht in den Wechseljahren sind, die Perimenopause. Die ersten Symptome können subtil sein. Diana schrieb in diesem Lebensjahr in einem Weihnachtsbrief: „Der Frühling verlief angespannt, denn die Bezahlung für ein Buch traf vier Monate später als erwartet ein. Dies und die hormonellen Schwankungen vor der Menopause senkten in der ersten Jahreshälfte meine Produktivität. Dann erhielt ich mein Geld, verstand, was mit meinem Körper geschah, und nahm zur Kompensierung einige Kräuter und Vitamine ein. Seitdem bin ich wieder schwer beschäftigt und versuche, alles aufzuholen."

Glücklicherweise gibt es heute viele Informationen zur Menopause.

Laura meint:

Dies ist die glücklichste Zeit meines Lebens. Ich halte meinen 50. Geburtstag im nächsten Jahr für ganz zentral: Alle Entwicklungen, die ich in meinem Leben durchgemacht habe, haben mich an diesen Punkt gebracht. Ich lebe jeden Tag in Dankbarkeit für mein gutes Schicksal. Die langen Jahre finanzieller Kämpfe, Traumata und emotionaler Verwirrung sind jetzt nur noch Erinnerungen und haben ihren Giftstachel verloren. Dieses Jahr habe ich erfahren, dass ich eine bessere Künstlerin bin, als ich dachte. Ich bin durchsetzungsfähiger geworden und in vielen Bereichen souveräner und kompetenter. Außerdem erlebe ich gerade einen besonderen Zustand: Ich merke, dass ich jetzt plötzlich vergesslicher werde. Mein Körper ändert sich und bereitet sich auf die Wechseljahre vor. Ich beobachte das alles genau. Ich habe über 30 Pfund Gewicht verloren und nehme gesunde Gewohnheiten an. Hoffentlich trägt dies alles zu der Lebensqualität bei, die ich mir von meiner Zukunft verspreche.

Am Ende des 49. Lebensjahrs beginnen wir, in die Zukunft zu blicken.

Katrin berichtet:

Acht Wochen vor meinem 50. Geburtstag fühle ich mich, als schlüpfe ich aus einem Kokon – an jenem dunklen, eingeschränkten Ort fanden die Veränderungen nur in mir selbst und im Verborgenen statt. Ich war gefesselt und konnte nicht sehen, was geschah. Wenn ich jetzt spüre, dass meine Wohnung leer ist, seit meine Tochter aufs College geht, schlage ich mit meinen noch feuchten Flügeln und frage mich, wie es sich wohl anfühlen wird, zu fliegen. Ich weiß, dass es Dinge gibt, die ich jetzt noch nicht tun kann. Vorher muss ich anderes aufgeben, an dem ich noch arbeite. Aber ich treffe Entscheidungen und bin froh darüber, dass ich eine Wahl treffen kann. Ich stecke all meine Energie in diese Entscheidungen.

Lee sagt:

Eine Entzündung an der Fußsohle hat mich ausgebremst und meine Lebensqualität vermindert. Ich musste lernen, mich selbst und meine Füße zu lieben. Ich schenke ihnen mehr Aufmerksamkeit, denn sie müssen noch viele Kilometer hinter sich bringen, ehe ich mit diesem Leben fertig bin … Wenn ich einmal aufhöre in der Bibliothek zu arbeiten, würde ich mich gerne mit der Heilkunst befassen. Ich mag meinen heutigen Lebensstandpunkt, denn ich bin mir der Zukunft sicherer und weiß, dass die Göttin immer an meiner Seite ist.

Der Geburtstag

Der 49. Geburtstag kann eine Gelegenheit sein, ein großes Abenteuer zu erleben.
Laura berichtet:

„Ich ging zehn Tage zum Zelten mit meinem Liebsten. Das hatte ich mir mehr als alles andere gewünscht. Wir erkundeten große Lavatrichter, in deren Tiefen Eis lag, fuhren mit dem Kanu über hoch gelegene Gebirgsseen, sahen Wildblumen und Drehkiefern, Wasserfälle und Piktogramme, Fischadler und Adler. Wir bereiteten uns köstliches Gourmet-Essen zu und gestalteten unseren Campingausflug mit Komfort und Stil. Wir schmiedeten Pläne für eine gemeinsame Zukunft an einem wunderbaren Ort.

Lee erzählt: „Ich wurde auf dem *Goddess 2000 Festival* in La Honda, Kalifornien, 49 Jahre alt. Es war ein denkwürdiger Geburtstag, denn ich konnte tun, was ich tun wollte, und war dabei von den freundlichsten Geistern umgeben. Ich hatte die große Ehre, so viele wunderbare Menschen um mich zu haben."

Wenn Sie an diesem Geburtstag nicht verreisen, können Sie eine Party geben, die den Reichtum der Erntegöttin widerspiegelt oder anruft. Trinken Sie auf Bona Fortuna, die Göttin des Glücks und des Überflusses.

50. Jahr

Das Alter von 50 Jahren ist für uns alle eine verheißungsvolle Zeit. Der Asteroid Chiron kehrt zurück und bringt die Energie des „verwundeten Heilers" in unser Leben. Er verleiht Ihnen die Fähigkeit, sich zwischen konzeptionellen Galaxien – Kulturen, Jobs und Glaubenssystemen – zu bewegen. Es ist Zeit, das Beste aus sich selbst herauszuholen, ob als Manager bei der Arbeit oder als Lehrer. Wenn Sie die Lehren Chirons gut umsetzen, wird sich alles bestens entwickeln. Suchen Sie nach einer Möglichkeit, das weiterzugeben, was Sie gelernt haben. Wenn Sie das tun, wird

Ihr Leben eine Bedeutung erhalten und Sie stärker mit der menschlichen Familie verbinden.

Die Winde des Schicksals blasen in diesem Jahr aber auch aus Richtung des Saturns. Dieser Lehrer der Gesetze steht nun im Trigon zur Position in Ihrem Geburtshoroskop. Diese Konstellation bringt Glück und Harmonie. Sie erhalten jetzt, zur bedeutsamsten Zeit Ihres Lebens, die Segnungen von Saturn. 50 kann auch das richtige Alter sein, um neue Abenteuer zu beginnen. Da die Lebenserwartung zunimmt, rückt die Zahl 50 immer mehr in die Mitte der Lebensspanne. Das heißt, Sie befinden sich jetzt auf dem Höhepunkt. Wird dies der Anfang einer Erfüllung sein oder geht es ab hier nur noch bergab? Das liegt an Ihnen.

Wie Muhammed Ali im Jahr 1975 in einem *Playboy*-Interview sagte: „Ein Mann, der die Welt mit 50 Jahren genauso sieht, wie mit 20 Jahren, hat 30 Jahre seines Lebens vergeudet."

Barbara kommentiert:

Wenn ich mit einer jüngeren Frau spreche, kommt es mir manchmal so vor als blickte ich in einen Spiegel aus früheren Zeiten. Ich bin jetzt 50 Jahre alt und bemerke oft, dass ich ein anderes Reich betrete, in dem es weniger wichtig ist, die Beste zu sein, im Mittelpunkt zu stehen oder für großartig gehalten zu werden. Ich weiß ja, dass ich einmalig bin, eine von vielen Göttinnen in dieser Welt und dieses Wissen hilft mir, zu entspannen und einfach nur zu sein. Ich weiß, was ich kann, und kenne meine Grenzen. Ich möchte diese Grenzen immer noch gerne ausweiten und öffnen. Es liegen jetzt 13 Jahre als Medizinerin und 13 Jahre als Künstlerin hinter mir und ich bin gerade dabei in einen neuen Beruf zu wechseln, der diese beiden Erfahrungen verbindet. Es findet wieder einmal eine Veränderung statt, aber mittlerweile fühlen sich diese Veränderungen bereits normal an. Ich habe keine Angst mehr davor, meine Meinung direkt und mit starker Stimme zu vertreten ... Mein Körper ist zwar nicht mehr so beweglich wie vor 30 Jahren, aber mein Geist ist kreativ genug, um für diese Probleme Lösungen zu finden und darauf zu vertrauen, dass ich mich zur rechten Zeit am rechten Ort befinde ... Mein Alter fühlt sich einfach großartig an.

Sowohl Männer als auch Frauen spüren, dass es nun darum geht, zu einem eher geistigen Lebensansatz zu finden. Markus sagt: „Es fühlt sich an, als sei die erste Hälfte der Arbeit bereits getan. Jetzt kann ich meine Selbstzweifel hinter mir lassen und in dieser Inkarnation die wirklich wichtigen Dinge anpacken."

Der Geburtstag

50 Jahre! Ein halbes Jahrhundert! Dies ist Ihr Goldener Geburtstag! Ob Sie zu Hause oder in einem guten Restaurant feiern, besorgen Sie sich einen Kuchen mit Zuckerguss und fünf goldenen Kerzen – für jedes Jahrzehnt eine – darauf. Wenn Freunde nach Ideen für ein geeignetes Geschenk suchen: Etwas Goldenes, zum Beispiel ein Kettenanhänger oder ein astrologisches Medaillon mit Ihrem Sternzeichen, wäre zu dieser Gelegenheit passend. Tragen Sie an Ihrem Geburtstag eine Partykrone.

Das Ritual für dieses Jahrzehnt
Frei von Fruchtbarkeit

Wenn sie auf die 50 zugehen, nähern sich die meisten Frauen dem Ende ihrer fruchtbaren Jahre. Entweder befinden wir uns in der Perimenopause oder unsere Blutungen haben schon ganz aufgehört. Aber wir sind nicht annähernd bereit, uns selbst zu den Alten zu zählen. Ebenso wie die einsetzende Menstruation uns nicht zu erwachsenen Frauen machte, verwandelt uns ihr Aussetzen nicht sofort in alte Frauen. Tatsächlich ist in dieser Zeit für viele Frauen die körperliche Fruchtbarkeit sowieso kein Thema mehr, da sie sich für einen medizinischen Eingriff entschieden haben oder entscheiden mussten. Das Vergehen unserer Fruchtbarkeit betrifft uns auf psychischer und physischer Ebene gleichermaßen – es ist der Beginn einer Zeit der Veränderungen, die zehn bis 15 Jahre andauern kann.

Trotzdem müssen wir den Beginn dieser Veränderung ehren, so wie wir auch ihren Abschluss feiern werden. Wenn die Natur Ihnen den richtigen Zeitpunkt zum Feiern nicht deutlich signalisiert, wählen Sie eine Zeit zwischen Ihrem 49. und 50. Lebensjahr.

Vom Ablauf her ähnelt dieses Ritual dem Ritual „Willkommen im Reich der Frau". Beginnen Sie mit einem rituellen Reinigungsbad – inzwischen haben Sie Ihre eigenen Vorlieben für wohlriechende Badezusätze, benutzen Sie sie also. Wenn es die Situation erlaubt, laden Sie Ihre Freunde ein, mit Ihnen im Warmwasserbecken zu liegen. Denken Sie dabei über jene Dinge in Ihrem Leben nach, mit denen Sie sich nicht mehr beschäftigen müssen – das monatliche Theater mit der Menstruation, der psychische Druck, fruchtbar zu sein (oder so zu erscheinen), Denkweisen über sich selbst, die früher im Leben angebracht waren, jetzt aber überflüssig sind.

Eine Veränderung, die vielen von uns aufgefallen ist, betrifft unsere Beziehung zu unseren Müttern. Das pubertäre Mädchen muss das Band der Abhängigkeit, das es an seine Mutter bindet, durchschneiden und die Mutter muss es gehen lassen. Die Frau in der Menopause muss sich von verinnerlichten Bildern befreien, die sie an veraltete Vorstellungen binden, wie ihre Zukunft aussehen wird. Als unsere Mütter vor 20 oder 30 Jahren die Menopause durchmachten, ging diese körperliche Veränderung oft mit einem Abschied von der sexuellen Aktivität einher. Heute stellt sie eine neue Freiheit dar.

Wenn Sie ein genügend langes Bad genommen haben, steigen Sie aus der Wanne und trocknen Sie sich ab. Benutzen Sie parfümierten Puder oder Lotion, wenn Sie möchten, ziehen Sie ein bequemes Kleidungsstück an – einen Seidenkaftan oder Morgenmantel – in jeder Farbe außer Rot und gesellen Sie sich zu Ihren Gästen.

Wenn eine oder mehrere Ihrer Freundinnen die Menopause bereits hinter sich haben, sollten sie Ihnen den Weg versperren, sich dann mit einer Gruppenumarmung um Sie scharen und Sie schließlich in den Raum gehen lassen. Die Arme Ihrer Schwestern sind der Schoß der Weisheit, aus dem Sie nun geboren werden. Wenn Sie die Erste aus Ihrer Gruppe sind, die diese Veränderung erlebt, lassen Sie Ihre Freundinnen ein rotes Band locker um Sie herumbinden. Sobald Sie die Tür erreicht haben, reißen Sie das Band auseinander. Wie immer Sie es handhaben, wenn Sie durch die Tür gehen, verkünden Sie, dass dies der erste Tag Ihres neuen Lebens ist.

Bilden Sie einen Sitzkreis, umgeben von einer Fülle Ihrer Lieblingsspeisen und -getränke. Teilen Sie Ihren Gästen einige der Einsichten mit, zu denen Sie während Ihres Bades gekommen sind. Was geben Sie auf und woraus gewinnen Sie eine neue Freiheit? Was erhoffen Sie in Ihrem neuen Leben zu erreichen? Bitten Sie die Frauen, welche die Menopause bereits hinter sich haben, über ihre Erfahrungen zu sprechen, Rat zu geben, Heilmittel und Geheimnisse zu teilen. Werden Sie Östrogene ausprobieren oder Vitamine oder pflanzliche Phytoöstrogene nehmen? Wie verändert sich die Liebe, wenn sie nicht mehr mit Fruchtbarkeit verbunden ist?

Reden Sie auch über die Symbolik des Mondes. Auch wenn Ihr Körper nicht mehr als Reaktion auf die Mondzyklen bluten wird, sind Ihre Hormone und Biorhythmen weiterhin ihren Einflüssen ausgesetzt. Sie haben jetzt die Möglichkeit, eine neue Art von Mondzyklus zu erforschen, wobei Ihnen bei jedem Vollmond die Gelegenheit zur spirituellen Fruchtbarkeit zuteil wird. Ob Sie leibliche Kinder haben oder nicht, die Zeit für diese Art der körperlichen Beziehung zum jungen Leben ist nun vorbei. Jetzt können Sie Kinder – Ihre eigenen oder die Kinder anderer – im Geiste bemuttern.

Wenn das Gespräch langsam nachlässt, können Ihre Freunde Ihnen Geschenke übergeben. Das erste Geschenk, das Sie öffnen, sollte jedoch ein Ring sein, der Ihnen entweder von Ihren Freunden geschenkt wird oder den Sie als einen Akt der Selbsterkenntnis selbst erworben haben. Das pubertäre Mädchen trug einen Ring mit einem roten Stein, um seinen Blutfluss zu symbolisieren, Ihr Ring sollte also von einer anderen Farbe sein. Ein Amethyst wäre passend, denn er verwandelt das Rot von Blut in königliches Purpur. Sie können sich für jede Farbe entscheiden, welche die Person, die Sie jetzt sind, verkörpert. Sie können auch einen Mondstein wählen, um Ihre beständige spirituelle Verbindung mit dem Mond zu symbolisieren, dessen Zyklen Ihre Biorhythmen weiterhin auf einer subtileren Ebene bestimmen werden.

51. bis 60. Jahr – Souveränität

Wir haben unseren goldenen Geburtstag gehabt und befinden uns in unseren Fünfzigern. Dies ist das Alter der Souveränität, aber das bedeutet nicht notwendigerweise, dass alles ganz einfach wird. Am Anfang dieser Dekade ist die Menopause mit all ihren Schwankungen und Überraschungen bei vielen Frauen abgeschlossen. Doch schon rückt wieder Saturn heran und wir werden in das uns verändernde Chaos der zweiten Saturn-Rückkehr gestürzt. Alles in allem haben wir es mit einer Zeit zu tun, die an die Pubertät erinnert. Doch diesmal können wir bereits auf ein halbes Jahrhundert voller Erfahrung zurückgreifen und diese wird uns dabei helfen, uns den Herausforderungen unseres Lebens zu stellen und sie zu bewältigen.

Doch wir fühlen uns nicht wie *alte* Leute – wir sind nur „halb alt". Ja, das ist heutzutage wirklich wahr. Wenn die Lebenserwartung in die Richtung von 100 Jahren geht, dann steht ein 50-Jähriger Mensch gerade in der Mitte seines Lebens. Ebenso wie die Jugend eine Zeit des Übergangs ist, die das Kind darauf vorbereitet, in der Erwachsenenwelt zu leben, so kann man die Fünfziger als jene Zeit bezeichnen, in der wir über unser „zweites" Erwachsenenleben nachdenken. Wir erwerben Informationen und Fähigkeiten, die wir dazu benötigen, diesen Übergang zu überleben.

In diesem Jahrzehnt verabschieden sich einige Menschen von ihrem ersten Beruf und beginnen einen neuen. Vielleicht kehren Sie auch auf die Universität zurück, um sich weiter ausbilden zu lassen oder einen Abschluss nachzuholen, den Sie beim ersten Mal nicht gemacht haben. Susan B. Anthony und Elizabeth Cady Stanton, die sich erstmalig in ihren Dreißigern bei einer Klage der Abstinenzbewegung begegneten und unterstützten, erkannten, dass die Gleichberechtigung der Frauen größere Priorität hatte. Als sie beide 50 waren, gründeten sie die *National Women's Suffrage Association*.

Andere freuen sich darüber, Großeltern zu werden. Sie müssen vielleicht sogar ein zweites Mal eine Elternrolle übernehmen, wenn sie für ihre Kinder einspringen und ihre Enkel großziehen. Für einige geht die Fürsorge zwischen den Generationen in eine andere Richtung. Sie halten es für notwendig, ihre alternden Eltern bei sich aufzunehmen. Im ungünstigsten Fall fühlt man sich gefangen zwischen Verpflichtungen sowohl den Kindern als auch den Eltern gegenüber.

Ab diesem Zeitpunkt werden wir wahrscheinlich auch öfter mit der Sterblichkeit konfrontiert. Wir hören von Freunden, die plötzlich an einem Herzinfarkt sterben. Unsere eigenen Eltern können uns von nun an jeden Tag verlassen. Der Tod ist kein Fremder mehr, sondern wird zum Bekannten, und wir hoffen, dass es noch lange Zeit dauert, bis er ein Freund wird.

Auf der anderen Seite können die Fünfziger uns eine optimale Ausgewogenheit von Energie und Erfahrung bieten, also die Krönung des Lebens sein. Wir sind alt genug beides zu wissen: Was wir möchten und wie wir es bekommen. Es ist Zeit, das Leben in den Griff zu bekommen, damit es uns gibt, was wir brauchen.

51. Jahr

Zwischen 50 und 52 Jahren kehrt der Asteroid Chiron zurück an seine Position in Ihrem Geburtshoroskop. In der Mythologie ist er der „verwundete Heiler", und daher kann eine schmerzvolle Zeit für Sie anbrechen. Die Wunde kann äußerlich sein – ein

Schicksalsdaten vom 51. bis zum 60. Jahr

52–55 Jahre	♄ □ ♄	Saturn im Quadrat zur Geburtsposition	Die beste Zeit beginnt! „Zwischenphase" – kann verwirrend sein Mögliche Depressionen Anzeichen für Sterblichkeit Fragen über die Zukunft
50–52 Jahre	⚷	Rückkehr von Chiron	Innere Wunden heilen
55–57 Jahre	♄ ⚹ ♄	Saturn im Sextil zur Geburtsposition	Wichtigster Wendepunkt
	♅ △ ♅	Uranus im Trigon zur Geburtsposition	Lebensrichtung ändert sich
	♆ △ ♆	Neptun im Trigon zur Geburtsposition	Neue Wünsche, neue Fokussierung Leben wird kreativer, weniger anstrengend Gefühle von Männern werden zugänglicher Frauen werden unabhängiger Mehr Aktivität in der Gemeinde oder neue Arbeit, neuer Beruf oder Ausbildung Spirituelle Suche, Illusionen loslassen Kein Bedürfnis mehr, Erwartungen zu entsprechen
	☊ ☋	Rückkehr der Mondknoten	Zeit für Selbstüberprüfung
56–60 Jahre	♄ ☌ ♄	Rückkehr von Saturn	Zeit, um „loszulassen"
59–61 Jahre	♅ □ ♅	Uranus im Quadrat zur Geburtsposition	Herausforderung oder Selbstzufriedenheit? Zeit, um die Vergangenheit zu untersuchen, nicht entfaltete Kreativität finden Persönliche Philosophie, Freiheit, Bewusstsein erforschen Verpflichtungen neu bewerten, Gelegenheiten zur Bereicherung schaffen Bewusstheit des Alters und Alterns
60 Jahre	♃ ☌ ♃	Rückkehr von Jupiter	Identität entwickelt sich

Unfall, eine psychologische oder emotionale Verletzung – oder innerlich – der Verlust eines Elternteils. Welche Verwundung Sie erhalten, hängt von Ihrem persönlichen Schicksal ab. Lassen Sie sich nicht unterkriegen, die Verletzung wird allmählich heilen und Sie, wenn Sie den Schmerz sinnvoll einsetzen, weiser zurücklassen.

Aber suchen Sie keinen Ärger. Z meint: „Ich bin von der Idee nicht so begeistert, dass man leiden muss, um ein besserer Mensch zu werden, aber das Leben ist altmodisch. Die Schicksalsgöttinnen verteilen alles auf Heller und Pfennig. Also keinen Bungee-Sprung wagen und nicht über die Stränge schlagen! Die Schicksalsgöttinnen machen Sie fertig, wenn Sie sie in Versuchung führen!"

Es ist eine Zeit sich zu öffnen und neu zu bewerten, wie Diana bei ihrem 30. Collegetreffen feststellte:

Meine beiden Zimmergenossinnen waren da und wir haben die letzten Neuigkeiten ausgetauscht. Ich finde diese alle fünf Jahre stattfindende Gelegenheit, sich mit Frauen meiner eigenen Altersgruppe zu unterhalten, immer sehr interessant. Mit zunehmendem Alter entdecke ich immer häufiger, dass unsere gemeinsame Erfahrung im College uns auch eine gemeinsame Perspektive geboten hat. Besonders aufgefallen ist mir dieses Mal, dass ich plötzlich mit Frauen gut in Kontakt kam, von denen ich in der Schulzeit dachte, ich hätte mit ihnen nichts gemeinsam. Wir scheinen alle durch eine Menopausen-Bereinigungsphase zu gehen. Jede war sehr bereitwillig, sich zu öffnen und sich mitzuteilen.

Der Geburtstag

Wenn Sie 51 Kerzen auf einen Kuchen setzen, müssen Sie allzu viele anzünden. Versuchen Sie stattdessen, das Jahrzehnt durch größere, rote Kerzen und die einzelnen Jahre durch kleinere weiße Kerzen darzustellen. Die Zahl Fünf steht für Veränderung und die Eins für die Richtung, in die Sie gehen. Können Sie sehen, wohin der Weg führt?

52. Jahr

Am Anfang Ihrer Fünfziger Jahre wandert Saturn ins Quadrat zur Position in Ihrem Geburtshoroskop. Dort lässt er sich eine Weile nieder, trinkt Tee und lässt Sie durchatmen, ehe der nächste Zyklus der Veränderung beginnt. Die Jahre zwischen 52 und 59 können, wie die Jahre zwischen 22 und 29, eine Zeit neuer Verantwortungen und großer Produktivität sein. Und doch bringt Saturn, das römische Äquivalent des griechischen Gottes Kronos, der als der Gott der Zeit galt, unweigerlich ein Bewusstsein für die eigene Sterblichkeit mit sich. Häufig geschieht das in Form eines gesundheitlichen Aspekts, der zu dieser Zeit ein Problem wird.

Wir alle werden mit dem Tod konfrontiert und wir alle versuchen dem auszuweichen: Der Tod durch Gewalt, wie wir ihn heute aus den Medien gewöhnt sind, erzeugt Angst, aber kein Verständnis. Es ist selten, dass in Filmen jemand stirbt, der alt ist. Und doch werden die meisten von uns erst im hohen Alter aus dem Leben gehen. Doch wir werden alt und verleugnen den Tod und sind nicht willens zu überlegen, dass er vielleicht nur ein Leben in anderer Form ist. Wenn Eltern sterben, sind wir dazu gezwungen, uns mit unserer eigenen Sterblichkeit auseinander zu setzen. Für Diana war es eine Zeit des Übergangs, als ihre Schwiegermutter, mit der sie seit ihrer Hochzeit ein gemeinsames Haus bewohnte, verstarb. Im selben Jahr wurde ihr erster Enkel geboren und sie selbst wurde zur Matriarchin der Familie.

Es ist gut, dass es Saturn nicht so eilig hat und uns Zeit gibt, uns an diese Vorstellung zu gewöhnen. Nehmen Sie diese Gelegenheit zum Nachdenken wahr. Wenn Sie je verstehen möchten, was etwas oder jemand für Sie bedeutet, stellen Sie sich vor, es oder er sei weg. Der Tod gibt sowohl Menschen als auch Dingen eine Bedeutung. Tod und Zeit sind in mancherlei Hinsicht dasselbe.

Also was bedeutet es, wenn Ihr Körper altert? Ihre Seele ist unsterblich. Aber Ihr Körper war in all diesen Jahren Ihr treuester Gefährte. Seien Sie freundlich zu ihm, haben Sie Geduld mit seinen Wehwehchen. Lassen Sie sich nicht von Depressionen entmutigen. Wenn Ihre Katze oder Ihr Hund krank wäre, würden Sie sich auch um medizinische Behandlung und Heilung kümmern. Unternehmen Sie dasselbe für Ihren Körper.

Kerstin beobachtet, dass sie sich „etwas schlapp fühlt, wenn das Wetter umschlägt. Aber ansonsten geht es mir wunderbar. Ich bin in meinen stärksten Jahren! Ich habe gelernt, meine dunklen Seiten zu akzeptieren. Ich habe meine alten Lebensmuster geändert."

Peter sagt: „Es fühlt sich gut an, wenn die Leute glauben, ich sei alt genug und hätte etwas zu sagen. Es fühlt sich schlecht an, wenn die Leute glauben, ich sei ein alter Dinosaurier. Es fühlt sich gut an, sich auf alte Erinnerungen und Erfahrungen stützen zu können, wenn neue Herausforderungen bevorstehen. Es fühlt sich schlecht an, wenn mein Körper mir mitteilt, dass ich nicht mehr alle die Dinge tun kann, die ich normalerweise tue."

Das entwickelte Bewusstsein dieses Alters macht es auch zu einer guten Zeit für die Arbeit am spirituellen Leben. Es spielt dabei keine Rolle, welchen Namen Sie dem Göttlichen geben oder welche heiligen Bücher Sie lesen, solange Sie sich nicht von jenen Religionen einwickeln lassen, die nur ihr eigenes Weltbild gelten lassen möchten. Diese Religionen haben keine Nahrung, sondern nur Gift anzubieten. Gerade im Moment sind Sie sehr empfänglich für spirituelle Einflüsse. Geben Sie deshalb Acht und folgen Sie dem Weg, der Ihnen Trost gibt.

Der Geburtstag

Anstatt für jede Dekade fünf Kerzen und zwei für die beiden Jahre auf den Kuchen zu setzen, stellen Sie die Kerzen diesmal auf eine Platte in die Mitte des Tisches. Wählen Sie die Kerzen in den entsprechenden Farben aus und verwenden Sie sie dazu, Ihre Chakren zu segnen, jene sieben Energiezentren in Ihrem Körper, die in der hinduistischen Tradition beschrieben werden.

Zünden Sie die roten Kerze an und sagen Sie: „Ich zünde diese Kerze an und segne meinen Körper und meine Verbindung zur Erde."

Zünden Sie die orange Kerze an und sagen Sie: „Ich zünde diese Kerze an und segne meine Sexualität."

Zünden Sie die gelbe Kerze an und sagen Sie: „Ich zünde diese Kerze an und segne mein Energiezentrum."

Zünden Sie die grüne Kerze an und sagen Sie: „Ich zünde diese Kerze an und segne meine Kraft zur Liebe."

Zünden Sie die hellblaue Kerze an und sagen Sie: „Ich zünde diese Kerze an und segne meine Worte."

Zünden Sie die dunkelblaue Kerze an und sagen Sie: „Ich zünde diese Kerze an und segne meine inneren Visionen."

Zünden Sie die lila Kerze an und sagen Sie: „Ich zünde diese Kerze an und verbinde mich mit dem göttlichen Geist."

Lassen Sie die Kerzen während des Geburtstagsessens brennen und behalten Sie sie das ganze Jahr. Wann immer Sie einem der Chakren neue Energie zuführen möchten, zünden Sie die zugehörige Kerze noch einmal an.

53. Jahr

Jetzt scheint die Zeit etwas langsamer zu vergehen. Sie bewegen sich nun voll Souveränität und haben die Kraft, Ihren zweiten Lebensabschnitt noch einmal kräftig aufzupolieren. Blicken Sie zurück und nach vorne; es gibt noch etwas zu tun.

Wenn Sie bereits Erfolg hatten, beginnen Sie damit, in die Zukunft zu investieren, indem Sie Ihre Talente mit anderen teilen. Seit Sie jung waren, hat sich die Welt verändert. Die neue Generation sucht nach Unterstützung, Rat und Anerkennung. Opfern Sie Ihre Zeit und Fähigkeiten freiwillig denjenigen, die folgen. Vielleicht sind Sie aber auch noch tief in Ihre zweite Aufgabe verwickelt. Sie haben noch die ganze restliche Dekade dafür Zeit, vergeuden Sie diese wertvollen Jahre nicht damit, nur nach Sicherheit zu suchen. Fürchten Sie sich weniger und schenken Sie dafür mehr Liebe. Folgen Sie Ihrem Herzen. Es ist die richtige Zeit dafür, jene Reise zu machen, von der Sie schon immer geträumt haben. Sie haben nun sowohl die Erfahrung, um sie zu genießen, als auch die Energie, sie durchzuführen.

Die Schicksalsgöttinnen kümmern sich nicht um Kleinigkeiten. Warten Sie also nicht auf Anweisungen von dieser Seite. Sie haben den Generationszusammenhang geschaffen – es ist Ihre Aufgabe, eine gute Wahl zu treffen, die Sie mit dem größeren Plan in Harmonie bringt. Wenn Sie mehr darüber wissen möchten, wie Sie das schaffen sollen, arbeiten Sie mit einem Weissagungssystem, zum Beispiel dem Tarot. Ein guter Tarot-Leser oder Astrologe wird Ihnen bei der Interpretation der Symbole helfen können. Sie können für einfache Ja-Nein-Antworten auch ein Pendel verwenden. Die Weissagung ermöglicht es Ihnen, dass Ihre linke und rechte Gehirnhälfte miteinander ins Gespräch kommen. Ihr Unterbewusstsein verfügt über sehr viel Weisheit. Sie müssen nur lernen zu hören, was es zu sagen hat.

Es ist eine gute Zeit, Ihr persönliches Schicksal noch mal zu überdenken. Das Universum schenkt Ihnen jetzt drei freie Jahre, ehe Saturn zurückkehrt und Sie in weitere Veränderungen stürzt. Gestatten Sie es sich selbst, wie ein guter Wein zu reifen …

Rachel erzählt, dass ihre Freunde ihr zum 53. Geburtstag eine Fünf-Tage-Party organisierten. Über ihre Gefühle in diesem Alter stellt sie fest: „Ich spüre das Alter zwar in all meinen Gelenken, aber es ist nicht so schlimm. Endlich verstehe ich meine Großmutter. Ich finde, dass ich viel toleranter bin, als die Jüngeren. Ich glaube auch, dass ich geduldiger gegenüber Fehlern bin und jedem die Zeit einräume, sie zu korrigieren."

Diana wurde in diesem Alter stärker in das Leben der heidnischen Gemeinde einbezogen. „Mir wurde der Titel der Stammesältesten verliehen und ich wurde in das Direktorium gewählt. Das geschah gerade rechtzeitig, um meine Erfahrungen mit gemeinnützigen, religiösen Organisationen einbringen und an einer großen Umstrukturierung mitwirken zu können.

Ich wusste, das ich sowohl die Kenntnisse dafür hatte, als auch die Geduld, diesen Sturm durchzustehen. An diesem Punkt in meinem Leben hat die Auffassung ‚Das geht auch noch vorüber' für mich eine viel größere Bedeutung gewonnen als für die Jüngeren im Team."

Der Geburtstag

Ergreifen Sie diese Gelegenheit für etwas R&R – „Ruhe und Reflektion". Verreisen Sie alleine in eine hübsche Pension, in der Sie sitzen und den Ausblick bewundern können. Feiern Sie Ihren Geburtstag wie eine Jahreszeit und würdigen Sie den Prozess der Veränderung. Planen Sie ein Abendessen mit Freunden, nicht alle zusammen, sondern einzeln. Nutzen Sie die Gelegenheit zu einem Gespräch unter vier Augen.

54. Jahr

Aus astrologischer Sicht ist dies ein weiteres friedliches Jahr für Ihre Generation. Sie sollten Ihr eigenes Horoskop betrachten und nach Entwicklungen Ausschau halten, die Sie allein betreffen. Denken Sie außerdem daran, dass diejenigen, die Ihnen im Alter etwas voraus sind, einige Änderungen durchlaufen.

Britta beschreibt dieses Alter:

Meine Knie schmerzen. Ich bin weiser und tiefsinniger geworden. Wenn wir älter werden, verändert sich viel und es kommt große Dunkelheit auf. Um dich herum werden alle älter, manche auch kränklich und manche sterben. Früher war das wohl die normale menschliche Entwicklung, aber heutzutage kann man ein mittleres Alter erreichen, ohne je damit zu tun zu haben. In meinen Fünfzigern werde ich mit den Bedürfnissen schwächerer älterer Menschen konfrontiert, die mir nahe stehen. Auch musste ich Krankheit und Tod einiger meiner Zeitgenossen erleben und den viel zu frühen Tod von Kindern, die ich aufziehen half.

Auch wenn man selbst noch gesund und stark ist, weiß man, dass diese anderen einem den Weg zeigen, der vor uns liegt. Gleichzeitig genieße ich das Leben mit einer Tiefe und Intensität wie nie zuvor, denn ich bin mir immer bewusst, dass es sich um eine Kostbarkeit handelt, die endlich ist. Ich kann meine eigenen Prioritäten nun viel deutlicher sehen und verstehen.

Wenn man älter wird, versteht man, dass die verschiedenen Altersstufen eigentlich Stadien sind, die wir alle durchlaufen. Wenn man jung ist, weiß man das vielleicht auf einer intellektuellen Ebene, aber wirklich hautnah erlebt man das nicht. Man denkt oft, Leute in einem anderen Alter seien irgendwie auch eine ganz andere Sorte Mensch. Deshalb kann man als älterer Mensch zuletzt lachen, denn man weiß, dass die jungen Menschen eines Tages genau dasselbe Alter haben werden; aber sie wissen es noch nicht.

In der Mitte unserer Fünfziger machen sich die Folgen der Entscheidungen über Gesundheitsvorsorge und Fitnessübungen, die man im Laufe seines Lebens getroffen hat, bemerkbar. Wer genetisch vorbelastet ist, kann nun an Altersdiabetes erkranken. Diese Krankheit lässt sich bei den meisten durch Diät und Sport kontrollieren.

In dieser Zeit können auch jene Menschen mit potentiellen Herzproblemen, insbesondere Männer, einen plötzlichen, schwerwiegenden Herzinfarkt erleiden. Wenn Sie einen männlichen Partner haben, der raucht, sich nicht gesund ernährt oder sich nicht bewegt, bestehen Sie auf einer ärztlichen Kontrolluntersuchung. Es sollte ein Blut-Cholesterin-Spiegel gemacht werden. Männer, die es durch ihre Fünfziger schaffen, haben gute Chancen, ein hohes Alter zu erreichen, aber ihre Partnerinnen und Familienangehörigen haben dann sicher auch einiges dazu beigetragen.

Der Geburtstag

Widmen Sie Ihrem Körper jetzt die notwendige Aufmerksamkeit. Haben Sie schon einen Gesundheitscheck machen lassen? Vereinbaren Sie noch heute einen Termin, einschließlich Mammographie. Lassen Sie sich mit einer Massage verwöhnen oder gehen Sie mit einer Freundin in die Sauna.

In einem Körper zu leben, ist Bestandteil der Welt. Packen Sie einen netten, kleinen Picknickkorb zusammen und picknicken Sie an einem Ort, an dem Sie auf dem Boden sitzen und die Energien der Erde spüren können. Lassen Sie sich die Sonne auf den Rücken scheinen und lauschen Sie dem Wind, der in den

Bäumen flüstert. Jede Jahreszeit hat ihre eigene Schönheit – und so ist es auch mit den verschiedenen Altersstufen …

55. Jahr

Die Mitte des Jahrzehnts ist erreicht – Sie haben noch ein Jahr Zeit, ehe Saturn zurück in Ihr Leben wandert. Machen Sie das Beste daraus. Wenn die Freude am Leben ein Indikator für den Erfolg ist, können Sie in diesem Jahr erfolgreich sein, indem Sie Ihre sozialen Fähigkeiten verbessern. Verlassen Sie Ihre Wohnung und gehen Sie tanzen, wenn Sie das noch können!

Saturn ist zwar noch nicht ganz eingetroffen, aber die anderen Planeten bewegen sich auch. Uranus, der große Veränderer, und Neptun, der Herrscher der Träume, bewegen sich beide in einen Trigonaspekt zur Geburtsposition. Sie sorgen für Energie und neue Einsichten. Die dritte Rückkehr der Mondknoten an die Geburtsposition bringt die nötige Kraft für kommende Veränderungen mit sich. Eine ähnliche Bewegung hat im Alter zwischen 44 und 45 Jahren stattgefunden. Jetzt gibt es wieder einen solchen Wendepunkt.

Der heftige Wunsch nach etwas anderem und etwas Besserem erwacht. Uranus ist kein vornehmer Gast, sein Einfluss ist verführerisch und lässt die Herzen höher schlagen. Neptun schafft ein neues Paradigma für uns. Wenn wir durch die neue Brille sehen, können wir uns selbst auch neu erfinden.

Wenn Neptun den Trigonaspekt einnimmt, kann dadurch eine neue, geistige Suche bei uns ausgelöst werden. Außerdem sind wir dann in der Lage, uns von einigen Illusionen zu befreien. Wir realisieren jetzt, dass wir nicht mehr nach den Erwartungen anderer leben müssen, insbesondere nicht jener, die unser Leben dominiert haben, als wir jünger waren. Wir erkennen ein neues Ziel: Wir können diejenigen werden, die wir selbst sein möchten, auch wenn dies aller Logik widerspricht! Dies ist der Zug, auf den wir aufspringen müssen, um unser Leben zu verbessern und unser volles Potenzial zu entfalten.

Gabriele aus Deutschland schreibt:

Erst in den letzten Jahren habe ich damit begonnen, mich selbst wahrzunehmen und mit mir zu experimentieren. In meinen jungen Jahren war ich irgendwie ganz „dumpf"; ich habe weder mich selbst noch andere Leute gespürt. Irgendwie denke ich manchmal, ich war gar nicht richtig da. Jetzt erfahre ich sehr langsam, dass es auch andere Dimensionen im Leben gibt als die „reale Welt" und ich versuche, zu lernen. Ich möchte nie wieder jung sein. Ich weiß die Erkenntnisse zu schätzen, die ich jetzt besitze. Ich kann vieles auf andere Art und Weise sehen, auf gesündere Weise. Und selbst in meinem Job – ich unterrichte zwölf- bis 16-Jährige – lerne ich weiter und organisiere die Dinge auf neue Art.

Es ist wie ein permanentes Abenteuer und, wie ich oben schon sagte, ich möchte nicht mehr zurück. Es ist ein Schatz, all diese Erfahrungen zu haben. Auf der anderen Seite scheint mein Körper etwas zarter zu werden, ab und zu ein paar Schmerzen, viele kleine Dinge, die wehtun oder schwieriger werden, aber ich kann das die meiste Zeit vergessen ... Ich habe weniger Kraft und fühle mich körperlich schwächer, aber die mentale Kraft scheint zuzunehmen.

Der Geburtstag

Es ist wieder Zeit für eine geistige Erneuerung! Sie sind 55 – ein doppeltes Pentagramm. Die fünf Spitzen des Pentagramms (von der oberen rechten Spitze im Uhrzeigersinn herum) stellen die Luft, die Erde, das Wasser, das Feuer und den Geist dar. Werfen Sie einen kritischen Blick auf Ihr Leben und entscheiden Sie, was noch fehlt oder verbessert werden muss.

Die erste Spitze, die Luft, symbolisiert die Kommunikation. Gibt es jemanden, von dem Sie sich entfremdet haben, weil es Verständigungsschwierigkeiten gab oder jemandem, zu dem Sie seit langer Zeit keinen Kontakt mehr haben? Greifen Sie noch heute zum Telefon oder schreiben Sie einen Brief.

Als Zweites blicken Sie auf die Erde, Ihren Halt und Ihr Fundament. Denken Sie über diesen Bereich nach. Er kann auf notwendige Reparaturen am Haus hindeuten, aber für die meisten von uns heißt es, die Finanzen anzuschauen. Kennen Sie Ihre finanzielle Situation? Besitzen Sie genügend? Einen Plan für die Rente?

Drittens betrachten Sie das Wasser, das unsere Gefühle regiert. Wen lieben Sie? Was macht Sie glücklich? Bringen Sie etwas Spaß in Ihr Leben. Schmieden Sie Pläne für gemeinsame Treffen mit Menschen, die Sie gerne mögen. Unternehmen Sie dabei etwas, was Ihren Geist erweitert.

Widmen Sie viertens Ihre Aufmerksamkeit dem Feuer. Das Feuer gibt uns Energie. Jetzt sind jene Leidenschaften an der Reihe, die Sie wirklich antreiben. Wann fühlen Sie sich am meisten angeregt und lebendig? Die Energie des Feuers ist nie bequem oder beruhigend, aber sie wird Ihnen ein Ziel geben.

Die fünfte Spitze des Pentagramms bringt Sie zurück zum göttlichen Geist. Vergessen Sie nicht, trotz aller Energie, die Sie bereits in die Arbeit mit den anderen vier Elementen gesteckt haben, sich etwas Zeit für den Blick nach innen zu nehmen. Öffnen Sie sich der Macht des Geistes. Sie können dazu mit anderen Frauen um ein Feuer tanzen, um die Göttin zu ehren, oder in einer Kirche oder einem japanischen Garten meditieren.

Stellen Sie zweimal fünf Kerzen in einer Pentagrammform auf eine Platte oder den Geburtstagskuchen. Wenn Sie die äußeren anzünden, nennen Sie die Elemente, welche die Kerzen symbolisieren. Dann zünden sie die inneren Kerzen an und zählen dabei auf, was Sie unternommen haben, um die zugehörigen Einflüsse in Ihr Leben zu bringen oder welche Pläne Sie diesbezüglich haben.

56. Jahr

So, jetzt ist Schluss mit dem Leerlauf – es ist Zeit einen Gang zuzulegen! Unglaubliche Kräfte sind in Bewegung gesetzt worden; die Schicksalsgöttinnen rühren den großen, universellen Kessel mit beiden Händen um. 28 Jahre sind vergangen, seit Saturn zum ersten Mal in die Geburtsposition zurückgekehrt ist. Jetzt kehrt er wieder zurück und will sich ansehen, ob Sie seit dem letzten Mal

Ihre Hausaufgaben gemacht haben. Hoffentlich haben Sie sich ausgeruht, denn ab jetzt finden sowohl innere als auch äußere Veränderungen auf verschiedenen Ebenen statt. Sie treten in eine weitere, lang andauernde Entwicklungsperiode. Der Einfluss von Uranus und Neptun wird Sie ruhelos werden lassen.

Diana feierte den offiziellen Beginn der Saturn-Rückkehr, indem sie in die Mansarde zog:

Um das zu verstehen, müssen Sie wissen, dass wir ein sehr großes Haus haben, in dem immer viele Leute gewohnt haben. Ich teile mir das Haus im Moment mit meinem Sohn, meiner Schwiegertochter und meinen drei Enkeln. Die Mansarde ist ein Anbau, der aus mehreren Stockwerken besteht. Sie wurde damals für meine Schwiegermutter umgebaut, die seit meiner Heirat mit ihrem Sohn bei uns lebte und starb, als ich 51 war.

Jetzt bin ich die Großmutter und habe festgestellt, dass ich mehr Ruhe und auch Privatheit habe, wenn ich nicht auf demselben Stockwerk wie meine drei Enkelkinder schlafe und arbeite. Deshalb habe ich gerne eingewilligt, in die alten Räume meiner Schwiegermutter zu ziehen und mein Zimmer den Kindern zu überlassen.

Aus einem Zimmer auszuziehen, in dem man fast 30 Jahre gelebt hat, kommt einer größeren Ausgrabung gleich. Während ich mich durch die Schichten grub, zog mein Leben noch einmal an mir vorüber. Die Entscheidungen darüber, was ich weggeben, wegwerfen und mitnehmen sollte, waren schmerzlich. Diesen neuen Raum in Anspruch zu nehmen, gab mir das Gefühl, mich selbst neu zu definieren.

Z sah sich auch neuen Wünschen gegenübergestellt:

Mich überkam das unkontrollierbare Verlangen, Drehbücher zu schreiben. Ich nahm mir drei Jahre frei vom Bücherschreiben und schrieb in dieser Zeit drei Drehbücher. Ich würde gerne zwei weitere Filme und eine Serie schreiben. Ich glaube, das letzte Drehbuch ist mir ganz gut gelungen, aber leider hat eine Autorin ohne Agentur in Hollywood kaum eine Chance. Doch ich habe noch viel Energie und werde es weiter versuchen. Mein Instinkt sagt mir, dass mich die Schicksalsgöttinnen unterstützen, wenn ich selbst am Ball bleibe. Noch ist das zwar nicht eingetreten, und ich schreibe wieder Bücher wie dieses hier, aber in den nächsten Tagen werde ich die richtige Agentur finden ...

Der Geburtstag

Heißen Sie Saturn in Ihrem Leben willkommen – wenn Sie nicht versuchen, sich ihn vom Hals zu halten, wird er dieses Jahr vielleicht noch gnädig mit Ihnen sein! Bieten Sie ihm einen Trinkspruch an, ehe Sie die Geburtstagskerzen ausblasen. Danken Sie ihm für die Energie, die Sie durch die zweite Aufgabe getragen hat, und während Sie auf die flackernden Kerzen blicken, nehmen Sie sich die Zeit, über die Gewinne und Verluste nachzudenken, über die Lektionen und die Errungenschaften der letzten 28 Jahre. Sprechen Sie über die Dinge, die Sie in dieser Lebensphase getan haben. Verabschieden Sie sich dann von Ihrem zweiten Lebensabschnitt.

57. Jahr

Dies wird vermutlich ein herausforderndes Jahr. Die Mondknoten sind noch nicht weitergewandert; sie eröffnen uns Einblicke in unsere Lebensaufgaben. Wir haben unsere zweite Aufgabe jetzt abgeschlossen und sollten nun einen Blick auf die dritte wagen. Der Mondknotenzyklus weist auf die Rückkehr von Inspiration und spiritueller Wahrnehmung hin. Ergreifen Sie diese Gelegenheit zur Selbsterforschung und überdenken Sie Ihre spirituellen Bekenntnisse. Wenn dies zu einer „schwarzen Nacht der Seele" führt, geben Sie deshalb die Hoffnung nicht auf. Das alles ist Teil des Lernprozesses.

Ferner befindet sich Saturn noch mitten auf seinem Weg durch seine Geburtsposition und es wird noch ein oder zwei Jahre dauern, bis er seinen Zyklus abgeschlossen hat. Wir befinden uns dieses Jahr also genau im Zentrum des Umbaus und der Neudefinition. Das kann sich anfühlen, als hätten Sie ein nur halb fertig genähtes Kleid an: Saum und Ärmel fehlen noch. Kein Wunder, dass wir dabei depressiv werden.

Z erzählt, dass sie beim Spaziergang mit ihrem Hund über den Friedhof die Sterbedaten auf den Grabsteinen überprüft hat. 57 ist eines dieser Jahre, in denen sehr viele Leute zu sterben scheinen. Warum? Weil viele glauben, dass das Ende einer großen Aufgabe eine Tragödie ist. Sie verstehen nicht, dass das Leben erst alte Zeiten abschließen muss, ehe neue anbrechen können.

Wer der Spiritualität bisher wenig Aufmerksamkeit geschenkt hat, scheint am meisten zu leiden. Das Bewusstsein muss in der Seele verwurzelt sein. Wenn der Geist nicht anerkannt wird, muss das Bewusstsein eine andere Möglichkeit finden, mit den Energien des Universums in Kontakt zu kommen – und das ist nicht einfach. Mentale und spirituelle Gesundheit stehen miteinander in Zusammenhang. Es ist also eine Zeit, in der Sie Meditationstechniken erlernen und den geschwätzigen Verstand zur Ruhe bringen sollten. Die Seele lässt sich auch durch Rituale stärken. Tägliche Gebete oder Meditationen sind eine Möglichkeit, uns selbst zu lieben und die Seele zu nähren. Ein ähnlicher Effekt lässt sich auch durch das Lesen inspirierender oder heiliger Poesie erzielen.

Aber wir müssen auch auf unseren Körper achten. Eine gute Diät kann Depressionen ebenfalls bekämpfen. Lecithin und Sojaprodukte beruhigen die Nerven. Trotz der Werbung im Fernsehen ist die pharmazeutische Industrie nicht unsere einzige Hilfsquelle. Diese Zeit eignet sich gut dazu, einige Nachforschungen auf dem Gebiet der Gesundheit zu betreiben. Wenn Sie Kräuter einnehmen möchten, besorgen Sie sich ein gutes Buch über die Dosierungen und das Zusammenwirken der Substanzen. Wenn Sie Medikamente nehmen, informieren Sie sich über die Nebenwirkungen. Arbeiten Sie an den Dingen, auf die Sie Einfluss nehmen können, nämlich an Ihrem Körper und daran, wie Sie sich um ihn kümmern. Die innere geistige Neuausrichtung wird von selbst stattfinden.

Victoria beschreibt diese Zeit:

Es fühlt sich an, als würden sich viele Türen schließen und andere öffnen. Ich weiß, dass ich mich mit 57 Jahren nicht mehr in einem begehrenswerten Alter befinde und das meine ich nicht in sexueller Hinsicht. Ich bin klüger geworden, konsumiere weniger und lasse mir nicht mehr so leicht vormachen, dass diese Waschmittelmarke oder jene Lippenstiftfarbe meine Lebensqualität verbessern würde. Ich bin nicht mehr in der Altersgruppe, die sich Fernseh- und Zeitungsinserenten wünschen, denn ich bin jetzt immun gegen ihre Blendungen. Der materiellen Welt begegne ich jetzt eher nach dem Motto „Alles auftragen und bis zum letzten Tropfen nutzen". Ich möchte und brauche nicht mehr das Neueste vom Neuesten.

In der Arbeitswelt stelle ich fest, dass mein Alter, meine Reife, mein Urteilsvermögen und meine Einsicht geschätzt werden, sofern ich bereits am Tisch sitze, aber das Problem besteht darin, eingeladen zu werden. Die Unternehmen in der Bay Area versprechen ihren neuen Angestellten, dass „Sie hier nicht für Ihre Mutter arbeiten müssen". Und ich bin in einem Alter, in dem ich aussehe und fühle wie jedermanns Mutter.

Der Geburtstag

Dieses Jahr wird Ihre Energie herausgefordert, deshalb sollten die Geschenke für diesen Geburtstag Sie unterstützen. Erzählen Sie Ihren Freunden, dass Sie sich Bücher über Kräuter, Ernährung oder andere inspirierende Literatur wünschen oder vielleicht einen kleinen finanziellen Beitrag zu dem Workshop, den Sie schon länger machen möchten. Planen Sie eine medizinische Untersuchung, damit Sie wissen, worauf Sie Ihre Energie konzentrieren sollten. Und dann unternehmen Sie an Ihrem Geburtstag selbst etwas Unterhaltsames oder Lustiges! Besuchen Sie eine Show, tragen Sie lustige Partyhüte, blasen Sie Luftballons auf und bringen Sie Ihre Freunde dazu, Spiele zu spielen. Kitzeln Sie die Endorphine hervor; Sie werden sie brauchen!

58. Jahr

Jetzt können Sie alles auf die leichte Schulter nehmen. Saturn bewegt sich nach wie vor durch das Geburtshoroskop, weshalb so schnell keine großen Änderungen in unserem Leben zu erwarten sind. Dies ist eine Warteperiode. Wir müssen uns dieses Jahr nur auf die nächste Aufgabe vorbereiten; was immer sie sein wird. Wir können uns unserer Gesundheit widmen und unsere Gewohnheiten verändern. Es ist eine gute Zeit, ein neues Studium zu beginnen, sei es um eine neue Sprache oder eine andere Fähigkeit zu erlernen.

Diese Zeit eignet sich auch gut zur Gewissensprüfung. Wenn Sie früher falsche Entscheidungen getroffen haben, fallen sie jetzt auf Sie zurück. Wir müssen verstehen, was passiert und warum, damit wir unsere Probleme akzeptieren und verstehen können. Nur dann sind Schritte zu ihrer Lösung möglich.

Ein unfreiwilliger Ruhestand oder ein leeres Zuhause können Depressionen verursachen. Wir fühlen uns dann zurückgewiesen und vergessen, dass unsere Fehler ebenso wie unsere Erfolge Teil unseres Lebens sind.

An diesem Punkt in unserem Leben brauchen wir die Unterstützung durch eine Gruppe von Freunden, die sich in derselben Situation befinden, oder eine Therapie. Jemand, der zuhört und uns eine gesunde Sicht auf die Dinge vermitteln kann, hilft uns, alles ins Reine zu bringen. Eine gute Therapeutin urteilt nicht. Sie hilft uns, uns selbst zu hinterfragen und beantwortet unsere eigenen Fragen. Eine Therapie stellt uns eigentlich nur einen qualifizierten Trainer an die Seite, während wir an uns selbst arbeiten.

An Folgendes sollten wir uns erinnern: Die Rückkehr des Saturns überlebt zu haben, ist ein Beweis dafür, dass die Seele neu geboren werden kann. Der Zyklus des Saturns strukturiert unsere persönliche Geschichte. Wir sollten seine Lektionen beachten.

Diana erzählt vom Chaos ihrer zweiten Saturn-Rückkehr:

Im Nachhinein erschienen mir die Veränderungen während meiner ersten Saturn-Rückkehr so offensichtlich, dass ich glaubte, die zwei-

te Saturn-Rückkehr würde auch einfach zu verstehen sein, wenn sie käme. Aber ich war noch mitten in ihrem Chaos verhaftet. Zum ersten Mal seit ich mein erstes Buch veröffentlicht habe, wurde ein Romanvorschlag abgelehnt. Ich fragte mich daraufhin, ob meine Karriere als Autorin nun zu Ende ginge. Ich wollte zwar noch mehr Romane schreiben, aber auf der anderen Seite spürte ich auch einen zunehmenden Drang, endlich die Früchte meiner 30 Jahre dauernden Zeit als Priesterin zu ernten und mein Wissen in die Welt hinauszutragen. Ich wusste jedoch nicht, wie ich dieses Ziel erreichen konnte. Außerdem verspürte ich auch das Bedürfnis, wieder zu malen, was ich jahrelang nicht getan hatte. Die Saturn-Rückkehr zur selben Zeit, als die Welt von einem ins nächste Jahrtausend wanderte, zu durchlaufen, war sehr interessant. Es ist klar, dass ein wichtiges Kapitel in meinem Leben zu Ende ging, aber wohin der Weg nun führt, weiß ich nicht ...

Daniela erzählt:

Ich bin etwas traurig, dass ich in meinem Leben immer noch nichts Außergewöhnliches geleistet habe. Ich habe keinen besonderen Status oder Ruhm erlangt. Ich habe keine besondere Fähigkeit erlernt. Ich bin nicht reich und habe auch keinen Gipfel in einer beruflichen Karriere erklommen. Ich plage mich wie immer ab, und versuche ein Dach über meinem Kopf und Essen im Bauch zu haben. Ich glaube aber, dass ich inzwischen mehr Erfahrung habe, auf die ich zurückgreifen kann, wenn ich Entscheidungen treffen muss oder um Rat gebeten werde. Das ist beruhigend. Ich habe gelernt, dem Universum zu vertrauen und weiß, dass mein Leben sich genau so entfaltet, wie es sein sollte.

Ich litt unter dem Verlust von Freundschaften, auch unter absichtlichen Verletzungen von Menschen, die ich einmal geliebt habe. Ich habe mich durch den innerlichen Ärger hindurchgearbeitet, einen Platz der Liebe und des Vergebens und schließlich Erlösung gefunden. Ich erfuhr, wie es ist, eine Familie zu verlieren. Meine Eltern starben, als ich noch jung war, und mein einziges Geschwister ist ebenfalls viel zu früh aus dem Leben geschieden. Ich lernte, unabhängig zu sein und war die meiste Zeit meines Erwach-

senenlebens allein. Ich habe die Freuden der Mutterschaft erlebt, drei Kinder großgezogen und kann nun an ihrer Elternschaft teilnehmen, denn ich werde von ihren fünf wunderbaren Kindern geliebt, die mich Nana nennen.

Ich glaube, das größte Geschenk, das ich in meinen fortgeschrittenen Jahren bekommen habe, war die Gelegenheit noch einmal zu lieben. Denn in diesem Jahr, in dem ich 58 geworden bin, habe ich eine Liebe gefunden. Mit dem Herz einer Abenteurerin bin ich von einer bequemen und sicheren Klippe in das unbekannte Reich einer Beziehung gestartet. Es ist fast 25 Jahre her, seit ich das letzte Mal einen ernsthaften Versuch unternommen habe, und deshalb war dies ein großes Experiment für mich. Aber es war das Risiko, sehr viel dafür zu opfern, auch wert. Ich verließ meine Familie, gab alle materiellen Besitztümer auf und wurde noch einmal zu einem freien Geist, der vom Wind fortgetragen wird. Ich bin in das Land meiner Geburt zurückgekehrt und mit einem der kostbarsten Geschenke beschäftigt, die man im Leben erhalten kann: Ich beginne ein neues Leben. Nachdem ich alles riskiert habe, werde ich nun an der Seite einer Liebe alt, deren ich mir sicher bin und die sich meiner sicher sein kann ...

Es gibt nicht viele Erfahrungen, die das Leben nicht vor mir ausgebreitet hat, und deswegen habe ich das Leben immer für ein Wunder gehalten! Das, was wir im Leben tun, ist schön, auch wenn wir bald 59 Jahre alt werden!

Der Geburtstag

Bequemlichkeit – die brauchen Sie in diesem Jahr. Feiern Sie Ihren Geburtstag in bequemer Kleidung mit bequemem Essen und bequemen Freunden. Das Leben wird Sie in diesem Jahr noch genug herausfordern. Nehmen Sie deshalb die Gelegenheit wahr, ein einfaches, komfortables Fest zu feiern. Bitten Sie Ihre Freunde, einfach ihre Lieblingsspeisen mitzubringen. Und was, wenn es dann nur Nachspeisen gibt? Üben Sie Nachsicht! Leihen Sie sich ein Video aus und sehen Sie sich zusammen einen Film an, am besten einen heiteren, es sei denn, Sie weinen gerne.

Überlegen Sie sich für das nächste Jahr etwas wirklich Interessantes oder Vergnügliches, das Sie gerne tun oder lernen möchten.

59. Jahr

Dieses Jahr drehen sich die Räder des Schicksals noch einmal und tragen Saturn davon. Es ist nach wie vor eine herausforderungsreiche Zeit, aber die Planeten kümmern sich um die Veränderungen. Saturn befindet sich im Abgang, aber Uranus, der große Veränderer, wandert in das Quadrat zur Geburtsposition. Diese Konstellation bleibt bestehen, bis wir 61 Jahre alt werden. Erneut müssen wir uns von psychischem Gepäck verabschieden, das wir mit uns herumtragen, um in unserem Leben voranzukommen. Uranus unterstützt uns bei diesem Unternehmen, indem er unser Wahrnehmungsvermögen schärft. Manchmal bringt dies eine neue Sichtweise in Bezug auf die Religion mit sich. Wir entwickeln vielleicht ein aktiveres Interesse an der Kirche oder erforschen neue Formen der Spiritualität.

Uranus bringt immer etwas Unerwartetes. Wenn er im Quadrat steht, nehmen die Konflikte zu. Seine Rolle in diesem Jahr unseres Lebens wird uns dabei helfen loszulassen. Dies ist in der Zeit zwischen den Lebensabschnitten sehr wichtig. Uranus steuert den kontinuierlichen Prozess, in dem wir uns von den Aspekten unserer Persönlichkeit lösen, die wir nicht mehr benötigen und ermöglicht es, neue hervortreten zu lassen. Ein weiterer Planet, Jupiter, wird am Ende dieses Jahres in unser Leben treten. Er schläfert uns entweder mit Selbstzufriedenheit ein oder treibt uns zu größeren Leistungen an. Was werden wir wählen? Was immer wir auch unternehmen, dieses Jahr wird uns die Chance bieten, auf unser Leben zurückzublicken. Dabei werden unentwickelte kreative Aspekte zum Vorschein kommen. Zwischen Saturn und Uranus, im 59. Lebensjahr, sind wir wie ein Wein, in dem die Gärung noch arbeitet. Die Fermentierung des Charakters wird uns allmählich reifen und Frieden finden lassen.

Dieser Geburtstag war für Diana besonders einschneidend, denn Sie war zu diesem Zeitpunkt gerade dabei, dieses Buch fertig zu stellen:

Während ich letztes Jahr noch mitten im Chaos von Saturn steckte, beginne ich jetzt langsam, Licht am Ende des Tunnels zu sehen. Das Wetter ist zwar kühl, aber mein Geist hebt ab. Mir hat dieses Buch dabei geholfen, meine eigenen Lebenserfahrungen in einem bestimmten Licht zu sehen. Außerdem bin ich auch sehr dankbar dafür, dass wir auf unsere Anfragen so viele Antworten und Geschichten erhalten haben. Ich hoffe, dass dieses Buch nur das erste in einer Reihe von vielen sein wird, in denen ich teilen kann, was ich gelernt habe. Ferner ist ein lang erwarteter Romanvertrag in der Post und es gibt also auch an dieser Front wieder Hoffnung. Wenn es mir nun also nur noch gelingt, meine Knochen zusammenzuhalten und wieder regelmäßig Sport zu betreiben, dann wird das Leben wieder wundervoll!

Der Geburtstag

Was immer Sie sonst für Ihre Familie oder Freunde an diesem Tag geplant haben, nehmen Sie sich in der Morgendämmerung auch etwas Zeit für eine kleine Privatzeremonie. Wenn Sie ein Morgenmuffel sind, mag das nicht als grandiose Idee erscheinen, aber geben Sie sich einen Ruck. Je härter es ist, aus dem Bett zu kommen, desto mehr lohnt es sich. Sie befinden sich in der Morgendämmerung Ihres dritten Lebensabschnitts und alles wird wunderbar werden. Aber Sie müssen noch daran arbeiten, bis es soweit ist.

Finden Sie heraus, wann die Sonne aufgeht und stellen Sie Ihren Wecker. Errichten Sie in östlicher Himmelsrichtung einen kleinen Altar, wenn möglich vor einem Fenster. Stellen Sie eine Kerze, einen kleinen Kuchen und ein Glas oder eine Flasche sprudelndes Wasser – es darf auch Champagner sein – darauf. Verwenden Sie Zuckerguss, um ein altes Runenzeichen für die Dämmerung ᛞ auf den Kuchen zu zeichnen. Das Zeichen sieht aus wie ein eckiges Unendlichkeitszeichen oder ein stilisierter Schmetterling.

Zünden Sie die Kerze an und ziehen Sie den Vorhang vor dem Fenster auf. Schütten Sie das sprudelnde Getränk in ein Glas und trinken Sie dann auf die aufgehende Sonne. Zum Beispiel:

Gegrüßt seist Du, Mutter Sonne!
Gesegnet der neue Tag, den Du bringst!
Segne auch das neue Jahr, das Du mir bringst –
Neues Leben, neue Liebe, eine Wiedergeburt des Geistes.
Lass Dein strahlendes Licht hell scheinen
Und enthülle meinen dritten Lebensabschnitt.

Trinken Sie dann das Glas leer und essen Sie den Kuchen. (Hinweis: In Nordeuropa war die Sonne immer weiblich.)

60. Jahr

Gratulation – Sie haben es geschafft, die zweite Saturn-Rückkehr zu überstehen. Jupiter ist wieder da und bringt neue Ambitionen und Energien. Sie sind durch die Tür getreten und beginnen nun damit, die gelernten Lektionen zu verinnerlichen und zu integrieren. Geben Sie in dieser Zeit gut auf Ihren Körper Acht! 60 ist ein Scheidepunkt. Viele Menschen schaffen es nicht bis hierher. Die Zeit am Anfang des sechsten Jahrzehnts ist eine gefährliche Periode für alle, die eine schwache Konstitution haben. Wenn Sie den dritten Lebensabschnitt genießen wollen, dann seien Sie vorsichtig!

Die Hauptaufgabe in diesem Alter besteht darin, gegen Depressionen zu kämpfen, denn diese lauern im Hintergrund, wenn wir mit unserer eigenen Sterblichkeit konfrontiert werden. Die Depression kann eine Auswirkung von Saturns Rückkehr sein, aber in diesem Fall ist sie keine Krankheit, sondern ein Zustand des Übergangs, der wieder vergehen wird. Wenn Sie mit dem unzufrieden sind, was Sie in Ihrem Leben getan haben, ist es jetzt an der Zeit, das zu ändern.

Ergreifen Sie diese Gelegenheit, um Ihre persönliche Lebensphilosophie zu überprüfen und öffnen Sie Ihr Bewusstsein. Das ist eine große Aufgabe. Die Verpflichtungen, die wir bereits eingegangen sind, können sich intensivieren und an Bedeutung gewinnen. Überdenken Sie sie sorgfältig – welche Dinge müssen Sie wirklich tun? Wir müssen klare Prioritäten setzen, um Änderungen herbeizuführen. Wenn wir uns die Zeit und Gelegenheit nehmen, an jenen Themen zu arbeiten, die wirklich von Bedeutung sind, werden sie uns auch weiterhin bereichern können. Wir werden dadurch unsere Aktivitäten auch bis in die Gesellschaft hinein ausdehnen.

Der Geburtstag

Dana schreibt: „Mein 60. Geburtstag hatte es in sich. Er fand im chinesischen Jahr des Metalldrachens statt und damit kehrte ich zu meinem Geburtszeichen und meinem Element zurück. An meinem Geburtstag war ich ganz fertig und musste von den Schwestern und Brüdern in meinem Kreis wieder aufgebaut werden. Am nächsten Tag erhielt ich meinen Doktortitel von der *Graduate Theological Union*. Meine Dissertationsarbeit handelt von verschiedenen Volkselementen in Marienlegenden und den Bereichen der Religionsgeschichte und Folklore."

Nicht jeder kann an seinem 60. Geburtstag ein so beachtliches Übergangszeugnis vorweisen. Aber das Alter von 60 Jahren erreicht zu haben, ist Grund genug für eine große Feier. Laden Sie Freunde aus den verschiedenen Jahrzehnten Ihres Lebens ein. Holen Sie Ihre Fotoalben heraus und veranstalten Sie eine Ausstellung. Wenn es Ihnen komisch vorkommt, das alles für sich selbst zu tun, bitten Sie Freunde oder Ihre Kinder darum.

Haben Sie Angst davor, die Leute wissen zu lassen, dass Sie so alt sind? Stoßen Sie sie mit der Nase darauf. 60 ist nicht mehr das, was es einmal war. Sie haben noch 20 oder mehr gute Jahre vor sich und befinden sich gerade in den Aufbruchjahren Ihres dritten Lebensabschnitts. Lassen Sie dies den Rest der Welt wissen!

Das Ritual für dieses Jahrzehnt
Die Tür des Schicksals

Wenn unsere erste Saturn-Rückkehr schwierig war, dann aus dem Grund, weil sie so überraschend kam, weil wir das Gefühl hatten, dass wir mit unserer ersten Aufgabe kaum klar gekommen waren, als sie sich schon wieder änderte. Die zweite Saturn-Rückkehr kann sich schwierig gestalten, weil wir uns seit fast 30 Jahren hinter unserer zweiten Aufgabe verschanzen. Das Wissen, dass Veränderung notwendig und unvermeidlich ist, macht es keineswegs leichter, alte Gewohnheiten und Vorstellungen aufzugeben. Wir nähern uns diesem Übergang voller Ängste im Hinblick auf Gesundheit, Beziehungen und Arbeit.

Das hektische evolutionäre Tempo des 20. Jahrhunderts scheint sich im 21. fortzusetzen. Das Einzige, was wir auf jeden Fall wissen, ist, dass die Welt nicht gleich bleiben wird. Und wir natürlich auch nicht. Die Tür des Schicksals öffnet sich, aber was befindet sich auf der anderen Seite? Wird der dritte Abschnitt unseres Lebens so produktiv sein wie der zweite, oder sind wir im Begriff, traurig ins Alter zu versinken? Von jetzt an werden die Unterschiede zwischen denen, die „Ja" zu ihrem Schicksal sagen, und denen, die vor ihm zurückweichen, immer offensichtlicher werden.

Durch das Ritual verinnerlichen wir eine Weisheit, die vielleicht nicht vom bewussten Verstand akzeptiert wird. Wir können unseren Seelen mit Hilfe dieses Durchgangsrituals die Botschaft senden, dass wir uns einen positiven dritten Lebensabschnitt wünschen. Dieses Ritual kann jederzeit nach dem 56. Geburtstag durchgeführt werden, wenn Sie das Gefühl haben, dass die beunruhigende Energie der Saturn-Rückkehr Ihr Unbewusstes so stark aufgerüttelt hat, dass es nützlich sein wird.

Das Ritual wird bedeutungsvoller sein, wenn Sie Zeit und Energie in die Vorbereitung investieren. Wenn möglich, ziehen Sie sich an einem Wochenende irgendwann im Monat vor dem Ritual in die Einsamkeit zurück. Brechen Sie allein zu einem ruhigen Ort auf, vorzugsweise auf dem Land, an Plätzen, wo Sie im Wald spazieren gehen oder aufs Meer blicken können. Versuchen Sie am ersten Tag, nichts zu tun, außer sich zu entspannen. Reißen Sie am zweiten Tag zwei Blätter aus einem Notizblock. Notieren Sie auf dem einen Blatt: „Dinge, von denen ich mich befreien will", und auf dem anderen: „Dinge, die ich in meiner Zukunft haben will."

Nehmen Sie sich Zeit, um über Ihr Leben nachzudenken. Was schätzen Sie? Was brauchen Sie wirklich? Sowie Ihnen ein Element einfällt, stellen Sie sich vor, was geschehen würde, wenn es verschwinden sollte. Sehen Sie sich Jobs, Hobbys, Besitztümer, Beziehungen, Gesundheit an – machen Sie keine Ausnahmen. Schreiben Sie die Dinge auf, die Ihr Leben voll stopfen, ohne zu seiner Qualität beizutragen. Die Norne, die über den dritten Lebensabschnitt herrscht, wird Skuld genannt. Eine Bedeutung ihres Namens ist „Schuld" – das, was bezahlt oder erfüllt werden muss. Wenn Sie also die Auflistung von Dingen beendet haben, derer Sie sich entledigen wollen, führen Sie jegliche – finanzielle oder persönliche – Schulden auf und entwerfen Sie einen Plan, wie Sie dagegen angehen werden. Wie werden Sie sie zurückzahlen? Wenn Sie jemandem ein Unrecht angetan haben, überlegen Sie sich eine Art von Ersatz. Wenn das nicht möglich ist, suchen Sie einen Weg, um „im Voraus zu zahlen", indem Sie einer anderen Person helfen.

Wenn Sie damit fertig sind, legen Sie das Blatt beiseite und unternehmen etwas, was Ihren Kreislauf in Schwung bringt. Nach dieser Pause widmen Sie sich dem zweiten Blatt Papier. Versuchen Sie sich selbst in zehn oder 20 Jahren vorzustellen. Was würden Sie dann gern tun? Wie sehen Sie sich dann? Was muss geschehen, damit sich diese Resultate einstellen? Einige Wünsche sind bereits in Ihrem Leben eingetreten. Andere werden neu sein. Nehmen Sie die Listen, die Sie während dieses zurückgezogenen Wochenendes erstellt haben, mit zum Ritual.

Unmittelbar vor dem Ritual sollten Sie ein reinigendes Bad nehmen. Wenn Sie möchten, können Sie auch gemäßigt fasten (Fruchtsaft und Tee), sodass Sie sowohl im Körper als auch im Geist rein sind.

Dekorieren Sie den Ritualraum in Schwarz und Silber mit dem astrologischen Symbol des Saturns auf einem Banner. Stellen Sie die Speisen für die Feier in einem Nebenraum auf. Diese Party eignet sich hervorragend dafür, die verschiedensten Leute einzuladen, die Sie in unterschiedlichen Zusammenhängen im Laufe der Jahre kennen gelernt haben.

Wenn mehrere Frauen gleichzeitig ihre Saturn-Rückkehr erleben, können Sie den Übergang zusammen feiern. Errichten Sie auf beiden Seiten des Raums Altäre; einer ist in Rot drapiert, mit einer brennenden roten Kerze und einem metallenen Kuchenblech darauf, und auf dem anderen, der ganz in Schwarz gehalten ist, steht eine nicht angezündete silberne Kerze. Binden Sie um die Liste der Dinge, die Sie aufgeben wollen, ein rotes Band, und um Ihre Liste mit den Hoffnungen für die Zukunft ein silbernes.

Sie (und Ihre Gefährtinnen) betreten den Raum und bleiben in der Mitte stehen. Gehen Sie zum roten Altar, der die Vergangenheit symbolisiert, und tragen Sie die Liste der nicht länger benötigten Dinge vor sich her. Erklären Sie der Gruppe, um was es sich dabei handelt, und wenn Sie sich wohl dabei fühlen, lesen Sie die Liste oder einen Teil davon vor. Nun sagen Sie, dass Sie diese Dinge loslassen, zünden das Blatt an und legen es auf das Blech, um es zu verbrennen. Wenn mehrere Initiierte zugegen sind, gehen sie eine nach der anderen auf die gleiche Weise vor. Blasen Sie dann die Kerze aus.

Sie haben jetzt Ihre Vergangenheit hinter sich gelassen, die zuerst von der Norne Urd (das, was gewesen ist) und dann von ihrer Schwester Verdandi (das, was im Werden begriffen ist) regiert wurde. Jetzt ist es an der Zeit, durch die Tür des Schicksals zu treten und sich in die Hände der Skuld – das, was sein *wird* – zu begeben.

Alle singen das folgende Lied, das aus der Arbeit der älteren Königingruppe auf dem *Goddess 2000 Festival* entstanden ist.

Ich wend' das Schicksal und ich mache auf die Türe,
Und ich änder' dich, so wie du änderst mich.

Wenn die Energie gut fließt, fangen Sie an, sich zu bewegen. Falls Sie die einzige Initiierte sind, drehen Sie sich an Ihrem Platz oder fordern Sie eine ältere Freundin auf, sich mit dem rechten Arm unterzuhaken, und drehen Sie sich dann gemeinsam. Wenn mehrere den Übergang vollziehen, können Sie sich in Paare aufteilen und sich gegenseitig drehen. Steigern Sie die Geschwindigkeit – Sie sollten die Energie wirklich *spüren*, die um Sie herumwirbelt.

Wenn Sie erschöpft sind, nutzen Sie den Schwung, um sich drehend zum schwarz drapierten Altar zu bewegen. Nachdem Sie verschnauft haben, verbeugen Sie sich vor ihm – den Kopf zu neigen genügt auch, wenn Ihre Knie den Dienst verweigern sollten.

Jede, die den Übergang vollzieht, bittet um Erlaubnis, in den dritten Lebensabschnitt einzutreten, und bringt ihre Liste der Hoffnungen und Pläne dar. Sagen Sie: „Ich wünsche, dass das, was sein soll, sein wird!" Dann zünden Sie die silberne Kerze an.

Gehen Sie dann durch die Tür in den Raum hinein, der für die Feier vorbereitet wurde, und beginnen Sie den dritten Abschnitt Ihres Lebens.

61. bis 70. Jahr –
Zweiter Frühling?

60 Jahre und mehr. Das Goldene Zeitalter wird zum diamantenen Jubiläum. Aber wir fragen uns, ob dies eine Zeit der Angst oder der Freude ist. Da die durchschnittliche Lebenserwartung sich so dramatisch erhöht hat, haben diejenigen, die im 21. Jahrhundert ihren 60. Geburtstag feiern, die Möglichkeit, diese Jahre auf eine Weise zu erleben, die für vorherige Generationen unbekannt war. Bald gibt es in den vielen Ländern bereits mehr Personen, die über 65 Jahre alt sind, als jene die unter 15 Jahre sind. Obwohl diese Entwicklung große soziale Probleme hervorruft, sorgt sie auch für ein besseres Sicherheitsnetzwerk unter Senioren als je zuvor.

Es stehen viele Fragen im Raum. Werden wir älter oder erleben wir einen zweiten Frühling? Bei vielen hat der abgeschlossene zweite Saturn-Zyklus ein Gefühl der Vollendung erzeugt. Die Karrieren, die in den letzten 30 Jahren all unsere Energien absorbiert haben, stellen uns meist nicht mehr zufrieden. Der veränderte Arbeitsmarkt vermittelt uns den Eindruck, überflüssig zu sein. Ist es an der Zeit, sich zurückzuziehen oder nach einer anderen Lebensform zu suchen? Was möchten wir jetzt, wo wir unsere volle Reife erlangt haben, tun? Und werden wir dafür auch die nötige Kraft aufbringen?

Der dritte Lebensabschnitt beginnt mit einer neuen Herausforderung: Wir müssen entscheiden, ob wir unser Alter akzeptieren oder die Hoffnung aufgeben und zusammenbrechen. Es ist wichtig, eine neue Aufgabe zu suchen, sonst fühlen wir uns nutzlos. Wir sind nicht mehr auf die Begünstigung durch andere angewiesen und müssen nicht mehr konkurrieren. Wir können uns unsere Projekte jetzt selbst auswählen. Wir können das tun, wovon wir meinen, dass die Welt dadurch besser wird. Und sehen Sie es mal von dieser Seite: Wenn wir beschäftigt sind, haben wir auch nicht so viel Zeit, uns um unsere Wehwehchen zu kümmern.

Wir können die Aussicht auf weitere 30 oder 40 Lebensjahre als Geschenk oder als Strafe betrachten. Wir sind Pfadfinder auf neuem Terrain: Unsere Antwort auf diese Herausforderung wird nicht nur unser eigenes Leben bestimmen, sondern auch die Erfahrung derer, die noch nach uns kommen.

Die sechste Dekade enthält viele Überraschungen. Morganna, die mit 64 Jahren glücklich mit einem 25 Jahre jüngeren Mann zusammen lebt, hat uns dieses hübsche Gedicht geschickt:

GESTERN
Ich dachte, mein Leben wäre erfüllt.
Es gab nichts mehr, was ich brauchte.
Ich eilte durch die Stunden, Tage und Wochen.
Und seit Jahren hatte ich darin Erfolg,
Tief in mir einen Teil zu begraben,
Der nie durchdringen konnte oder
Anerkannte, was ich fühlen würde, wenn ich dich träfe!

HEUTE
Ich denke, mein Leben ist erfüllt.
Ich habe, was mein Herz sich wünschte,
Um in Freude und Glück zu leben
Und alle meine Wünsche zu erfüllen
Du hast mir Vollständigkeit gebracht
Und lässt mich authentisch fühlen.

61. bis 70. Jahr – Zweiter Frühling?

Du hast mir mehr Freude gegeben,
Als ich für möglich hielt.
Und mein Herz fühlt mehr Liebe,
Als ich je ausdrücken kann.

MORGEN
Ich weigere mich, über die nächste Woche,
Den nächsten Monat hinauszusehen.
Ich weiß nicht, was die Zukunft bringt.
Ich kann immer nur einen Tag zu seiner Zeit leben.
Und wage nicht, mir mehr zu wünschen.

Nun bis jetzt –
Ich tanze, als ob niemand zusieht.
Ich liebe ohne Angst vor dem Herzbruch.
Denn würde ich diese Chance nicht ergreifen,
Hätte ich mir selbst einigen Schmerz erspart,
Aber den Tanz nicht erlebt.

Schicksalsdaten vom 61. bis zum 70. Jahr

61–65 Jahre	♄ ☌ ♄	Saturn-Rückkehr endet	Übergang zur Reife
		Uranus im Quadrat	Neue Richtung suchen
	♅ □ ♅	zur Geburtsposition	Befreiung oder Tod
			Neue Interessen, Studien
			Ansturm der Inspirationen
65–67 Jahre	♄ □ ♄	Saturn im Quadrat	Änderung des Selbstbildes
		zur Geburtsposition	zur älteren, weisen Person
			Trauer um verlorene Jugend
			und Akzeptanz des Alters
			Die Wahl, fortzuschreiten
			oder aufzugeben
			Prioritäten erkennen

61. Jahr

Mit 61 Jahren beginnen wir ein neues Jahrzehnt, aber die Festigung des Charakters und der Weltsicht, die mit der zweiten Saturn-Rückkehr begonnen hat, ist noch nicht abgeschlossen. Es ist Zeit, den zweiten Lebensabschnitt nun wirklich gehen zu lassen. Wir brauchen Platz für die neue Aufgabe. Dieses Jahr wird Uranus ins Quadrat zu seiner Position im Geburtshoroskop treten, wir fühlen uns innerlich und äußerlich ruhelos. Tauchen Sie ein in die Heiligkeit des Lebens und sorgen Sie für Befreiung.

Es ist Zeit, alte Lasten loszuwerden. Misten Sie Ihre Schränke aus und wenn Sie ein Kleidungsstück drei Jahre nicht mehr getragen haben, geben Sie es weg. Sehen Sie auch Ihre Bücher durch. Wenn Sie ein Buch nicht noch einmal lesen, weil Sie darin Trost suchen oder es als Referenz benötigen, warum steht es dann noch in Ihrem Regal? Suchen Sie nach einem Buchladen oder einer Bibliothek, die diese Bücher anderen Leuten zukommen lässt. Schütteln Sie die Vergangenheit ab, wie ein Wal die Schalentiere vom Rücken. Sie können dann viel freier schwimmen.

Jedes Mal, wenn wir einen Übergang abgeschlossen haben, denken wir: „OK, ich hab's geschafft, jetzt bin ich erwachsen!" Und dann kommen wir an eine neue Schwelle und alles ändert sich wieder. Dieses Mal besteht die Herausforderung darin, eine weise Frau zu werden. Das wird eine Weile dauern. Um diese Arbeit zu leisten, müssen wir uns einmal mehr auf uns selbst konzentrieren. Bis jetzt haben die familiären und sozialen Verantwortungen abgenommen. Die Verantwortlichkeiten, die wir noch tragen, haben wir selbst gewählt. Sie sind Teil unseres spirituellen Weges.

Der Anfang der sechsten Dekade ist eine gute Zeit, um zurückzublicken und Inventur zu machen. Dana schreibt:

Ich bin 61 Jahre alt und halte mich manchmal für 16 oder 114. Vor einigen Wochen übernahm ich die Rolle einer Priesterin beim „Twilight Gathering". Bei dieser Veranstaltung wurde das Geheimnis der Geburt auf einer Kiessandbank in einem Fluss in den Redwood-Wäldern gefeiert. Ich stellte die Kraft und das Wissen einer Hebamme mit all der kriegerischen Festigkeit einer Weisen dar. Die Integration hat begonnen. Eine alte Frau zu sein, bedeutet nicht, alt und gebrechlich zu sein. Es bedeutet, ein ganze Person zu sein und sich auf die Kraft der verschiedenen Lebensphasen stützen zu können. Wir Alten können alle die anderen Phasen bedenken, die nun schon an uns vorbeigezogen sind. Ich habe das Geheimnis nun in der Hand, in meinem Herzen und in meinem Geist. Ich bin ein Netz, ein Spinnennetz aus Leben und Erinnerung. Ich bin jetzt eine Matrix, denn alles, was ich sehe und tue, erscheint in Mustern und nicht mehr in Linien.

Als ich 60 wurde, sammelte ich die bereits überfälligen Initiationen ein, darunter meinen Doktortitel und zwei Ernennungen in den Stand der „Alten in der Kraft". Ich stellte fest, dass mein Herzenswunsch darin bestand, mit meinen beiden Katzen zusammenzusitzen und die große Magie zu erlernen, mit der sie bereits auf die Welt kommen. Ich möchte lernen, diese Magie mit in meine Welt zu nehmen und zu einer Art urbaner Schamanin zu werden. Ich halte bereits die Fäden der Jungfrau, der Königin der Wünsche, der Großen Mutter, der Amazonenkriegerin, der weisen Frau und der Alten in der Hand, obwohl ich zu letzteren jetzt erst werde. Und ich blicke auf eine hoffentlich noch lange Straße, um zu erkennen, was ich in den nächsten Jahrzehnten tun und sein kann.

Wie sich die Welt verändert hat! Vom einfachen Patriotismus der 40er Jahre über die Unterdrückung in den 50er Jahren, den kurzen Ausbruch der Freiheit in den 60er und 70er Jahren, der Kommerzialisierung in den 80er und 90er Jahren. Wohin wird uns der Weg führen? Zur „Neuen Erleuchtung" oder in die „Schöne neue Welt"? Ich weiß es nicht, aber ich werde ein Teil davon sein und daran arbeiten, diese Welt mit Magie zum Wohle allen Lebens und Geistes zu formen in der Freiheit der Göttin und in ihren warmen Armen.

Der Geburtstag

Feiern Sie diesen Geburtstag, indem Sie diesmal die anderen beschenken. Es ist wahrscheinlich schon recht lange her, seit Sie Ihre Regale und Schubladen durchforstet haben. In Ihrem neuen Lebensstadium benötigen Sie manche Dinge nicht mehr. Wenn Ihre Freunde darauf bestehen, etwas mitzubringen, bitten Sie sie um Nahrungsmittel oder Blumen. Während sich Ihre Freunde ein Geschenk aussuchen, erzählen Sie zu jedem Gegenstand, wie und wo Sie ihn bekommen haben, wann Sie ein Kleidungsstück gerne getragen, ein Buch gelesen oder etwas anderes benutzt haben und welche Bedeutung der jeweilige Gegenstand für Sie hatte.

62. Jahr

Gratulation! Jetzt betreten Sie endgültig Ihren dritten Lebensabschnitt. Ihre Hauptaufgabe besteht im Moment darin, geduldig zu sein und zu beobachten, wie sich Ihr Schicksal entfaltet.

Viele beantworten diese Veränderungen mit einer neuen persönlichen Ausrichtung. Zu ihrer Überraschung fühlen sie sich jünger. Auch jene, die schon dachten, ihr Leben sei vorüber, entdecken Gelegenheiten für neue Errungenschaften. Mit 62 Jahren wurde die damals gerade verwitwete Eleanor Roosevelt die erste Vertreterin der Vereinigten Staaten bei den Vereinten Nationen und stand der Menschenrechtskommission vor. Sie war die treibende Kraft bei der Abfassung der *Allgemeinen Erklärung der Menschenrechte*, die zwei Jahre später ratifiziert wurde.

Wie Sie sich fühlen, hängt vielleicht von Ihrem Körper ab, aber auch von Ihrer inneren Einstellung. Werden Sie diese Dekade als Zeit des körperlichen Verfalls und des psychischen Todes begreifen oder als Zeit des Übergangs in das Alter der Weisheit?

Z erinnert sich:

Ich habe meinen 60. Geburtstag mit einer großen Party gefeiert, aber mein Körper schmerzte mich. Ich bin den ganzen Abend nicht vom Stuhl aufgestanden. Mein Bein schmerzte vom Schienbein bis zur Hüfte und keine Massage konnte Abhilfe schaffen. Es dauerte bis zum Alter von 62 Jahren, bis ich begriff, dass ich die falschen Schuhe trug. Zwei Jahre lang fühlte ich mich gefangen und gehetzt wie ein Reh im Scheinwerferlicht. Ich habe keine Angst vor dem Älterwerden, aber der Verlust an Beweglichkeit verletzte sowohl meinen Körper als auch meine Seele. Ich habe viel Geld für verschiedene Spezialisten ausgegeben bis ich jene Fußpflegerin fand, die mir zu anderen Schuhen riet. Sie fügte eine kleine Erhöhung in meine Schuhe ein und alle Schmerzen verschwanden wie ein schlimmer Alptraum in der Morgendämmerung. Ich hoffe, alle meine Probleme lassen sich so einfach lösen und ich hoffe, es dauert nicht jedes Mal so lange, bis ich eine Lösung finde!

Der Geburtstag

Lassen Sie Ihr Licht leuchten! Stellen Sie 62 Kerzen auf ein Tablett oder einen Teller (aus feuerfestem Material). Sie können kleine Geburtstagskerzen oder Teelichter dazu verwenden. Stellen Sie sie in die Mitte eines Altars, der Ihr Leben ehrt. Dekorieren Sie ihn mit Blumen.

Lassen Sie die Kerzen brennen, während Sie Ihren Geburtstagskuchen essen und verbringen Sie mit Ihren Freunden eine schöne Zeit. Ehe Sie die Kerzen ausblasen, treten Sie an den Altar und sagen:

> *Es ist Zeit, es ist Zeit –*
> *auf den Wind der Zeit zu hören.*
> *Lass' es scheinen, lass' es sein,*
> *Dritter Lebensabschnitt, Du sei mein!*
> *Gesundheit meinem Körper,*
> *Wohlstand meinem Geist,*
> *Weisheit für mein Glück,*
> *Dritter Lebensabschnitt, Du sei mein!*

Blasen Sie nun alle diese Kerzen aus. Sie müssen es nicht in einem Atemzug schaffen! Wenn die Kerzen aus sind, entzünden Sie eine einzelne, weiße Kerze für die neuen Segnungen, die bereits auf dem Weg sind. Herzlichen Glückwunsch zum Geburtstag!

63. Jahr

Sie sind nun eine „junge Alte"; Z nennt sie die „neuen Alten". Das ist nicht einfach, insbesondere, wenn Sie nicht verstehen, warum Sie sich innerlich noch jünger als 45 fühlen. Ihr Geist hat aufgehört zu altern, er wird zwar weiser, aber solange Sie ihn offen halten, wird er nicht alt.

Den alten Status quo aufzugeben kann so befreiend sein, dass viele „neue Alte" einen wahren Rausch an Inspiration und Kreativität erleben. Künstler und Denker produzieren neue Arbeiten. Viele von ihnen haben ihre besten Werke nach der zweiten Saturn-Rückkehr geschaffen. Durch die natürlichen Veränderungen und Entwicklungen erhalten Sie neue Perspektiven und mehr Geduld. Sie haben einen ganzen neuen Zyklus vor sich, der mindestens bis zur dritten Saturn-Rückkehr und der ersten Rückkehr des Uranus Mitte 80 dauern wird. Was werden Sie mit Ihrem zweiten Erwachsenenleben anfangen?

Nicht nur Frauen spüren zu diesem Zeitpunkt eine Verbundenheit mit allem Leben. Wir sollten uns darüber klar werden, dass auch die Männer ihre geschlechtsspezifischen Rollen ablegen und nach innen blicken. Don sagt:

Ich kann mich an kein Alter erinnern, in dem ich mich irgendwie anders gefühlt habe, aber das liegt wahrscheinlich daran, dass es ein langer, allmählicher Prozess ist. Ich glaube mit der Zeit habe ich mehr Vertrauen bekommen, dass die Dinge sich schon richtig entwickeln werden, auch wenn die Ereignisse selbst manchmal chaotisch erscheinen. Inzwischen überdenke ich allerdings auch die Liste meiner Projekte genauer. Und ich bin vermutlich etwas toleranter geworden. Ich sehe alles eher wie ein großes Netz ineinander verwobener Prozesse. Jeder neigt dazu, seine eigenen vereinfachenden Annahmen über das Leben anzustellen. Aber eins ist gewiss: Die materiellen Dinge interessieren mich bei weitem nicht mehr so wie früher.

Aber Z hält eine Warnung bereit:

Unser Körper und unser Geist befinden sich nicht mehr miteinander im Einklang. Wir können nicht mehr alles als selbstverständlich betrachten. Dies muss man mit Charme und einem Anflug von Humor ertragen. Zum Beispiel habe ich mich in meinem eigenen Bett verletzt. Als es diesen Winter so kalt war, habe ich mich zusätzlich mit zwei extra dicken Decken zugedeckt. In der Nacht habe ich mich dann unter ihnen herumgewälzt und mich gestoßen. Die Decken waren so schwer, dass ich mir dabei meine Kniescheibe verletzt habe. Ich bin eine Woche gehumpelt, bis ich den Grund herausfand. Ich nahm die extra Decken wieder herunter und schloss stattdessen das Fenster. So geht's den „neuen Alten". Wir sind in diesen Dingen noch nicht so bewandert. Beachten Sie die Grenzen des Körpers und treiben Sie ihn nicht über die Schmerzgrenze hinaus!

Der Geburtstag

Beginnen Sie in diesem Jahr mit den Kerzen wieder von vorne. Setzen Sie drei Kerzen, eine für jedes Jahr dieser neuen Dekade, auf den Kuchen. Dadurch wird in Ihrem Unterbewusstsein verfestigt, dass Sie eine „junge Alte" sind. Ihr neues Selbst beginnt gerade erst aufzutauchen, neue Wünsche gelangen an die Oberfläche. Sie beginnen mit einer weißen Weste.

64. Jahr

„Will you still need me, will you still feed me, when I'm sixty-four?" In den 60er Jahren schien es noch ein weiter Weg bis zur 64. Für jene die dieses Alter jetzt erreicht haben, können die Dinge ganz anders aussehen. Ihr Schicksal hat Ihnen vielleicht einen Schub gegeben, aber jetzt könnten Sie müde werden. Sie müssen Ihr eigener Experte sein und erkennen, was Sie brauchen. Und Sie sind auch dafür verantwortlich, dass Sie es bekommen. Das Leben ist zu einer Art Wissenschaft geworden – Sie müssen Ihre Medizin und Vitamine nehmen, vergessen Sie nicht, etwas Yoga zu machen und gehen Sie täglich spazieren. Sie müssen das richtige Essen auswählen, grüne Blätter, rote Beete und Knoblauch. Außerdem ist es wichtig, genug Wasser, Gingkosaft oder Brennnesseltee zu trinken. Bis Sie das alles berücksichtigt haben, ist es schon Abend und dann müssen Sie schlafen.

Astrologisch gesehen wird es bis zum nächsten Jahr ruhig am Himmel, weshalb dies eine gute Zeit ist, um sich noch einmal richtig wichtig vorzukommen. Lachen, essen und lieben Sie jeden Tag und dann lieben Sie noch mehr. Z sagt:

Ich denke, dass wir alten Frauen und Männer alle Hunde haben sollten, die uns mögen. Wenn wir dem Hund Auslauf verschaffen, müssen wir auch unseren täglichen Spaziergang machen. Ein Hund besteht auf seinem Spaziergang und man kann ihn nicht zurückweisen. Auf diese Art kommt man jeden Tag vor die Tür. Mein Hund Zyna hat auch kochen gelernt. Ich habe mein Essen immer anbrennen lassen, weil ich nicht daran dachte, den Herd auszuschalten. Jetzt kommt Zyna und bellt, wenn es Zeit ist, sich wieder dem Herd zuzuwenden. Danke, Zyna!

Nina schreibt:

Körperlich schmerzt dieses Alter. Auch ein Blick in den Spiegel schmerzt, denn er zwingt mich, den Überresten meiner einstigen Schönheit ins Auge zu blicken. Senkrechte Gesichtsfalten, dünnes Haar und ein Körper, bei dem sich alles in Richtung Boden zu bewegen scheint, verlangen nach etwas Pflege. Aber nachdem ich mich mental neu orientiert habe, bin ich froh, in einem Alter zu sein, in dem ich mich nicht mehr so sehr darum kümmern muss, was andere in mir sehen. Ich kann sein, was ich sein möchte, ohne anderen etwas beweisen oder sie beeindrucken zu müssen. Ich fühle mich jetzt frei und fast leicht schwebend auf meinen Beinen und im Geiste. So viel Leben, so viel Freude und so viele Schmerzen haben mich gelehrt, im Sonnenlicht zu leben und die Dunkelheit sich selbst zu überlassen. Ich hatte immer den Eindruck, ich müsste um die nächste Wegbiegung eilen, um zu sehen, welche neuen, anderen Ideen oder welche aufregenden Personen dort warten. Es war alles ein großes Abenteuer und ich bin dankbar dafür. Vielleicht habe ich noch ein Leben oder 100 Leben vor mir. Ich werde alle leben, die sich mir bieten.

Sandra, die in England lebt, hat noch mehr inspirierende Worte:

Ich dachte immer, wenn ich einmal 60 oder 70 Jahre alt bin, wüsste ich alles. Aber wenn man 60 oder 70 ist, erkennt man, wie wenig man weiß und wie viel es noch zu lernen gibt. Viele Menschen ängstigen sich davor, alt zu werden. Aber ich bin immer noch dieselbe wie mit 20 Jahren, vielleicht etwas erfahrener und etwas geduldiger. Ich habe viele Falten und Schwangerschaftsstreifen von meinen Kindern. Mein Haar ist inzwischen eher weiß als aschblond und ich könnte es ganz gut vertragen, ein paar Pfunde zu verlieren.

Alt zu sein, kann ein großes Vergnügen sein. Man kann sich Dinge erlauben, die man sich in jungen Jahren nicht erlauben konnte. Man hat eine starke Persönlichkeit und Vertrauen in sich selbst. Keine Kinder hängen mir mehr an den Fersen, ich bin kein Lohnsklave mehr und ich habe Zeit, bestimmte Dinge richtig zu lernen, meine Fähigkeiten zu verbessern und meine Kenntnisse zu erweitern.

Der Geburtstag

Führen Sie an diesem Geburtstag ein Ritual der Dankbarkeit aus. Stellen Sie vier Kerzen auf Ihren Kuchen – grün, weiß, gelb und blau. Für jedes Jahr und jedes Element, Erde, Luft, Feuer und Wasser, eine Kerze.

Zünden Sie die grüne Kerze an und sagen Sie: „Ich bin dankbar für die Nahrung, die ich zu mir nehme und für den Körper, in dem ich lebe."

Zünden Sie die gelbe Kerze an und sagen Sie: „Ich bin dankbar für die Luft, die ich atme und für die Worte und die Musik."

Zünden Sie die rote Kerze an und sagen Sie: „Ich bin dankbar für die Sonne, die meine Tage erhellt und das Feuer des Lebens in mir."

Zünden Sie die blaue Kerze an und sagen Sie: „Ich bin dankbar für das Wasser, das ich trinke und für die Segnungen der Liebe."

Danken Sie auch Ihren Freunden und Ihrer Familie für ihre Hilfe und Unterstützung.

65. Jahr

Sie sind jetzt 65 Jahre alt und bereit für den Ruhestand? In den nächsten zwei Jahren wandert Saturn durch den Aspekt des

Quadrats zu seiner Geburtsposition und hinterlässt bei Ihnen dieselbe Ruhelosigkeit, die Sie schon die letzten Male bei dieser Konstellation gefühlt haben. Das war im Alter von 37 und 44 Jahren. Es ist nun an der Zeit, das eigene Selbstbild zu ändern, aber wie? Diese Aufgabe steht nun im Mittelpunkt und kann einige Zeit dauern. Blicken Sie sich um und blicken Sie in sich hinein. Vielleicht entdecken Sie eine neu herangereifte Weisheit in sich. Geben Sie anderen Menschen oft gute Ratschläge? Hören Sie einmal auf sich selbst und folgen Sie dann Ihren eigenen Ratschlägen! Oft erzählen wir anderen, was für uns selbst eigentlich am ehesten gelten sollte.

Wir wachsen alle mit der Annahme auf, dass 65 das „richtige" Alter für den Ruhestand ist. Diese Zahl legte Kanzler Otto von Bismarck für die ersten Rentenbezüge fest, denn die Statistik hatte gezeigt, dass eine Mehrheit der Arbeiter bis zu diesem Zeitpunkt gestorben war. Doch das ist nicht mehr der Fall.

Wenn Sie es heute bis 65 Jahre geschafft haben, ist die Wahrscheinlichkeit sehr groß, dass Sie auch noch die nächsten 20 Jahre erleben. Einige Menschen ziehen sich zurück, um nach ihrer ersten noch eine zweite Karriere zu beginnen. Die sozialen Sicherungssysteme haben diese demographische Änderung bereits erkannt und ermutigen die Menschen dazu, erst im höheren Alter ihre Reserven anzugreifen. Auch über das Alter für die gesetzlich geregelten Bezüge wird häufig diskutiert. Wir Selbstständigen gehen sowieso niemals in den Ruhestand.

Aber was sollen wir mit dieser neuen Freizeit anfangen? Sie sollten sich nicht allzu sehr in der Sicherheit wiegen, dass sich die Gesellschaft schon um Sie kümmern wird. Es gehört auch zu unseren Aufgaben, in die Zukunft zu investieren, damit wir nicht unter die Armutsgrenze fallen. Finden Sie eine sinnvolle Beschäftigung, die jenen Zeitraum ausfüllt, in dem Sie sonst arbeiten gegangen sind. Dabei kann es sich auch um eine andere Arbeit handeln. Ihr dritter Lebensabschnitt bringt Ihnen nicht nur eine neue Persönlichkeit, sondern auch ein neues berufliches Leben.

Es ist jedenfalls an der Zeit, zu wählen, wie wir die Jahre der Weisheit verbringen möchten. Wenn wir um uns blicken, erkennen wir meist nur die Beschränkungen, die uns das Alter auferlegt. Das Leben erscheint begrenzter und trister. Aber wir sollten die Verantwortung für unser Leben übernehmen und eine neue Richtung suchen. Sobald wir das tun, werden wir entdecken, dass die Welt immer noch genügend Gelegenheiten für uns bereithält.

Paula schreibt: „Ich habe meinen letzten Geburtstag beim Zelten zusammen mit meinem Hund gefeiert und dann ein Ritual durchgeführt und eine Party gegeben. Ich besuche den Chiropraktiker zwar häufiger, bin aber auch viel öfter zufrieden und glücklich. Ich habe gelernt, meine alten Freunde zu lieben und zu ehren und die neuen zu mögen."

Corinna freut sich ebenfalls über dieses Alter:

Ich bin vor ein paar Wochen 65 Jahre alt geworden und wissen Sie was? Es ist eigentlich nichts Aufregendes geschehen. Ich habe nicht das Gefühl, dass ich schon lange genug auf der Welt bin, um 65 zu sein. Es stört mich überhaupt nicht, alt zu sein. Das ist überraschend. Auch meine Kinder scheinen kein Problem mit ihren 40 Jahren zu haben. Sie scheinen immer noch um die 20 zu sein.

Ich habe die Elastizität der Zeit entdeckt. So denke ich an das Jahr 1954, als ich meinen Schulabschluss machte. Das ist 48 Jahre her, aber es scheint nur ein paar Jahre zurückzuliegen. Und wenn ich an die Chronologie meines Lebens denke, dann gibt es da immer große Zeitblöcke, in denen nichts passierte. Ich kann mich gut an solche Phasen erinnern, zum Beispiel als mein Ältester geboren wurde (1956) oder an den Sommer in Yellowstone (1965). Aber was ist mit den Jahren, in denen das Leben nur so dahinplätscherte und keine großen Veränderungen im Gedächtnis haften blieben?

Vor einigen Jahren habe ich angefangen, mein Leben mit einem Haus zu vergleichen, das viele Zimmer hat. Einige dieser Zimmer habe ich regelmäßig benutzt; andere nur gelegentlich. Es gab einige, die einmal wichtig waren, deren Türen sich aber für immer geschlossen haben und auch wohl nie wieder öffnen werden. Ich nahm an, alle Zimmer zu kennen und jetzt wäre alles nur noch eine Frage der guten Hauswirtschaft. Dann rollte die zweite Saturn-Rückkehr heran, und zu meiner großen Überraschung musste ich feststellen, dass mein Haus nicht nur Zimmer besaß, in die ich noch nie hineingesehen hatte, sondern sogar ein ganz neues Stockwerk!

Ich habe gelernt, dass es immer etwas Neues gibt, worüber man sich wundern kann. Ich habe gelernt, dass man auf lange Sicht nur von sich selbst abhängt und von den Göttern, und dass letztere manchmal überzeugt werden müssen. Ich habe gelernt, dass es weniger Energie kostet, zu lächeln als die Stirn zu runzeln. Auch weiß ich, dass der Spruch „Was Du nicht willst, das man Dir tu', das füg' auch keinem anderen zu" eine gute Lebensdevise ist, und dass kleine Hunde ausgezeichnete Hausgesellen sind.

Der Geburtstag

Entdecken Sie an diesem Geburtstag das neue Selbst. Erstellen Sie eine Liste Ihrer Aktiva und Passiva. Beziehen Sie nicht nur finanzielle Daten ein, sondern auch Kontakte, Interessen und Fähigkeiten. Wem schulden Sie Zeit oder Unterstützung? Was schuldet man Ihnen? Wenn das erledigt ist, erstellen Sie eine Liste all jener Dinge, die Sie schon immer tun wollten. Gibt es etwas auf der Liste Ihrer Aktiva und Passiva, was Sie bei Ihren Zielen unterstützen kann? Unternehmen Sie an Ihrem Geburtstag einen Schritt in eine neue Richtung, zum Beispiel einen Besuch, einen Telefonanruf oder einen Buchkauf. Ob Sie mit anderen feiern, oder alleine, trinken Sie auf Ihre neuen Interessen.

66. Jahr

Auch dieses Jahr steht Saturn noch im Quadrat zu seiner Position in Ihrem Geburtshoroskop. Der „große Lehrmeister" ärgert uns, bringt uns ins Wanken und hinterfragt uns. Die größeren Planeten benötigen einige Zeit, um sich durch unser Leben zu bewegen. Die innere Arbeit an unserer Selbstverwirklichung erfordert ein ebenso langes und stetiges Bemühen, wie die äußere Arbeit an einer stabilen Lebenssituation. Wir müssen aufmerksam darauf achten, wer und was wir sind.

Die Unzufriedenheit, die Saturn mit sich bringt, kann viele Formen annehmen. Manche verleugnen ihr Alter. Für Männer kann dies besonders schwierig sein. Sie sind körperlich nach wie vor in der Lage, Väter zu werden, aber sind sie auch daran interessiert? Sowohl Männer als auch Frauen müssen realisieren, dass die Sexualität kein bestimmender Faktor mehr für unser Wertgefühl ist. Sicherlich ist Sex nach wie vor möglich, wünschenswert und schön, aber er hat keine oberste Priorität mehr. Viel stärker wird dagegen der Wunsch nach Intimität.

Wenn die männlichen Testosteronspiegel fallen und die weiblichen ansteigen, werden sich Männer und Frauen irgendwie ähnlicher und können sich vielleicht auch besser verstehen. Lassen Sie keine eingefahrenen Verhaltensmuster zwischen sich und ihrem Partner aufkommen. Kuscheln Sie, unternehmen Sie etwas und reden Sie miteinander. Seien Sie sich darüber im Klaren, dass die Intimität nicht mehr so eng an die sexuelle Ausrichtung gebunden ist. Vertiefen Sie Ihre Freundschaften. Erforschen Sie Ihre eigenen inneren Welten und entwickeln Sie Ihren Geist und Verstand. Reden Sie, diskutieren Sie und lösen Sie Kreuzworträtsel. Machen Sie einen Kopfstand oder hängen Sie sich über einen Stuhl- oder Sofarand, um das Blut zurück in Ihren Kopf fließen zu lassen!

Helmut ist ein gutes Beispiel für einen Mann, der in seinen Sechzigern eine Möglichkeit fand, seinem Leben einen neuen Impuls zu geben:

Es fühlt sich komisch an, 66 im Jahr 2001 zu sein. In meiner Jugend habe ich nicht geglaubt, jemals im 21. Jahrhundert zu leben und Buck Rogers zu sehen. Als ich mich aus dem Staatsdienst zurückzog, fragte mich meine Frau, womit ich mich jetzt beschäftigen und bei Laune halten wollte. Ich ging zurück an die Universität und machte meinen zweiten Doktor. Jetzt beginne ich eine neue Berufslaufbahn als klinischer Psychologe.

Der Geburtstag

Wenn Sie 66 werden, erinnern Sie sich wahrscheinlich an die Zeit, als die Route 66 der größte Highway durch die USA war.

Sie verband tausende große und kleinere Städte. Ob Sie jemals die Route 66 gefahren sind oder nicht, bedienen Sie sich der Metapher einer Straße, um auf Ihr Leben zu blicken. Auf dieser Straße sind Sie nun ungefähr zwei Drittel des Weges gegangen.

Nehmen Sie sich an diesem Geburtstag ein langes Stück Papier und malen Sie die Straßenkarte Ihres Lebens darauf. Versehen Sie sie mit Fotos, Briefen und Erinnerungen. Wo haben Sie begonnen? Was sind die Höhepunkte und Umwege gewesen, wo sind Orte, die Sie wiedersehen möchten oder solche, an denen Sie Niederlagen erlitten haben? Wenn Sie die Karte bis zu dem Punkt ausgefüllt haben, an dem Sie jetzt stehen, schauen Sie auf den restlichen Reiseweg.

Frühere Kartographen zeichneten die Wege in die Karten ein, indem sie Reisenden und ihren Geschichten zuhörten. Fragen Sie Menschen, die älter sind als Sie, was für die kommenden Geburtstage zu erwarten ist. Heute ist der erste Tag dieses verbleibenden Lebens, und der Weg geht weiter ...

67. Jahr

Dieses Jahr sind unsere Planeten wieder einmal in Bewegung. Halten Sie sich also bereit. Saturn ist jetzt wieder auf dem Weg zur Opposition und uns stehen einige Konflikte bevor. Unser Geist fühlt sich jung an, aber unser Körper ist vielleicht anderer Meinung. Schmerzen und Stechen oder der einfache Wunsch, öfter mal ein Nickerchen zu machen, kann unsere Vorstellung davon, was wir machen können und was nicht, verändern. Selbst wenn wir noch gut in Form sind, können kleine Anpassungen notwendig werden. Die Kniegelenke werden gebrechlicher und das Joggen kann zum Problem werden. Ein Leben mit schlechter Haltung fordert jetzt seinen Tribut am Rückgrat. Frauen in diesem Alter sollten pro Jahr eine Mammographie erstellen lassen.

Für andere ergeben sich Konflikte in Beziehungen oder der Familie. Einige müssen noch ihre älteren Eltern versorgen, während andere sich bereits von ihren Kindern umsorgen lassen. Saturn bringt etwas Genügsamkeit ins Spiel, insbesondere für jene, die ein festes Einkommen haben. Auch sehr zufriedene und kontrollierte Personen können in Depressionen verfallen, wenn sie mit dem Tod, Scheidung oder dem Alterungsprozess konfrontiert werden, oder damit, nicht mehr gebraucht zu werden. Wir müssen diese Schmerzen aushalten, ohne sie zu verleugnen oder zu unterdrücken. Wenn wir sie zurückhalten, kann der Schmerz uns körperlich krank machen. Unterdrückte Probleme kommen oft als Schmerzen oder Fieber an die Oberfläche.

Schmerzen und Krankheiten machen das Leben schwierig, aber sie müssen uns nicht davon abhalten, produktiv zu sein. Marie Curies Arbeit im Labor machte ihr das Leben lebenswert bis zum Schluss, auch wenn sie sich dabei häufig einer Bestrahlung aussetzte, die am Ende ihren Tod durch Leukämie verursachte. Manchmal müssen Abwägungen zwischen der Qualität und der Länge des Lebens stattfinden.

Frauen reagieren auf Stress, indem Sie Unterstützung bei Freunden suchen, während Männer eher dazu neigen, sich zurückzuziehen und alles alleine durchzustehen. Es ist nun an der Zeit, ihre Bindungen zu anderen zu erneuern. Schließen Sie sich einer Gruppe an, suchen Sie nach Abenteuern, die Sie aus Ihrem Trott aufrütteln oder machen Sie eine Gruppen-Therapie.

Heitern Sie sich auf. Selbst jene, die ein Leben lang sehr aktiv waren, finden es nun vielleicht an der Zeit, sich zurückzulehnen und den Blumen beim Wachsen zuzusehen. Jetzt geht es darum, wie wir alt werden wollen. Sie können entweder die notwendigen Schritte unternehmen, um die körperliche, mentale, kreative, soziale und spirituelle Gesundheit aufrechtzuerhalten oder Sie geben auf und fühlen sich elend, bis Sie sterben.

Sitzen Sie nicht nur einfach herum, fressen Sie Ihren Schmerz nicht in sich hinein. Gehen Sie tief in sich und suchen Sie nach Selbstheilung. Heutzutage stehen uns die Traditionen der Heilkunst aus vielen Kulturen zur Verfügung, wenn wir diese erforschen möchten. Was auch immer wir tun, die Veränderungen kommen. Es ist am besten, mit dem Strom zu schwimmen.

Annie sagt im Alter von 67: „Ich fühle mich wirklich gut; ich bin eine gesunde Frau – und ich weiß, wie viel Glück ich habe, hier zu sein. So ist es in Ordnung. Aber ich kämpfe sehr dagegen an, älter zu werden. Ich habe im Leben gelernt, dass ein jeder Moment wichtig ist. Es ist wichtig, einfach nur diesen Moment jetzt zu leben. Darin werden ich immer besser und das ist sehr befriedigend und wundersam. Das Leben in diesem einen Moment – das ist wirklich alles, was man tun kann."

Wir brauchen die Energie von Saturn für unsere Selbstanalyse und einige Neubewertungen. Was ist real? Was brauchen wir wirklich? Es ist an der Zeit, jene Dinge und Beziehungen loszulassen, die uns nicht gut tun, und alte Streitigkeiten durch Vergebung zu begraben. Vergeben Sie jenen, die Sie verletzt haben, und versuchen Sie Ihre eigene Schuld bei jenen gutzumachen, die Sie verletzt haben.

Der Geburtstag

Betrachten Sie diesen Geburtstag als Gelegenheit, neue Beziehungen einzugehen oder bestehende zu erneuern. Schreiben Sie an alle Freunde aus der Vergangenheit, die Sie finden können, insbesondere jene, die Sie aufgrund von Arbeit oder Entfernung vernachlässigt haben. Schreiben Sie sich Briefe oder Glückwünsche und bieten Sie Ihre Hilfe an, sofern dies erwünscht ist. Verlieren Sie den Kontakt nicht wieder.

Dies ist auch eine gute Zeit, um Vermögensfragen in der Familie zu klären und ein ernsthaftes Gespräch mit Ihren Kindern über Ihre Erziehung zu führen. Lassen Sie sie wissen, dass Sie offen für alle Kritiken und Beschwerden sind, die Ihre Kinder eventuell anbringen möchten. Sie haben zur damaligen Zeit Ihr Bestes getan, aber niemand ist perfekt. In der Zwischenzeit werden sie selbst genug Fehler gemacht haben, um Ihre Fehler eher zu akzeptieren und eines Tages werden sie sie verstehen.

68. Jahr

Älter werden? Wir sind in guter Gesellschaft. Da sich die Lebenserwartung erhöht, wächst auch der Anteil der über 60-Jährigen in einem Maße an wie nie zuvor. Wir sind also viele. Ebenso wie die Jugendkultur Mitte des 20. Jahrhunderts entstand, wird sich jetzt eine Seniorenkultur entwickeln. Wir leben länger, gesünder und bleiben länger aktiv als die Menschen in der Vergangenheit. Wir sind in vielerlei Hinsicht eine Pioniergeneration.

Kreative Menschen müssen sich vor dem Ruhestand nicht fürchten, sie können im Grunde weiterarbeiten bis sie sterben – mit dem Pinsel oder Federhalter in der Hand. Wenn wir die Mitte unserer Sechziger Jahre überschritten haben, werden wir wahrscheinlich noch eine ganze Weile auf der Welt sein. Wir sind entweder bereits im Ruhestand oder kurz davor. Eine kurze Pause kann in dieser Situation eine gute Idee sein, aber wir werden uns schon bald nach etwas anderem umsehen. Zu dieser Zeit werden unsere Energien erneuert.

Wenn wir aktiv sind, ist es eine gute Zeit für Reisen, denn wir sind noch gut zu Fuß und können die Eindrücke aufnehmen. Sehen Sie sich die Welt an, besuchen Sie Kurorte oder heiße Quellen und tauchen Sie in Mineralbäder ein. Suchen Sie die Gesellschaft jüngerer Leute und übernehmen Sie kleinere, ehrenamtliche Aufgaben. Vielleicht beneiden wir die jungen Körper, aber wir sind auch dankbar für unsere emotionale Reife. Jemandem das Lesen und Schreiben beizubringen oder andere karitative Aufgaben zu übernehmen, kann uns reich belohnen. Investieren Sie in die Arbeit junger Künstler.

Wie Marias Mutter meint:

Ich würde die Erfahrungen meines Kopfes und Herzens nicht gegen einen jüngeren Körper eintauschen. Je älter ich werde, desto offensichtlicher wird, dass sich mein Leben nach einem Plan entfaltet, einem Plan des höheren Selbst oder der Götter oder was auch immer. Unabhängig von unseren Ansichten werden wir unter Tritten und Schreien hin zu unserem authentischen Selbst und einem erfüllten Leben geführt. Die gute Nachricht ist: Man muss selbst eigentlich gar nichts herausfinden oder initiieren – nur für Träume und Intuitionen empfänglich bleiben und dabei zu sehen, wie sich das Wunder vor unseren Augen entfaltet. Wenn wir das Bewusstsein mit dem göttlichen Geist oder den Göttern verbinden, in meinem

Fall ist es Bodhisattva Kuan Yin, können wir auf diese Quelle vertrauen. Wir benötigen dann keine anderen Menschen, um erfüllt zu sein. Dies ist ein Zustand losgelösten Mitgefühls und Friedens.

Der Geburtstag

Unternehmen Sie eine Reise an einen Ort, den Sie schon immer einmal sehen wollten. Dies muss nicht die Weltreise sein, von der Sie schon immer geträumt haben, obwohl dies natürlich auch möglich ist. Aber es muss auch einen Ort im Umkreis einer Tagesfahrt geben, den Sie schon immer sehen wollten. Fahren Sie mit einem Freund oder allein. Belohnen Sie sich mit einem guten Abendessen, einem Theaterbesuch, einer Massage oder einem Dampfbad. Machen Sie einen Geburtstag daraus, an den Sie sich erinnern werden!

69. Jahr

In diesem Jahr sollten wir ein wenig kürzer treten und uns was Schönes gönnen. Nehmen Sie sich etwas Zeit, um Spaß zu haben. Wenn die Fähigkeit zur Freude in all den Jahren etwas gelitten hat, ist es Zeit sie ganz neu zu erlernen. Die Fähigkeit, Freude zu empfinden, ist Teil unseres Geburtsrechts – die Sterne tanzen und das sollten wir auch tun! Sie können tatsächlich tanzen, aber das ist nicht unbedingt notwendig. Die Mutter unserer Freundin Laurie hat in ihren Siebzigern einen Tanzwettbewerb nach dem anderen gewonnen. Der gesunde Menschenverstand wird uns raten, ob wir mit unseren Füßen oder unseren Herzen tanzen sollen.

Wenn wir nach der zweiten Saturn-Rückkehr eine neue Aufgabe gefunden haben, dann können wir ihr bereits seit zehn Jahren nachgehen. Wenn wir immer noch von unserer dritten Aufgabe träumen, dann wird es Zeit die Samen dafür zu pflanzen und anzufangen. Zs Idol Elizabeth Cady Stanton begann ihre Karrieren als öffentliche Sprecherin und Aktivistin für Frauenrechte in diesem Alter. Sie reiste durch Hitze und Schnee in einem von Pferden gezogenen Wagen herum, um die Menschen davon zu überzeugen, wie wichtig es sei, den Frauen eine Stimme zu geben. Sie führte ihre Arbeit 20 Jahre lang weiter und wurde mit der Zeit so berühmt, dass man in der Stadt New York ihr zu Ehren einen Tag lang die Arbeit niederlegte und ihr Leben mit einer Zeremonie in der Carnegie Hall feierte.

Wir bewegen uns in die Zeit der Ernte hinein, in der wir die guten Taten und Freundschaften ernten, die wir gesät haben. Aus den Beziehungen, die wir jetzt etablieren, werden jene Familien entstehen, zu denen wir gehören, wenn wir offizielle, Ausweis tragende Senioren geworden sind. Jeder Lebensabschnitt fügt neue Familienmitglieder zu denjenigen hinzu, die wir bereits aus unserer Vergangenheit kennen, aber im dritten Teil unseres Lebens wählen wir uns die Familien selbst aus.

Zs Tante Titi hat Nachbarn, die sie adoptiert haben, als sie in ihre Sechziger kam. Sie erzählt es so:

Die Ungarn haben einen Großteil ihrer älteren Generation im Krieg verloren. Es gibt nur noch wenig alte Leute. Diese Länder sind sehr jung. Deshalb begann das Paar, das nebenan wohnte, nach Tante Titi zu sehen. Das war sehr nett, als die Tante sich ihren rechten Arm brach und sich selbst nicht helfen konnte. Diese nicht verwandten Nachbarn sorgten mit großer Hingabe für sie, als wäre sie von ihrem eigenen Blut. Ich bin dafür sehr dankbar, denn hätten sie das nicht getan, hätte ich zurück in meine alte Heimat ziehen müssen, um mich persönlich um sie zu kümmern, denn ich bin ihre letzte noch lebende Verwandte.

Der Geburtstag

Verbringen Sie diesen Geburtstag mit der Familie aus Ihrem dritten Lebensabschnitt. Wenn ihre Blutsverwandten nicht in derselben Stadt leben, machen Sie sich keine Sorgen. Laden Sie die Leute ein, mit denen Sie jetzt leben und arbeiten. Lassen Sie sie wissen, dass Sie sich um sie kümmern – und geben Sie ihnen die Chance, sich um Sie zu kümmern!

70. Jahr

Ein weiteres Jahrzehnt wurde erreicht! Wir können tief Atem holen und Bilanz über unser Leben ziehen. Für viele wird dies ein gutes Jahr, voll von Aktivitäten werden. Für andere kann es an der Zeit sein, etwas langsamer zu werden. Erkennen Sie die Grenzen Ihres Körpers an und erlauben Sie, dass man Ihnen in Ihrem Leben hilft. Andere sind nach wie vor stark: Im Jahr 2001 erspielte sich der 70-Jährige Viktor Korchnoi den alleinigen ersten Platz im Internationalen Schachfestival von Biel.

Wir sollten weitergeben, was wir gelernt haben. Nehmen Sie sich als Mentor eines Lehrlings an. Wir sollten unsere Aufgabe in dieser Hinsicht besser erfüllen als unsere Vorgängergeneration und die Jüngeren darüber informieren, wie man lebt, liebt und stirbt. Dieses Geschenk liegt nun in unserer Hand. Mit 70 Jahren, ob Sie's hören wollen oder nicht, spielen wir die Rolle der weisen Frau. Das ist für viele Menschen im dritten Lebensabschnitt in der Tat ein Wendepunkt.

Nach einem konventionellen Leben als Hausfrau und Mutter, begann Grandma Moses zu malen und hatte in diesem Alter ihre erste Ausstellung. Danach sprudelte ihre Kreativität über und sie wurde eine erfolgreiche und bekannte Künstlerin. Auch Männer können in dieser Zeit eine Kehrtwendung durchmachen. Z erinnert sich an einen jungen Mann auf einer Konferenz, der ihr erzählte, dass sein streng konservativer Vater 70 wurde und sich danach komplett veränderte. Er wurde zu einem großen Anwalt im Namen der Kinder und setzte sich sogar für Schwangerschaftsabbrüche ein. Er führte mit großem Erfolg Kampagnen gegen Missstände durch, sagte im Kongress aus und sprach mit Senatoren. Er hatte noch weitere 18 Jahre Zeit, seine dritte Aufgabe zu erfüllen, in dem er für die Jungen und Armen kämpfte. Sein Sohn war von dieser Wandlung verblüfft und gleichzeitig erfreut. Nie zuvor waren sie sich so nahe gestanden.

Wenn Sie bereits in den Startlöchern für Ihre dritte Aufgabe sitzen, machen Sie weiter mit Ihrer Arbeit. Aber nehmen Sie sich auch Zeit für ein bisschen Spaß. Verwenden Sie Ihre Energie dazu, sich unter Leute zu mischen, Berührungen und Umarmungen zu spüren. Bleiben Sie jung, indem Sie eine neue Sprache lernen oder Kreuzworträtsel lösen. Aber vergessen Sie auch Ihren Körper nicht ganz. Gewöhnen Sie sich einen Mittagsschlaf an, denn dann können Sie es sich auch leisten, lange aufzubleiben.

Der Geburtstag

Das ist ein Meilenstein! Lassen Sie diesen Tag nicht vergehen, ohne dies auch zu verkünden. Feiern Sie ihn mit einem guten Essen in einem Restaurant und einem Opernbesuch, gehen Sie ins Theaters oder zu einer Sportveranstaltung, je nachdem, was Sie mögen. Wenn Sie allein sind, melden Sie sich im Internet in

einem Chatraum an und verkünden Sie dort Ihren Geburtstag. Stellen Sie sicher, dass Sie Plätze kennen, an denen Sie willkommen sind, und Menschen, mit denen Sie reden können.

Können Sie das Lied „Happy Birthday" nicht mehr hören? Dann feiern Sie einmal auf Schwedisch mit dem „Födelsdagssången" oder dem „Beginne-den-Tag"-Song, der auf Deutsch etwa wie folgt lauten würde:

Ja, vielleicht wird sie, ja, vielleicht wird sie, ja,
vielleicht wird sie hundert Jahre alt!
Ja, bestimmt wird sie, ja, bestimmt wird sie, ja,
bestimmt wird sie hundert Jahre werden!
Und wenn sie gelebt hat, und wenn sie gelebt hat,
Und wenn sie gelebt hat hundert Jahre lang,
Dann roll'n wir sie hinaus, dann roll'n wir sie hinaus
Dann roll'n wir sie in dieser Schubkarre hier hinaus!

Rufen Sie am Ende des Lieds viermal „Hurra!".

Das Ritual für dieses Jahrzehnt
Ein älterer Mensch werden

Als Z entschied, dass die Zeit für das Übergangsritual zur alten Frau gekommen war, hielt sie es am Feuerkreis des Zeltplatzes ab, auf dem die *Goddess Conference* stattfindet. Während das Freudenfeuer Funken herumwirbelte, die sich unter die Sterne mischten, ging sie im Kreis darum herum, unterstützt von der Liebe der Frauen jeden Alters, die das Ereignis miterlebten. Mit ihrer Unterstützung verabschiedete sich Z von ihrem alten Leben und nahm das neue an – eine dramatische Szene, aber die entscheidende Symbolik kann viel einfacher zum Ausdruck gebracht werden.

Zunächst einmal müssen Sie den richtigen Augenblick bestimmen, in dem Sie Ihren Übergang in die neue Lebensphase bekannt geben möchten. Die Menopause tritt ein, wenn Ihr Körper entscheidet, dass es an der Zeit ist, die Möglichkeit der Mutterschaft aufzugeben, und Ihre zweite Saturn-Rückkehr wird durch die unvermeidliche planetarische Umlaufbahn festgelegt. Aber wann der beste Zeitpunkt ist, sich als Alte oder, wenn Sie es vorziehen, als Weise oder weise Alte zu erkennen zu geben, ist Ihre Entscheidung. Bei einigen wird dies der Fall sein, wenn die physischen und emotionalen Veränderungen der Menopause abgeschlossen sind. Manche werden so lange warten wollen, bis der Saturn-Zyklus beendet und die Natur der dritten Aufgabe klar geworden ist. Soziale Veränderungen, die mit dem Ruhestand und beginnender Rente einhergehen, sind wiederum das Signal für andere. Oder Ihnen wird bewusst, dass sich Ihre Perspektive verändert hat, und Sie wollen nun Ihre innere Veränderung mit einer Feier würdigen.

Die meisten von uns haben zumindest ein paar Freunde, mit denen sie diesen Augenblick gern teilen möchten – eine der Funktionen dieses Rituals besteht darin, die Beziehung zwischen dem Einzelnen und der Gemeinschaft neu zu definieren. Aber diese Beziehung wird sich auf jeden Fall ändern, ob nun jemand den Augenblick miterlebt, in dem Sie diese Veränderung akzeptieren, oder nicht. In der anglikanischen Kirche wird ein Sakrament als ein äußeres und sichtbares Zeichen für eine innere und unsichtbare Gnade definiert. Gegebenenfalls können Sie diese rituellen Handlungen allein als einen Dialog zwischen Ihrem bewussten und Ihrem unbewussten Geist vollziehen.

Je nach Jahreszeit und Umstand, reservieren Sie einen Platz in einem öffentlichen Park, wo Sie ein Feuer anzünden dürfen. Oder bereiten Sie ein Tablett mit einer Kerze für jedes Lebensjahr vor und stellen dieses (auf einer feuerfesten Unterlage) in die Mitte des Raums.

Tragen Sie Kleidung in Ihrer Lieblingsfarbe und einen Kranz aus grünen Blättern oder Blumen. Füllen Sie einen Korb mit Gegenständen aus Ihrem ersten Erwachsenenleben, zum Beispiel ein Foto von Ihnen mit Ihren kleinen Kindern, die Arbeit betreffende Dokumente, Andenken an Reisen, die Sie unternommen haben, Zeichen von Hobbys, an denen Sie das Interesse verloren haben, vielleicht sogar Symbole von Dingen, die Sie gern getan haben, zu denen Sie aber inzwischen, wie Sie erkannt haben, nicht mehr in der Lage sind.

Bei Ihrem Eintreten klatschen Ihre Gäste in die Hände und begrüßen Sie. Danken Sie ihnen für ihr Kommen, um Ihre Veränderung zu erleben. Erklären Sie, dass Sie sie immer noch so lieben wie Sie Ihr Leben lieben, aber dass es Dinge gibt, die Sie loslassen müssen, um weitergehen zu können.

Stellen Sie sich vor, dass der Kreis, auf dem Sie um das Feuer herumgehen, der Lebenskreis ist. Während Sie das erste Drittel abschreiten, denken Sie über Ihre Kindheit und Jugend nach und darüber, was Ihnen diese Erinnerungen jetzt bedeuten. Vielleicht können Sie einige Worte dazu sagen. Wenn sich eines Ihrer Symbole auf diese Jahre bezieht, werfen Sie es ins Feuer oder in eine Schachtel neben dem Kerzentablett. Legen Sie jetzt das zweite Drittel Ihres Lebens zurück und denken oder sprechen Sie über die Aufgabe Ihres zweiten Lebensabschnitts. Was waren Ihre Hoffnungen, Ihre Erfolge und Niederlagen? Werfen Sie die damit assoziierten Symbole fort, bis Ihr Korb leer ist. Dies kann ein sehr emotionaler Augenblick sein. Lassen Sie sich Zeit, um ihn aufzuarbeiten und um zu weinen, wenn Ihnen danach ist. Zuletzt nehmen Sie Ihre Blumenkrone ab. Nun bleiben Sie stehen. Einer oder zwei Ihrer Freunde können den Weg versperren und erklären, dass der Kreis Ihres Lebens nicht vollendet ist, oder Sie denken nur über diese Erkenntnis nach. Reden Sie mit Ihren Gästen über die in früheren Zeiten übliche Rolle der älteren Frauen als Kulturträgerinnen und über die Probleme der zeitgenössischen Kultur, die Weisheit des Alters anzuerkennen. Sie haben Ihren Blumenkranz abgenommen. Dafür lassen Sie sich jetzt einen Kranz aus reifen Weizenähren aufsetzen.

Diesen Kranz tragend, nehmen Sie auf einem „Thron" Platz. Erzählen Sie Geschichten aus Ihrem Leben, vor allem solche, die einige Ihrer Zuhörer überraschen oder gar schockieren werden. Sie denken vielleicht, dass sie *Sie* kennen, weil sie Ihre Vergangenheit kennen – rütteln Sie sie ein wenig auf und lassen Sie sie im Ungewissen. Dann reden Sie ein wenig über Ihre Zukunftspläne!

Auch wenn Sie allein Ihr neues Selbst als Alte „gebären" müssen, vollziehen Sie das Ritual. Schreiben Sie die Dinge, die Sie aufgeben, und die Dinge, die Sie zu tun gedenken, auf. Eine einsame Reifeerklärung kann sogar viel wirksamer sein als ein Gemeinschaftsritual.

71. bis 80. Jahr –
Geheimnisvolles Land

Für diejenigen, die noch nicht dort angelangt sind, wirken die Jahre über 70 wie ein unbekanntes Land. Autoren sprechen oft von der geheimen Welt der Kindheit, aber das ist nicht richtig, schließlich ist jeder Erwachsene auch schon einmal ein Kind gewesen, auch wenn es schwer ist, sich daran zu erinnern. Das eigentlich Geheimnisvolle sind aber die späteren Jahre. Junge Alte beobachten die Älteren wie wir einst die „Großen" auf dem Schulhof. „Was wisst ihr?" fragen sie. „Wie habt ihr überlebt?"

In früherer Zeit wurden die alten Menschen geschätzt, weil es nur so wenige von ihnen gab. Großmütter und Großväter waren die Träger des gesammelten Wissens und der Werte einer Gesellschaft. Sie waren diejenigen, die die Informationen an die Jungen weitergaben. In Island wurde die Sammlung alter Verse und Lieder „Edda" genannt, was „Urgroßmutter" bedeutet. Dann tat die Jugendkultur des 20. Jahrhunderts ihr Bestes, um alles vom Tisch zu wischen, was nicht „modern" war.

Aber im 21. Jahrhundert werden wir wohl noch einige Veränderungen erleben. Die Jugendlichen aus der Mitte des 20. Jahrhundert sind die Senioren der ersten Hälfte des 21. Jahrhunderts. In den kommenden Jahren, werden die Alten noch geschätzt werden, weil es so viele von uns gibt und weil wir Wählerstimmen zu vergeben haben! Organisationen wie zum Beispiel die

Grauen Panther sind mächtige Anwälte für die Rechte der Senioren geworden. Heutzutage sprechen 72-Jährige vom Älterwerden und meinen damit eine Zeit, die noch in ihrer Zukunft liegt, zum Beispiel 85. Wie wir gesehen haben, handelt es sich bei den Jahren im Ruhestand nicht mehr um eine kurze Periode vor dem Lebensende, sondern um den Anfang einer neuen Lebensphase, deren Existenz bisher noch kaum untersucht wurde.

Die verbesserte Gesundheitsvorsorge verlängert das Leben nicht nur eventuell, sondern sehr wahrscheinlich. Die Frage ist nun, welche Qualität dieses Leben haben wird. Wir stehen vor neuen Problemen wie Beweglichkeit, Unabhängigkeit und Sicherheit. Wenn die Zeitung eintrifft, sehen wir bei den Todesanzeigen nach, wer gestorben ist. Einige von uns kümmern sich um ihre alten Eltern oder Partner, während andere zu ihren Kindern ziehen. Die Gene, die Vergangenheit und das Glück spielen eine große Rolle dabei, wie unsere Körper auf den Alterungsprozess reagieren. Aber sie bestimmen nicht alles.

Wir sind vielleicht nicht in der Lage, alles zu kontrollieren, was mit uns geschieht, aber wir können entscheiden, wie wir darauf reagieren wollen. Unsere Wahl und unsere Handlungen können den Ausschlag zwischen einem erfüllten dritten Lebensabschnitt und einem Leben geben, in dem wir nur noch die Zeit totschlagen.

Schicksalsdaten vom 71. bis zum 80. Jahr

Alter	Symbole	Ereignis	Phase
71–74 Jahre	♄ ☍ ♄	Saturn in Opposition zur Geburtsposition	Unbeständige Phase Zunehmende Sparsamkeit Alte Rollen ablegen
72 Jahre	♃ ☌ ♃	Jupiter kehrt zurück	Expansive Phase Zeit abgeklärt zu werden
76 Jahre	☊ ☋	Rückkehr der Mondknoten in die Geburtsposition	Neuer emotionaler Zyklus beginnt
80 Jahre	♄ □ ♄	Saturn im Quadrat zur Geburtsposition	Einträgliche Phase Betreuung contra Unabhängigkeit Lebensqualität macht Sorge

71. Jahr

Herzlichen Glückwunsch, dass Sie mit allen inneren Veränderungen umgehen konnten, die Sie bisher erlebt haben! Es ist an der Zeit, eine Bestandsaufnahme zu machen und Pläne für jene Änderungen zu schmieden, die vor uns liegen.

Häufig spricht man davon, dass der Körper der Tempel des Geistes sei, aber in vielerlei Hinsicht gleicht er eher einem geliebten Ehepartner. Es gibt Tage, da würden wir ihn gerne gegen ein jüngeres Modell umtauschen, aber wir haben zusammen schon so viel durchgestanden und verstehen uns so gut! Und es ist auch besser, wirklich gut auf ihn Acht zu geben.

Wann haben Sie Ihrem Körper zuletzt etwas Gutes getan? Sie sollten ihm einige Zeit zur Entspannung und Erneuerung gönnen. Es hat einen guten Grund, warum viele ältere Menschen Schwimmbäder, Kurbäder, Heilquellen und Dampfbäder aufsuchen. Unterstützt durch das Wasser, können Sie Körperübungen sicherer ausführen. In den öffentlichen Bädern gibt es auch häufig Wassergymnastik für Ältere. Erkundigen Sie sich nach Kursen.

Widmen Sie ihrem Körper die eine Tageshälfte und ihrem Geist die andere. Räumen Sie Zeit für kreative Arbeiten und Spiele ein. Aber solange Ihr Körper nicht rundum in einem Gipsverband verpackt ist, sollten Sie auch nicht den ganzen Tag vor dem Fernseher sitzen! Schalten Sie den Kasten aus und machen Sie einen Spaziergang. Hören Sie auf die Planeten. Wenn Sie Schmerzen haben, nehmen Sie eine Tablette und verlassen Sie das Haus. Viele unserer Krankheiten lassen sich nicht mehr heilen, aber wir haben doch so unsere Mittelchen, um die Symptome zu bekämpfen. Seien Sie nicht zu stolz, Sie zu benutzen. Das Leben ist zu kurz, um auch nur einen Moment mit unnötigem Leiden zu verbringen.

Wenn Sie an Ihrer dritten Aufgabe arbeiten, widmen Sie sich ihr dieses Jahr besonders intensiv. Aber lernen Sie auch einen Lehrling an. Wenn Ihnen jemand zur Seite steht, erhalten Sie Unterstützung und ein weiteres Schulterpaar, auf dem Sie die Lasten verteilen können. Sie haben noch viele Jahre vor sich, aber Sie sind nicht mehr allein für alles verantwortlich.

Der Geburtstag

Finden Sie heraus, wo es in Ihrer Nähe heiße Quellen oder Heilquellen gibt. Rufen Sie dann eine Freundin an und vereinbaren Sie zu Ihrem Geburtstag einen gemeinsamen Besuch. Teilen Sie Ihren restlichen Freunden mit, dass sie sich als Geburtstagsgeschenk an der Fahrt dorthin beteiligen können. Einer kann das Benzingeld übernehmen, der andere für eine gute Massage sorgen. Während Sie in dem heilenden Wasser liegen, stellen Sie sich vor, wie alle Schmerzen sich auflösen. Sagen Sie Ihrem Körper, wie sehr Sie ihn lieben und von ihm abhängen. Sie geben ihm dieses Geschenk der Behaglichkeit und der Heilung, und erwarten, dass er Sie umgekehrt weiterhin sicher durch das kommende Jahr trägt.

72. Jahr

Dieses Jahr hält der Himmel einige Geschenke und Überraschungen für uns bereit. Dies ist auch eines jener Jahre, in denen Jupiter zurückkehrt, neue Horizonte eröffnet und neue Energie bringt. Ihre Emotionen verändern sich nun; sie werden tiefer. Wenn Sie immer zurückhaltend waren, stellen Sie nun vielleicht fest, dass Sie mehr aus sich herausgehen. Und jene, die das Leben schon immer als großes Fest begriffen haben, entdecken nun die verborgenen Tiefen, die sie noch entdecken mussten. Sie verwandeln sich vielleicht in das Gegenteil Ihrer selbst. Können Sie dieses veränderte Selbst auch lieben? Können Sie das ältere Ich umarmen und ohne Bitterkeit akzeptieren? Können Sie diese Veränderung vielleicht sogar feiern?

Viele Menschen in diesem Alter befinden sich in einem Zustand der inneren Verweigerung. Sie möchten jünger sein, also heiraten sie jemand jüngeren. Dies mag vielleicht für eine Weile neue Energien bringen, aber dieser Reparaturversuch muss auf Dauer fehlschlagen. Es ist besser, sich an Menschen der eigenen Generation zu binden, als der Jugend hinterherzujagen. Es gibt eine Form der Übung, die sowohl sicher als auch unterhaltend ist: Das Singen. Singen heilt den Geist und gibt dem Körper die Chance, mit dem Atem und dem Klang zu spielen. Wenn Sie Ihre Stimme entwickeln, wird sie schöner. Das tiefe Atmen füllt den Körper mit Energie, während die süßen Klänge den Geist anregen. Das Singen mit anderen sorgt außerdem für menschliche Kontakte. Singen Sie entweder für sich selbst oder, wenn Sie können, in einem Chor.

Wir haben schon festgestellt, dass das Alter ein Kampf sein kann. Eines der Kernthemen dieses Kampfes ist der Erhalt der Unabhängigkeit. Deshalb ist es wichtig, bereits für den Ruhestand vorzusorgen, wenn wir jünger sind und alle nur vorhandene Unterstützung anzunehmen. Patricia, die 72 Jahre alt ist, lebt in einem Wohnwagen an einem hübschen See. Die Sozialhilfe reicht nicht ganz für Ihr Leben aus und deshalb muss sie für einige ältere Damen, die das nicht mehr allein können, putzen. Sie bekommt im Seniorenzentrum und von den Kirchen einige freie Mahlzeiten. Sie hat einen Nachbarn, der ihr viel hilft. Aber manchmal, wenn sie deprimiert ist, trinkt sie auch. Für viele, die ihr Geld, ihre Freunde und Partner verloren haben, ist der Alkoholismus eine echte Bedrohung.

Sie sagt: „Ich fühle mich genauso, als ob ich 40 wäre, aber wenn ich in den Spiegel blicke, erkenne ich mich selbst nicht mehr. Ich frage mich dann, wer ist diese alte Frau, die mich da anblickt? Ich muss weiter arbeiten, denn sonst kann ich nichts essen." Und doch findet sie bei ihren beiden Hunden und ihrer Katze Trost. Die Tiere lieben sie. Sie füttert sie mit Hühnchen in Fleischbrühe, die sie selbst kocht und in die sie Karotten raspelt. „Meine Babys bekommen genauso gutes Essen wie ich, denn es sind auch Menschen."

Sie schlafen zusammen mit ihr im Bett und die Hunde begleiten sie, wenn sie putzen geht. An einem weiteren Ehemann ist sie nicht interessiert. „Was soll ich mit einem dreckigen, stinkenden alten Mann, dem ich nur hinterherräumen muss und dessen Anordnungen ich dann die ganze Zeit ausführen soll? In meinem Alter suchen die alten Männer doch nur nach einer Krankenschwester und Haushälterin, aber sie nennen sie Frau."

Gegen Depressionen kann man mit Lachen ankämpfen. Gelächter stimuliert das Immunsystem und baut Stress ab, egal, ob Sie gerade an etwas Lustiges denken oder nicht. Nehmen Sie einen tiefen Atemzug und stoßen Sie eine Reihe „Ha, ha, has" aus. Schon bald werden Sie grinsen müssen und wenn auch nur, weil Sie sich so lächerlich vorkommen. Lachen ist wirklich die beste Medizin.

Der Geburtstag

Feiern Sie dieses Jahr die Musik und den Atem. Sie haben jetzt sechs Dutzend Jahre hinter sich gebracht. Stellen Sie deshalb zwölf blaue Kerzen auf den Kuchen und eine weiße für das kommende Jahr. Holen Sie tief Luft und blasen Sie sie alle auf einmal aus. Laden Sie Freunde ein und probieren Sie aus, wie viele alte Lieder Sie noch können.

73. Jahr

Die Devise für dieses Jahr lautet: „Ernte, was Du gesät hast!" Nehmen Sie sich die Zeit, sich zurückzulehnen und Bilanz zu ziehen. Ihr Geist mag sich noch jung anfühlen, aber Sie sollten ein Auge auf Ihren Körper werfen. Wenn Sie längere Zeit nicht mehr bei einer ärztlichen Untersuchung waren, so sollten Sie diese Angewohnheit jetzt wieder aufnehmen. Doch neue Studien belegen, dass das Risiko von Brustkrebs mit 70 Jahren wieder zurückgeht. Häufige Mammographien sind also nicht mehr notwendig. Beratschlagen Sie die richtigen Abstände zu den Terminen mit Ihrem Arzt.

Überdenken Sie auch, was Sie der Welt bereits gegeben haben und was Sie in Zukunft noch geben können. Spenden Sie etwas Zeit, Geld oder Energie für einen guten Zweck. Wenn Sie dabei mithelfen können, einen jungen Künstler oder Aktivisten zu unterstützen, dann tun Sie es. Wenn keine Geldspende möglich ist, können Sie auch mit Öffentlichkeitsarbeit oder der Herstellung von Kontakten sinnvolle Unterstützung leisten.

Wenn Sie sich fragen, wie Sie noch Sport machen können, ohne sich zu verletzen, dann sollten Sie einen Kurs besuchen, in dem Sie auf sanfte Weise in das Yoga einführt werden. Dehnen und strecken Sie Ihren Rücken. Wenn Sie nicht mehr auf dem Kopf stehen können, lassen Sie sich einfach ein paar Minuten pro Tag kopfüber hängen, damit das Gehirn besser durchblutet wird. Stimulieren Sie Ihren Verstand, indem Sie etwas lesen, was Sie herausfordert.

Die innere Einstellung kann einen großen Unterschied bewirken. Julie, die bald 73 wird, beteuert, dass dieses Alter herrlich ist!

Glücklicherweise bin ich Künstlerin, sowohl im Bereich Theater als auch in den bildenden Künsten. Diese Kategorie Mensch geht nie in den Ruhestand. Für uns ist unsere Arbeit unser Leben und kein Schimpfwort. George Burns ging auf die 90 zu und gab den Rat „Finden Sie einen Grund, um jeden Morgen aufzustehen!" Und dies, nachdem er seine Lebenspartnerin Gracie Allen verloren hat. Jan Peerce, der große Operntenor an der „Metropolitan Opera", zeichnete in seinen Achtzigern immer noch Stücke bei „Columbia Records" auf. Und im selben Alter dirigierte Pablo Casals noch Cellokonzerte vor den Kennedys im Weißen Haus. Licia Albanese singt zwar nicht mehr, aber steht auch mit 90 Jahren noch auf der Bühne und dirigiert Opern. Und hat sich Pablo Picasso je zur Ruhe gesetzt?

Der Geburtstag

Wenn es Ihre Lebenssituation erlaubt, schaffen Sie sich ein Haustier zur Gesellschaft an. Wenn Sie jeden Tag mit einem Hund spazieren gehen müssen, geraten Sie nicht in Gefahr einzurosten. Hunde sind treu und nicht wertend. Mit einem Hund werden Sie nie allein sein.

74. Jahr

In diesem Jahr wandert Saturn wieder in die Opposition zu seiner Geburtsposition. Dies ist immer eine Quelle der Belastungen und Anstrengungen. Sie sind jetzt besonders durch Unfälle gefährdet oder es gibt andere körperliche Probleme. Vermeiden Sie unnötige Operationen und gehen Sie mit Ihrer Gesundheit vorsichtig um. Vielleicht fühlen Sie sich jetzt einsam und unsicher. Die beste Lösung ist, sich körperlich zurückhaltend zu verhalten, und im Geiste ein Abenteurer zu werden. Sie müssen Ihr Bild von sich und Ihre Beziehung zur großen Welt verändern. Bleiben Sie dieses Jahr möglichst zu Hause oder in der Nähe. Machen Sie leichte sportliche Übungen, aber übernehmen Sie sich nicht. Spielen Sie mit ihren Enkeln oder werden Sie für andere Kinder eine Art Adoptivoma. Es gibt so viele Kinder auf dieser Welt, in deren Leben es aufgrund von Entfernung oder Entfremdung keine Großeltern gibt.

Lena sagt, Sie würde gerne 70 bleiben. Sie hat folgenden Rat: „Hören Sie nie auf zu lernen, bleiben Sie auf der Sonnenseite des Lebens, unterstützen Sie Ihre Kinder mit Liebe; die Liebe zwischen den Geschlechtern ist nicht von Dauer; Gewalt erzeugt Gewalt – stoppt den Krieg."

Dies ist ein gutes Alter, um neue oder alte Projekte voranzutreiben. Wenn Sie auf Ihren Körper Acht gegeben haben, können Sie immer noch viel Arbeit leisten. Hören Sie auf Ihre Seele und entdecken Sie, was sie noch gerne tun würde. Um glücklich und gesund leben zu können, müssen wir etwas tun, was wir lieben, zum Beispiel Gartenarbeit, anderen Menschen helfen, die Kinder oder Enkel unterrichten, die Pflege für Tiere übernehmen. Zu lieben hält den Geist jung.

Sowohl Z als auch Diana belegen Yoga-Kurse im Seniorenzentrum von Berkley und versuchen so beweglich zu werden wie die Frauen, die 20 Jahre älter als sie sind. Pondurenga, der Lehrer, fährt immer noch überall mit seinem Fahrrad hin. Er kann seinen Körper wie eine Brezel verbiegen und lacht viel, obwohl sein Kreislauf nicht ganz so gut ist, wie er sein sollte. Er findet es wunderbar, 74 Jahre alt zu sein: „Obwohl ich bemerke, dass vieles ganz falsch läuft, sind einige Probleme auch noch umkehrbar. Ich habe gelernt, Angst, Ärger und Langeweile durch Neugier zu ersetzen. Es gibt genug Trauer und Wut. Seien Sie auch ohne Grund glücklich!"

Der Geburtstag

Das Thema an diesem Geburtstag soll lauten: „All you need is love!" Laden Sie all jene zum Feiern ein, die Sie lieben und von denen Sie geliebt werden. Hätten Sie es gerne, wenn Ihre Freunde Sie zum Abendessen ausführen oder möchten Sie lieber andere glücklich machen, indem Sie sie bewirten? In beidem – dem Geben und Nehmen – liegt Freude.

75. Jahr

Ein Dreiviertel Jahrhundert! Das ist eine Leistung, ganz bestimmt. Deshalb sollten Sie dieses Jahr feiern. Werfen Sie einen Blick auf Ihre Lebenssituation. Lässt sich Ihre Wohnung oder Ihr Haus verändern, damit Sie sich einfacher darin bewegen können? Oder ist es sinnvoll, an einen kleineren Ort zu ziehen? Türmen sich bereits alte Dinge in Ihren Räumen, die Sie seit Jahren nicht mehr benutzt haben und wahrscheinlich auch in Zukunft nicht mehr brauchen? Trennen Sie sich davon.

Wenn Sie sich um weniger kümmern müssen, haben Sie mehr Zeit für den Spaß am Leben. Essen Sie einfach, aber vielfältig. Verwenden Sie rote Beete, weißen Blumenkohl und grüne Bohnen beim Kochen. Damit sorgen Sie für verschiedene Farben und verschiedene Geschmäcker, die Sie nicht so schnell langweilen werden. Probieren Sie auch einige neue Aktivitäten aus. Freuen Sie sich weiterhin an Ihren Annehmlichkeiten, aber verlieren Sie Ihre Neugierde nicht und lassen Sie sich von der Angst nicht beeindrucken. Die Angst ist ein Mittel, um die Menschen an ihre Plätze zu weisen. Bestehen Sie auf Ihrer Freiheit und Freizeit, um die Schönheit des Lebens auch weiterhin genießen zu können. Gewähren Sie sich die Zeit, Ihren Geist wandern zu lassen: Wer weiß, wo die Reise enden wird?

Räumen Sie auch dem sozialen Leben Platz ein. Viele Senioren gehen gerne auf Kreuzfahrten oder treffen sich mit anderen. Es gibt viele Geschichten von Menschen, die ihre schon lange verloren geglaubte Liebe wieder trafen oder heirateten oder die sich in neue Liebesbeziehungen begaben, um das Leben oder andere Dinge miteinander zu teilen. Die Liebe ist kostbar, wann immer sie Sie findet. Aber seien Sie vorsichtig. Die Altersgruppe der Senioren hat die am stärksten ansteigende Rate von Krankheiten, die über sexuelle Kontakte übertragen werden. AIDS kennt keine Altersgrenzen. Vermeiden Sie ungeschützten Sex genauso wie dies 20-Jährige tun.

Der Geburtstag

Gratulation! Dies ist Ihr Platin-Geburtstag, um dem Glanz in Ihren Haaren Rechnung zu tragen. Es ist wieder einmal Zeit für ein großes Fest. Vielleicht haben Sie Ihren Geburtstag in den letzten Jahren nicht so ernst genommen, aber je älter Sie werden, desto wichtiger wird der Geburtstag für Sie, Ihre Familie und Ihre Freunde. Es ist fast wieder so wie in den Kinderjahren. Wenn ihre Familie und Freunde Glück haben, werden sie eines Tages auch dort stehen, wo Sie sind. Es gehört zu den Pflichten der Älteren, den Weg dorthin zu weisen. Also los! Ziehen Sie ein purpurfarbenes Kleid an und erzählen Sie für jede Kerze auf Ihrem Geburtstagskuchen eine Geschichte!

76. Jahr

In diesem Jahr kehren die Mondknoten an ihre Geburtsposition zurück. Ihr emotionales Selbst hat einen weiteren Zyklus abgeschlossen und ist dazu bereit, eine neue Entwicklung zu durchlaufen, die Sie bis zum Alter von 95 Jahren tragen wird. Eine Mondkurve kann Sie an wundervolle, friedliche Orte entführen. Öffnen Sie Ihr Herz und lassen Sie die Welt herein. Erlauben Sie es sich selbst, zu lieben und dann lieben Sie noch etwas mehr.

Je mehr Sie lernen, im Moment zu leben, und je mehr Sie dies auch verwirklichen, desto mehr gewinnen Sie die Fähigkeit zurück, zu genießen, was jeder einzelne Moment bringt. In diesem Sinne werden Sie wieder Kind. Suchen Sie nach Gelegenheiten, Kindern zu begegnen. Sie können den Glanz ihrer Seelen nun bewundern wie nie zuvor. Die Kinder von heute sind in schwere Zeiten geboren worden. Erzählen Sie ihnen aus Ihrer Kindheit.

Diana erinnert sich daran, wie ihre Großmutter über „Den Krieg" sprach. Sie meinte damit den Bürgerkrieg in den USA. „Sie erzählte mir, dass sie sich als Mädchen aus Bändern und einigen alten Fassreifen einen Reifrock gemacht hat. Diese Geschichten gaben mir ein Gefühl von Kontinuität. Sie gaben mir das Bewusstsein, Teil einer Geschichte zu sein, die bis in das 19. Jahrhundert hinein zurückreicht."

Benutzen Sie Ihre Erfahrungen, um auch für das Wohl der Kinder zu arbeiten. Sie können an Kampagnen teilnehmen, Flugblätter verschicken oder Telefonanrufe erledigen. Sie können sich gut ausdrücken und wenn es Ihnen gelingt, mit Ihrer Energie zu haushalten, können Sie noch eine Menge ausrichten.

Für Menschen mit einer großen Leidenschaft, kann dieses Alter die beste Zeit sein, etwas Gutes in der Welt zu bewirken. Kreative Menschen, die erst in ihrem dritten Lebensabschnitt künstlerisch tätig wurden, legen jetzt vielleicht sogar noch einen Schritt zu. Viele Autoren haben in diesem Alter große Werke geschaffen.

Natürlich müssen Sie für all das auch auf Ihre Gesundheit achten. Verbringen Sie den halben Tag damit, Ihren Körper zu pflegen, und die andere Tageshälfte widmen Sie sich Ihrer Arbeit. Gehen Sie spazieren oder besuchen Sie einen Yoga-Kurs. Leisten Sie sich wenn möglich ein Mal im Monat eine Massage. Gehen Sie schwimmen und machen Sie Dehnübungen im Wasser.

Der Geburtstag

Feiern Sie das Kind in sich! Wenn Sie noch alte Kinderfotos von sich haben, zeigen Sie sie auf Ihrem Fest herum. Ermutigen Sie auch Ihre Gäste, alte Fotos von sich mitzubringen und versuchen Sie zu erraten, wer wer ist. Setzen Sie Zahlenkerzen auf den Kuchen oder sieben Kerzen in einer Farbe und sechs in einer anderen. Bieten Sie als Partygeschenke kleinere Spielsachen an. Oder noch besser: Machen Sie doch ein Picknick im Park, wo ein Karussell steht, das sowohl Bänke als auch Tiere hat. Fahren Sie alle damit. Während Sie Karussell fahren, denken Sie an den Lebenszyklus, zählen Sie jede Kreisbewegung als ein Jahr.

77. Jahr

In den traditionellen afrikanischen Gesellschaften müssen Sie 77 Jahre alt werden, um ein *Egungun* zu werden – der Geist eines Vorfahren, wenn Sie gestorben sind. Gratulation dazu, dass Sie nun eine richtig alte Frau sind. Jetzt besteht Ihre Aufgabe darin, eine gute Alte zu werden. In diesem Jahr sind Sie von keinem der größeren Planetenzyklen betroffen. Sie können Ihre Aufmerksamkeit also ganz Ihrer Arbeit und dem persönlichen Schicksal widmen.

Der Schlüssel zu einem guten Leben liegt in der Ausgewogenheit. Sie sollten auf der einen Seite, Sorge für Ihre Gesundheit tragen, sich auf der anderen Seite davon aber nicht bestimmen lassen. Machen Sie regelmäßig körperliche Übungen. Nehmen Sie nicht allzu viel Medizin und überprüfen Sie Ihre Kräuterheilmittel. Z schwört auf Brennnesseltee, den sie täglich trinkt. Er ist sehr angenehm und gibt Ihnen die Vitamine und Mineralien in einer Form, in der sie von Ihrem Körper absorbiert werden können. Sie mischt dann noch etwas Jasmintee dazu, um dessen heilende Eigenschaften zu nutzen und sich mit einem kleinen Schuss Koffein zu versorgen.

Sorgen Sie auch für Ihre mentale Gesundheit. Wenn Sie sich depressiv fühlen, suchen Sie bei jemandem Unterstützung, um

Ihre Probleme zu analysieren. Wenn sie real sind, unternehmen Sie Schritte zu ihrer Lösung. Wenn nicht, arbeiten Sie daran, Ihr Denken zu verändern. Ersetzen Sie jeden dunklen Gedanken durch einen hellen. Suchen Sie für alles, was Sie wütend macht, etwas Erfreuliches. Vermeiden Sie es, anderen Leuten die Schuld für Ihre Probleme zu geben. Hören Sie gute Musik und umgeben Sie sich mit hellen Farben. Wenn die Depression anhält, versuchen Sie es mit mehr körperlicher Bewegung, mehr Tageslicht und genehmigen Sie sich ab und zu einen Schluck Klosterfrau Melissengeist. Wenn das Problem bestehen bleibt, sprechen Sie mit Ihrem Arzt. Negative Gefühle können Körper und Seele vergiften.

Für das Wohl anderer Menschen zu arbeiten, ist jetzt gut für Sie. Eleanor Roosevelt hat auch in ihren Siebzigern noch aktiv soziale Probleme in Angriff genommen. Als sie 77 war, ernannte Präsident Kennedy sie zur Vorsitzenden seiner Kommission für den Status der Frauen.

Sie können sich auch in Ihrer Kirchengemeinde oder anderen religiösen Organisationen engagieren. Wählen Sie dafür eine Gruppe mit einer positiven Einstellung aus, die auch Ihnen dabei hilft, ein spirituelles Leben zu entwickeln und gute Arbeit zu leisten. Aber wenn religiöse Menschen aggressiv um Sie werben, sollten Sie auf der Hut sein – vielleicht sind sie nur hinter Ihrem Geld her.

Sie sollten auch das Senioren-Programm Ihrer Gemeinde studieren. Besuchen Sie die Treffen und Kurse, die dort abgehalten werden. Bieten Sie selbst an, Kurse zu halten oder Treffen zu leiten und zu gestalten. Wenn nichts dergleichen möglich ist, sammeln Sie Freunde und Bekannte um sich und gründen Sie selbst eine Gruppe. Die Freundschaften, die Sie jetzt pflegen, werden im Laufe der Zeit Ihr größter Schatz sein.

Der Geburtstag

Feiern Sie diesen Geburtstag in Ruhe, danken Sie für alles, was Sie haben und arbeiten Sie daran, ein guter Vorfahr zu werden.

Ehren Sie ihre Freunde und Verwandten, die bereits verschieden sind, und laden Sie sie zu einer gemeinsamen Feier ein. Stellen Sie dazu Bilder von ihnen oder Bilder von Personen, die an sie erinnern, auf ein weißes Leinentuch. Stellen Sie ein paar Blumen und eine Kerze dazu.

Zünden Sie die Kerzen auf Ihrem Geburtstagskuchen mit der Kerze an, die für die Vorfahren brennt, und sprechen Sie dazu: „Euer Licht ist mein Licht, mein Licht ist Euer Licht, aus der Vergangenheit in die Zukunft und zurück." Finden Sie dieses Jahr mehr über Ihre Vorfahren heraus. Lernen Sie, sich selbst als Glied in einer sehr langen Kette zu sehen.

78. Jahr

Die großen Planeten geben Ihnen noch etwas Ruhezeit, weshalb Sie in diesem Jahr Ihren Geist weiterentwickeln sollten. Dies kann eines Ihrer besten Jahre werden. Sie sind jetzt alt genug, um zu sagen, was Sie denken und können sich dies auch erlauben. Sie wissen, was Sie wollen. Sie müssen es nur organisieren und sich darum bemühen.

Die aktuellen Forschungsergebnisse zeigen, dass die mentale Kraft, zum Beispiel Sprachkenntnisse, Intelligenz, abstraktes Denken und verbaler Ausdruck, weiterhin stark bleibt, während wir älter werden. Wir denken vielleicht etwas langsamer, aber das Alter und unsere Erfahrung geben uns die Möglichkeit, die Zusammenhänge eines Problems besser zu verstehen und weisere Lösungen anzustreben. Das Hauptproblem ist unser Langzeitgedächtnis, es lässt sich mit einem Bücherregal vergleichen: Nach einer Weile ist es voll. Aber zur Kompensation können wir lernen, unsere beiden Gehirnhälften zu verwenden. Unsere Gehirne verarbeiten Informationen unterschiedlich und mit der richtigen Stimulierung, können sogar neue Neuronen wachsen.

Es ist wichtig, weiterhin zu Lernen und unser Gedächtnis zu trainieren. Erlernen Sie eine neue Sprache oder lernen Sie Gedichte und Balladen auswendig – jeden Tag ein paar Zeilen mehr. Gehen Sie ins Theater oder besuchen Sie Konzerte oder fangen Sie an zu malen, um andere Bereiche Ihres Gehirns zu aktivieren. Und vor allem: Kultivieren Sie Ihre Neugier.

„Ein gesunder Geist wohnt in einem gesunden Körper" macht nun Sinn. Ein gesundes Gehirn benötigt einen guten Kreislauf, weshalb Sie sich auch körperlich betätigen und Diät halten sollten. Vitamine, insbesondere die B-Vitamine und Antioxidantien wie Vitamin E bieten Schutz. Ein wenig Kaffee von Zeit zu Zeit wird Sie in Schwung bringen.

Aber die beste Medizin finden Sie immer noch in der Natur. Gehen Sie in den Park, riechen Sie an den Rosen. Wenn Sie keinen Garten haben, in dem Sie arbeiten können, kaufen Sie sich Topfpflanzen. Die Finger in reichhaltige Erde zu stecken kann sehr heilsam sein.

Der Geburtstag

Beginnen Sie an diesem Geburtstag damit, Ihren Geist zu erweitern, indem Sie ein Konzert oder ein Theater besuchen. Wenn Freunde Ihnen etwas schenken möchten, bitten Sie um Bücher. Schreiben Sie sich in einem Kurs ein und erstellen Sie einen Stundenplan für Ihr Studium.

79. Jahr

Sie haben nun schon drei Viertel des Wegs in Ihrem dritten Lebensabschnitt hinter sich gebracht. Wenn Sie eine erfüllende Aufgabe gefunden haben, hat diese Sie vermutlich gesund und glücklich gehalten. Tätig sein ist sehr gut, aber eine Tätigkeit ist keine Aufgabe. Eine Aufgabe entsteht, wenn sich ein Herzenswunsch in einer Tat manifestiert.

Wer heute in den späten Siebzigern ist, hat seine Kindheit in Zeiten des Zweiten Weltkrieges verbracht und seine jungen Erwachsenenjahre im Kalten Krieg. Wer dieses Alter in den nächsten 20 Jahren erreicht, trägt auch die Last der Entscheidungen, die in der zweiten Hälfte des 20. Jahrhunderts getroffen wurden. Wir sind diejenigen, die die Weltführer der letzten 50 Jahre gewählt haben oder versäumt haben, sie zu stoppen. Welche Welt hinterlassen wir unseren Nachkommen?

Sie haben immer noch ein Wahlrecht und wenig zu verlieren, wenn Sie für Ihre Überzeugungen eintreten. Sie wollen vielleicht nicht mehr auf den Straßen marschieren, aber Sie können den anderen Ratschläge geben, wie sie am Besten ihre Meinung vertreten können. Wir leben im Unterzeitalter des Wassermanns und sein Einfluss vertieft sich und zwingt uns dazu, unsere ganze Menschlichkeit in die Waagschale zu werfen. Das Ende des Fische-Zeitalters im frühen 22. Jahrhundert wird die positiven Aspekte dieses Zeichens aufdecken: Kreativität, Leidenschaft, Liebe und Transzendenz.

Ein gutes Beispiel für eine Frau, die ihr Leben immer erfüllt gelebt hat, ist Elizabeth. Sie hat ihrer Nichte im Teenageralter beigebracht, was Reinkarnation und Karma ist, was Seancen und Ouija-Bretter sind. Sie hat einen Kurs für Frauen abgehalten, die Mastektomien hatten, und sie hat im örtlichen Schulbeirat mitgearbeitet. Sie sagte, es habe ihr Spaß gemacht, unsere Fragen zu beantworten, denn es habe sie dazu gezwungen, tief in sich hineinzublicken und jene Dinge auszudrücken, die sie im Leben gefühlt hat.

Sie schreibt:

Ich werde im Juli meinen 80. Geburtstag feiern. Ich weiß nicht so recht, wie ich mich in diesem Alter fühle, denn ich lebe nicht wirklich darin. Ich bin zu beschäftigt. Mein Körper hält sich mit Ausnahme von ein paar arthritischen Problemen noch so gut, wie man es von einer Person erwarten kann, die vor 13 Jahren eine Mastektomie und eine Kniegelenksoperation durchführen lassen musste. Mein allgemeiner Gesundheitszustand ist ausgezeichnet, weshalb die 80 Jahre mich nicht daran hindern, ein sehr aktives Leben zu führen. Sie sorgen eher für einen Extrabonus, denn ich kann besser beurteilen, was ich tun kann und mit wem ich meine Zeit verbringe.

Als ich die Zahl 80 in mein Bewusstsein vordringen ließ, habe ich nicht viel darüber nachgedacht, was es heißt, schon so viele Jahre zu leben. Wenn ich auf diese Jahre zurückblicke, die Tausenden von Leute, die ich kennen gelernt habe, die manchmal herausfordernden Dinge, die ich getan habe und die Schmerzen und Freuden, die ich in all dieser Zeit erlebt habe, dann versuche ich die wirklich wichtigen Episoden herauszugreifen. Dann fühle ich die Wärme der Menschen, an die ich mich erinnere. Die Liebe und die Unterstützung, die ich von Freunden und der Familie erhalten habe, stehen in der Liste dieser Erinnerungen ganz oben.

Ich glaube ich kann sagen, die Liebe ist das größte Geschenk, das ich in meinem Leben erhalten habe und das größte Geschenk, das ich geben konnte. Liebe kann sich auf viele Arten ausdrücken – Zuneigung und Sorge um Familie und Freunde, Beiträge zu einer größeren Gemeinschaft, um jene zu unterstützen, die weniger Glück haben.

Alles in allem war es eine lange Zeit des Lernens. Und da diese Idee auch meiner Lebensphilosophie entspricht, glaube ich, dass mein Lektionsbuch bald voll ist. Ich habe keine der Schwierigkeiten, auf die ich getroffen bin, je bedauert.

Der Geburtstag

An diesem Geburtstag sollten Sie die Entscheidung treffen, Ihren Glauben in die Tat umzusetzen und etwas von Ihrer Weisheit weiterzugeben. Während andere Ihnen Geschenke bringen, bieten Sie für eine Sache, an die Sie glauben, Ihre Unterstützung an, entweder in Form von Zeit oder Geld. Wählen Sie jemand Jüngeren aus – jemand der Ihr Kind oder Enkel im Blut oder Geist ist und verabreden Sie sich zum Mittagessen oder Abendessen. Suchen Sie nach einer Gelegenheit ihr (oder ihm) mindestens eine Geschichte zu erzählen, die jene Einsichten zum Ausdruck bringt, die Ihnen das Leben beschert hat. Sie glauben, das interessiere doch niemanden? Ehrlichkeit ist immer bezwingend und wenn Ihre Geschichte wichtig für Sie ist, wird Ihr Gast sich daran erinnern.

80. Jahr

Raten Sie mal, wer zurückkommt? Der große Lehrmeister Saturn tritt ins Quadrat zu seiner Geburtsposition und befindet sich auf dem Weg seiner dritten Rückkehr im Alter von 84 Jahren. Was lernen Sie dieses Mal?

Eine Lektion kann beinhalten, dass Sie sich mehr auf Ihre Gesundheit konzentrieren müssen. Hat Saturn etwas mehr von Ihrer Energie weggenommen? Verzweifeln Sie nicht. Nehmen Sie sich Zeit und ruhen Sie sich aus. Sie kommen jetzt in das „weise" Alter. Die nächsten vier Jahre können etwas steinig werden, aber wenn Sie es bis dadurch schaffen, erhalten Sie neuen Auftrieb und durchleben eine Erneuerung. Bleiben Sie also gelassen und geben Sie auf sich Acht. Besuchen Sie regelmäßig Ihren Arzt, aber übernehmen Sie selbst die Verantwortung für Ihre Gesundheit. Informieren Sie sich auch in den vielen Publikationen zu alternativen Behandlungsmethoden. Trinken Sie Kräutertees und ertüchtigen Sie Ihren Körper! Mehr können Sie für Ihren Körper nicht tun.

Für ihren Geist werden die Familienbande nun sehr wichtig. Bleiben Sie mit den Mitgliedern Ihrer Familie in Kontakt oder adoptieren Sie jüngere Menschen, die von ihren eigenen Eltern getrennt leben oder sich entfremdet haben. Wenn Sie Enkel haben, die schon fast erwachsen sind, laden Sie diese zum Abendessen ein oder gehen Sie mit ihnen aus. Sie sollten das richtige Alter haben, um Ihnen die notwendige Hilfe zu geben.

Aber machen Sie sich nicht ganz von Ihrer Familie abhängig. Ihr Kirche oder religiöse Gruppe und Ihre Freunde können auch viel zur Bereicherung Ihres Lebens beitragen. Dies gilt bestimmt für Dorothea, die mit ihren beiden Katzen in dem Haus lebt, in dem sie ihre Kinder großgezogen hat. Sie wohnt dort seit 37 Jahren. Sie erzählt, dass es sich nicht anders anfühlt, 80 Jahre alt zu werden als 79. Ihre Mutter lebte bis zum Alter von 87 Jahren, deshalb geht sie wohl davon aus, noch eine Weile auf der Welt zu sein.

Sie hat gelernt, dass es wichtig ist, Tag für Tag zu leben. Ihre Kirche ist ihr wichtig, denn – wie sie sagt – wir brauchen alle etwas, für das wir leben. Und der Glaube hilft uns, über schwere Zeiten hinwegzukommen. Bis vor kurzem beteiligte sie sich noch an Tanzwettbewerben und gewann einige Preise. Sie ist glücklich, wenn sie tanzen oder Musik hören kann. Auch das Zusammensein mit ihrer Familie ist ihr wichtig, obwohl sie ihre Tochter nicht so oft sieht, wie sie es gerne möchte. Gemeinsame Interessen sind eine gute Basis, mit anderen Menschen zusammenzukommen. Außerdem besteht das Geheimnis darin, nachzudenken, ehe man spricht, denn es ist einfach, den Mund zu öffnen, etwas Unbedachtes zu sagen und damit Unfrieden zu stiften. Die Welt stünde besser da, wenn jeder etwas bescheidener wäre und danach leben würde.

Der Geburtstag

Dies ist ein wichtiger Geburtstag. Ergreifen Sie die Gelegenheit, etwas Aufregendes zu unternehmen, wenn möglich mit Ihrer Familie. Dianas Großmutter feierte diesen Tag mit einem Hubschrauber-Flug, der Sie von San Pedro ins Disneyland brachte. Einige ihrer Enkel begleiteten sie und die Familie verbrachte den ganzen Tag in Disneyland.

Gibt es etwas, was Sie sich schon immer gewünscht haben und was bisher nie möglich schien? Gibt es einen Ort, den Sie gerne besuchen möchten? Oder ein Essen, das Sie schon immer mal probieren wollten? Oder ein Theaterstück, das Sie gerne sehen würden? Erzählen Sie es jemandem – Ihre Angehörigen werden sich darüber freuen, wenn sie wissen, wie sie Ihnen eine Freude machen können. Oder schnappen Sie sich ein paar Freunde und beginnen Sie Ihr Abenteuer. Jedes Jahr ist kostbar. Unternehmen Sie das, was Sie möchten, solange es noch geht.

Das Ritual für dieses Jahrzehnt
Eine spirituelle Familie gründen

Genauso wie wir als Kinder unsere Familien brauchen, damit sie Liebe und Unterstützung geben, brauchen wir als alte Menschen ebenfalls Beziehungen und Verwandte. Aber einige von uns haben nicht geheiratet oder keine Kinder bekommen. Andere haben Kinder, aber deren Leben hat sie weit weg geführt, sei es geographisch oder emotional. Manchmal wohnen unsere Blutsverwandten zwar sogar in der Nähe, aber die Beziehung wird von ungelösten Problemen überschattet. Wir brauchen es, geliebt zu werden, wollen aber unsere Unabhängigkeit nicht verlieren. Wir brauchen es, zu lieben, befürchten aber, alte Fehler zu wiederholen.

Eine Möglichkeit, mit diesem Problem umzugehen, ist die Gründung einer spirituellen Familie entweder indem wir unsere Beziehung zu Blutsverwandten verändern oder jemanden, der uns braucht, quasi adoptieren.

Das Problem mit unseren Blutsverwandten besteht darin, dass wir sie uns nicht haben aussuchen können. Von einem Ehepartner kann man sich scheiden lassen, aber von unseren Geschwistern und Kindern können wir uns nicht lossagen. Schlimmstenfalls durchleben Familien die emotionale Entsprechung einer Scheidung, aber die Trennung ist sehr schmerzhaft, weil es keinen öffentlichen Abschluss gibt. Ein Ehepaar kann seine Beziehung neu bewerten und eine neue Bindung durch neue Schwüre bekräftigen. Warum sollte man das nicht genauso mit seiner Familie machen können? Damit kann man eine erzwungene Beziehung auf die Basis der freien Wahl stellen.

Dies bringt ein gewisses Maß an Risiko mit sich – was ist, wenn Sie Ihre Kinder bitten, Sie als ihre Mutter zu wählen, und sie mit „Nein" antworten? Die Entscheidung erfordert sicherlich sehr viel Ehrlichkeit. Damit sich Eltern und Kind oder Bruder und Schwester füreinander entscheiden können, müssen sie bereit sein, sich auf Erwachsenenebene füreinander zu öffnen, die Wahrheit über die Vergangenheit zuzugeben oder zumindest Wahrnehmungen zu vergleichen und etwas zu suchen, was sie über eine gewohnheitsmäßige und oberflächliche Zuneigung hinaus miteinander verbindet.

Natürlich ist es auch mit Risiken verbunden, wenn man eine spirituelle Beziehung mit einem Fremden eingeht. Bei Blutsverwandten kennen Sie zumindest bereits deren Fehler. Eine Ersatzfamilie zu gründen ist eine neue Idee und Ihr Vorschlag kann als komisch empfunden werden – möglicherweise kann es das Beste sein, ihn zunächst einmal auf scherzhafte Weise zur Sprache zu bringen, um die Reaktionen zu testen. Sie müssen sehr klar zum Ausdruck bringen, was Ihnen vorschwebt und was nicht. Wenn Sie noch Blutsverwandte haben, wird es auch notwendig sein, klarzustellen, ob eine solche Adoption Auswirkungen auf die Erbschaft hat. Und bevor Sie überhaupt einen solchen Plan in Betracht ziehen, müssen Sie natürlich jemanden finden, der einer solchen Beziehung würdig ist, und ihn lieben lernen. Wenn Ihr Herz groß genug ist, können Sie auch mehr als eine Person in Ihre spirituelle Familie aufnehmen.

Lassen Sie uns also davon ausgehen, dass Sie alle diese Vorbereitungen abgeschlossen und alle Bedingungen erfüllt haben. Sie haben Ihre Verwandten und Freunde gefragt, einen ganz bewussten und gewollten Bund zu schließen – Sie könnten zum Beispiel Ihre Beziehung mit allen Ihren Kindern gleichzeitig erneuern. Wenn Ihr neues Familienmitglied ein Blutsverwandter ist, werden Sie dies wahrscheinlich vertraulich regeln wollen, da sie ja bereits offiziell verwandt sind. Wenn Sie jedoch ganz neue Familienmitglieder adoptieren, möchten Sie vielleicht, dass Ihre Verpflichtung von anderen Freunden bezeugt wird.

Das Ritual sollte zu Hause stattfinden. Dekorieren Sie Ihr Heim, wie Sie es für jede andere Familienfeier auch tun würden, aber sorgen Sie auch für Kerzen oder ein Feuer im Ofen. Wenn Sie es für angebracht halten, können Sie zuerst die Beziehung zwischen Rut und Noomi anführen, als ein Beispiel dafür, wie aus einer rechtlichen Beziehung eine spirituelle werden kann:

Als dem Alten Testament zufolge die Witwe Noomi nach dem Tod ihres Mannes und ihrer Söhne beschloss, in das Land Judäa zurückzukehren, sprach ihre Schwiegertochter Rut, eine Moabite-

rin, diese Worte: „Wo du hin gehst, da will auch ich hin gehen; wo du bleibst, da bleibe auch ich. Dein Volk ist mein Volk, und dein Gott ist mein Gott. Wo du stirbst, da sterbe ich auch, da will ich auch begraben werden. Der Herr tue mir dies und das, nur der Tod wird mich und dich scheiden" (Rut 1,16–17).

Es ist unsere Absicht, heute eine ähnliche spirituelle Verwandtschaft herzustellen.

Vor dem Feuer stehend oder sitzend sagen Sie etwas in der Art wie:

Ich rufe das heilige Herdfeuer und euch alle, die unsere Einladung für heute angenommen haben zum Zeugen auf, dass es mein Wunsch ist, (Name) heute als meine/n (Tochter/Sohn/Bruder/Schwester/andere Verwandte) anzunehmen. Zu diesem Schritt wurde ich nicht durch Zwang oder Brauch genötigt, sondern ich tue ihn aus eigenem freiem Willen und in vollem Verständnis, dass dies eine Beziehung des Geistes ist, geschaffen durch reine Liebe.

Ihr neues Familienmitglied erwidert in derselben Form:

Ich rufe das heilige Herdfeuer und euch alle, die unsere Einladung für heute angenommen haben zum Zeugen auf, dass es mein Wunsch ist, (Name) heute als meine/n (Tochter/Sohn/Bruder/Schwester/andere Verwandte) anzunehmen. Zu diesem Schritt wurde ich nicht durch Zwang oder Brauch genötigt, sondern ich tue ihn aus eigenem freiem Willen und in vollem Verständnis, dass dies eine Beziehung des Geistes ist, geschaffen durch reine Liebe.

Nehmen Sie dann Brot und Salz und bieten Sie es Ihrer neuen Verwandten an. Dabei sagen Sie das Folgende oder sprechen Sie die Gelöbnisse, für die Sie sich entschlossen haben:

Mein Herd soll dein Herd sein und mein Tisch soll dein Tisch sein, wenn du ihn brauchst. Wenn du lachst, werde ich deine Freude tei-

len und wenn du weinst, deine Tränen. Von jetzt an bis zum Lebensende verspreche ich dir die Aufmerksamkeit und Liebe einer (Mutter / Schwester / Verwandten).

Ihre neue Verwandte antwortet mit den gleichen Worten oder sagt etwas anderes, das angebracht ist, und bietet auch Ihnen Brot und Salz an.

Dann sollten Sie beide die Hände um einen Kelch Wein oder Quellwasser legen und während Sie ihn hochheben, sprechen Sie zusammen:

Was wir versprochen haben, werden wir erfüllen. Dies geloben wir im Namen Gottes (oder der Göttin oder der Heiligen Liebe).

Jede von Ihnen sollte nacheinander aus dem Kelch trinken. Gießen Sie den Rest in eine Schale, die vor dem Ofen steht. Später kann der Rest in die Erde im Garten oder neben die Haustür gegossen werden.

Der Zeremonie sollte sich eine Feier mit selbst gekochtem Essen anschließen, an der alle teilnehmen.

81. bis 90. Jahr und darüber hinaus – Alter der Erleuchtung

Warum erschaudern wir beim Gedanken an das Alter? Wenn wir nicht älter würden, wären wir tot! Sehen Sie sich eine Leiche an: Sie hat aufgehört zu altern! Das Alter ist ein Triumph des Körpers und Geistes über die natürliche Abnutzung, die mit der Zeit entsteht. Felsen zerbröckeln, nur organisches Leben wächst. Ein reifer Mensch konnte all diese Jahre überleben. Was auch immer unsere Aufgabe ist, wenn wir lange genug leben, werden wir sehen, wie sie Früchte trägt und ihren Zweck erfüllt.

Als Dianas Großmutter ein kleines Mädchen war, prophezeite ein Lehrer, dass Menschen niemals fliegen, den Mond erreichen oder in die Mitte Afrikas gelangen könnten. Als ihre Großmutter im Alter von 94 Jahren starb, waren alle diese Dinge eingetreten. Wer von denen, die in den 40er und 50er Jahren aufgewachsen sind, hat sich je vorstellen können, dass der Eiserne Vorhang eines Tages fällt? Lange zu leben, heißt, über die langsamen Veränderungen der Geschichte triumphieren zu können.

Ein langes Leben ist auch eine Rückzahlung für alle Mühen, die es gekostet hat, Krankheit, Enttäuschung und körperliche und seelische Verletzungen zu überleben. Das Altern ist ein sanfter Weg, auf dem wir langsam nach Hause geleitet werden beziehungsweise auf die andere Seite, wo unsere Verwandten bereits auf uns warten. Der Tod ist die Kulmination des Alterns, aber paradoxerweise auch das Gegenteil. Die Toten beginnen eine neue Existenz jenseits des organischen Lebens. Sie erreichen das Ende des Kreises der Wiedergeburt und beginnen von vorne. Das Altern zu akzeptieren heißt: Die Bedeutung des Lebens verstehen. Es zu leugnen heißt: Ein alter Narr zu werden!

Schicksalsdaten vom 81. bis zum 90. Jahr und darüber hinaus

82 Jahre	♆ ☍ ♆	Neptun geht in Opposition zur Geburtsposition	
84 Jahre	♃ ☌ ♃	Jupiter kehrt zurück	
84–86 Jahre	♄ ☌ ♄	Saturn kehrt zurück	Ende des dritten Lebensabschnittes
			Freiheit zu sterben oder Freiheit von der Todesangst
			Akzeptanz der Lebenszyklen
	♅ ☌ ♅	Uranus kehrt zurück	Abschluss der Seelenarbeit
			Freiheit man selbst zu sein
			Spiritualität entwickelt sich, Seele kann Vorstellungen bewältigen, die sie vorher nicht bewältigen konnte
95 Jahre	♀ ☍ ♀	Pluto in Opposition zur Geburtsposition	Zeit der letzten Veränderung

81. Jahr

Neun mal neun; das ist eine magische Zahl. Die Anzahl der Perlen in einem buddhistischen Rosenkranz. Es gibt neun Musen und neun Walküren. Das ist die Zahl der heiligen Schwesternschaft. Wenn Sie das neunte Lebensjahrzehnt beginnen, treten Sie in die spirituellste Phase Ihres Lebens ein.

In dieser Zeit schließen Sie die Aufgabe Ihres dritten Lebensabschnitts langsam ab. Ihre Fruchtbarkeitsphase gehört nun der Vergangenheit an. Aber Ihre Geistesphase verläuft weiterhin spiralenförmig aufwärts. Später in dieser Dekade werden die großen Planeten erneut in Ihr Leben treten, jetzt haben Sie noch Zeit in Ihrem eigenen Tempo zu arbeiten. Überlegen Sie, was noch zu Ende gebracht werden muss und vollenden Sie es. Also kommen Sie jetzt zur Sache und treiben Sie die Dinge voran. Wenn Sie etwas anregt, trägt das zu Ihrer Gesundheit bei. Legen Sie Musik auf und wippen Sie mit den Zehen. Genießen Sie.

Gertrude, die 81 Jahre alt ist, sagt, es sei kein schlechtes Alter: „Ich bin sehr glücklich. Ich bin bis auf ein paar Altersflecken gesund. Ich kann zwar nicht mehr Autofahren oder lesen, aber ich bin glücklich, in diesem Zeitalter zu leben, in dem man Hörbücher bekommt und Computer für kurzsichtige Menschen eingerichtet werden können. Ich gehe jeden Tag schwimmen und genieße die Seniorenkurse für Tai Chi, Yoga und gemeinsame Ausflüge. Wir sollten das Leben genießen, solange wir jung sind und mit dem Spaß nicht warten, bis wir alt werden. Man muss freundlich sein und hilfsbereit zu den Menschen."

In diesem Alter reiste Zs Tante Titi nach Israel und verbrachte einige Sommer in Deutschland. Sie konnte noch überall hingehen. Sie bestand darauf, über eine Brücke über die Donau zu gehen und verweigerte das Taxi, das ich für Sie geholt hatte. „Ich brauche diesen Spaziergang", sagte sie. Ich sah sie erstaunt an, weil die Brücke sehr lang ist. Als ich sie besuchte, begleitete sie mich in alle Museen, schlief dabei allerdings manchmal im Stuhl einer Cafeteria, während ich mir die Ausstellung ansah. Sie hatte sie schon mehrmals gesehen."

Der Geburtstag

Feiern Sie einen Geburtstag für die heiligen Schwestern. Laden Sie acht Freundinnen ein und backen Sie neun Kuchen mit neun Kerzen. Lassen Sie jede die Kerzen auf ihrem Kuchen ausblasen und dazu ein paar weise Worte sprechen. Schreiben Sie auf, was jede Freundin sagt und machen Sie anschließend für jede davon eine Kopie.

82. Jahr

Dies ist das Jahr, in dem der Planet Neptun in die Opposition zu seiner Geburtsposition wandert. Das tut er nur einmal in Ihrem Leben, denn sein Zyklus dauert sehr lange. Dies kann eine verwirrende Zeit werden, die aber auch Ihre Vorstellungskraft anregen wird. Verwenden Sie diese Energie für Ihre spirituelle Arbeit. Wenn Sie Künstlerin sind, kann dies eine wirklich atemberaubende Zeit in Ihrem Leben werden, insbesondere, wenn Sie jemand haben, der Ihnen bei schwerer Arbeit zur Hand geht.

Auch Uranus kommt langsam näher und öffnet unsere Herzen. Wenn Sie Ihre Augen offen halten, können Sie in jeder kleinen Sache ein Wunder erkennen. Ihre körperlichen Augen mögen nicht mehr das sein, was sie einmal waren, aber ihre geistigen Augen waren noch nie so scharf wie jetzt. Sie werden zu einer weisen Frau. Aber mit diesen neuen Einblicken geht auch eine Verantwortung einher. Sie müssen das, was Sie gelernt haben, an andere weitergeben, die Ihnen nachfolgen.

Sprechen Sie mit Ihren Nachkommen, den körperlichen oder spirituellen. Erzählen Sie Ihnen, wie es sich anfühlt, in Ihrem Alter zu sein, und was Sie gelernt haben. Es ist Zeit, Ihre Lebensgeschichte zu schreiben. Jede Generation muss die eigene Geschichte wieder auferstehen lassen. Wenn das Schreiben schwierig ist, nehmen Sie sie auf Tonband auf. Das ist sogar besser, weil dann auch Ihre Stimme und nicht nur Ihre Worte aufgezeichnet werden. Was Sie schreiben wird ein Vermächtnis für die Zukunft. Wenn Sie auf Ihr Leben zurückblicken, können Sie Muster erkennen und verstehen, wie Sie mit den Schicksalsgöttinnen bei der Arbeit an diesem Jahrhundert kooperiert haben. Sie haben Ihren Job gehabt und ihn gut gemacht.

Wir halten die Aufzeichnungen, die uns aus der Vergangenheit hinterlassen werden, in Ehren. Z besitzt ein Tagebuch Ihrer Großmutter Vilma:

Ich traf sie nur einmal, sie starb als ich noch ein Kleinkind war, aber ich habe ihre Aufzeichnungen von ihrer Kindheit bis sie 18 wurde. Sie hinterließ mir Radierungen. Sie hatte alle Schulzeugnis-

se aufbewahrt und ihre Briefe an meinen Vater und meine Tante. Sie schrieb fast zwanghaft. In dieser Zeit schrieb jeder. Mein Großvater Zoltan schrieb Kurzgeschichten und meine Tante Julia schrieb Tagebuch. Manchmal blieb die ganze Familie am Wochenende zu Hause und schrieb.

Edna hat ein Projekt begonnen und dabei Bilder der Familie gesammelt und beschriftet. Sie sagt: „Manchmal kommt meine Tochter vorbei und hilft mir und manchmal einer meiner Enkel. Ich war erst überrascht darüber, dass sie sich für Tanten und Onkel interessierten, die bereits gestorben waren, als sie auf die Welt kamen, aber sie scheinen meine Geschichten zu mögen. Mein Enkel sagte mir, auf diese Weise könne sein Gedächtnis ein Jahrhundert umfassen. Und ich sagte ihm, dass ich noch nicht so alt sei. Wir lachten herzlich."

Der Geburtstag

Versammeln Sie an diesem Geburtstag Ihre Familie um sich und erzählen Sie Geschichten. Sie als Ehrengast haben das Recht zu sprechen so viel sie möchten, aber es kann lustig sein, auch Geschichten zu erzählen, an die sich Ihre Kinder auch noch erinnern können. Vergleichen Sie dann die verschiedenen Eindrücke. Sprechen Sie über Ihre eigene Kindheit und erzählen Sie auch die Geschichten, die Sie von Ihren Eltern und Großeltern gehört haben. Wenn Sie etwas über Ihre Urgroßeltern wissen, dann kann sich das Familiengedächtnis sogar über zwei Jahrhunderte erstrecken.

83. Jahr

Lehnen Sie sich in diesem Jahr zurück und holen Sie Luft. Kümmern Sie sich um sich selbst und machen Sie sich für die Veränderungen bereit, die bald kommen werden. Es ist Zeit, das Schlachtfeld zu räumen. Wie wichtig auch immer Ihre Aufgabe war; es ist an der Zeit, sie zu beenden. Die Revolution wird auch ohne Sie weitergehen. Wenn es sich um eine gute Sache handelt, können Sie sich dessen sicher sein. Wenn Sie nicht gerade schreiben, richten Sie Ihre Aufmerksamkeit auf die Gegenwart. Versuchen Sie, Ihr Leben zu vereinfachen und Ihre Seele zu stimulieren. Sehen Sie zu, dass Sie alles heil überstehen. Ein neuer Wind kommt auf.

Mit 83 Jahren hat sich Tante Titi von ihrem Job als Apothekerin zurückgezogen. Sie begab sich in den Ruhestand, obwohl sie nach wie vor einmal die Woche in der Apotheke aushalf, wenn eine junge Mutter zu Hause bleiben musste oder jemand anderes eine Pause benötigte.

Wie Z sagt:

Sie kann immer noch gute Schmerzmittel zusammenmischen. Manchmal habe ich Angst, dass sie einen Fehler macht, aber das ist ihr noch nie passiert. Als ich sie besuchte, nahm sie gerade an einem Workshop über New-Age-Ideen, Kristalle und Buddhismus teil und machte Yoga. Aber am meisten beschäftigte sie sich mit der kleinen Barockkirche von St. Anne, die um die Ecke lag. Wir saßen in den Kirchenbänken und sie sah mich an, während wir zusammen zu Boldogasszony beteten. Dies ist jene alte Göttin, in der heute die Jungfrau Maria gesehen wird. Jede Kirche in Ungarn ist ihr gewidmet.

Der Geburtstag

Besuchen Sie an diesem Geburtstag einen Ort, der für Sie in der Vergangenheit von Bedeutung war. Sie können in diesem Alter ruhig etwas fordernd sein und auch wenn es schwierig ist, darauf bestehen, dass andere die Fahrt organisieren. Nehmen Sie einen Verwandten mit oder eine Person, die Ihnen viel bedeutet. Erzählen Sie davon, was Sie an diesem Ort getan, gefühlt oder gelernt haben. Wenn Sie ein Foto davon besitzen, vergleichen Sie, wie der Ort früher und heute aussieht. Gehen Sie dann in ein hübsches Restaurant in der Nähe essen.

84. Jahr

In Ihrem 84. Jahr bringt eine besondere Konstellation der Planeten Erfüllung, Vollendung und Veränderung. Jupiter ist zurück, wie immer sorgt er für Entwicklung und Energie. Saturn kehrt zum dritten Mal zurück und beendet die Arbeit des dritten Lebensabschnitts. In diesem Jahr erwartet Sie auch die erste Uranus-Rückkehr, die einen kompletten Entwicklungszyklus Ihrer Seele abschließt. Erst jetzt kann man die Persönlichkeit eines Menschen als voll entwickelt betrachten. Auf dieser Basis können Sie nach neuen Ausdrucksformen für Ihr Wesen suchen.

Wenn Sie an diesem Geburtstag angelangt sind, stehen Ihre persönlichen Chancen zum Besten. Gratulation! Sie haben den Prozess „weise zu werden" abgeschlossen und damit auch die Weisheitskurve durchlaufen. Während sich Ihr dritter Lebensabschnitt dem Ende zuneigt, können Sie fühlen, wie die Energie des Uranus wie eine neue frische Brise aufkommt.

Geben Sie Acht – es kann Sie albern werden lassen. Ein inneres Gelächter bricht aus Ihnen hervor. Vielleicht betrachten Sie das Leben aufgeregt und mit neu erwachtem Interesse. Anders als Saturn, ist Uranus kein Lehrmeister. Er möchte spielen. Ihr Körper mag zerbrechlich sein, aber Ihr Geist fühlt sich plötzlich frei und sehr jung.

Die erste Veränderung, die Z bei ihrer Tante Titi bemerkte war, dass Titi aufgehört hatte zu schnarchen:

Sie schnarchte früher in beängstigender Weise und so laut, dass man nicht im selben Zimmer schlafen konnte. Mit 84 Jahren packte sie ihre Koffer und besuchte mich in Kalifornien. Als sie ankam, gönnte sie sich ein Nickerchen und schlief so ruhig wie ein Baby. Ihre Stimme hatte sich auch geändert. Sie sprach nicht mehr mit dieser zarten Stimme, die ich von früher kannte. Sie hatte viel Energie. Es gab auch eine Veränderung in Ihrer Persönlichkeit. Titi hatte immer eine spitze Zunge. Das war nun vorbei. Sie ging zwar bei Missverständnissen immer noch an die Decke, aber alles in allem wirkte sie glücklicher als je zuvor. Ich bin sehr dankbar, dass ich sie so sehen und mit ihr über Leute aus der Vergangenheit sprechen konnte, die nur sie kannte.

Der Geburtstag

Wenn jeder Tag der erste Tag in Ihrem Leben wäre, dann ist dieser Geburtstag der erste Tag in Ihrem Leben mit einer vollständigen Seele. Natürlich kann es eine Weile dauern, bis alle Aspekte der Veränderung offensichtlich werden, aber Sie können trotzdem einen perfekten Tag planen – einen Tag, der besonders gut ausdrückt, dass Sie wissen, wie das Leben so spielt. Wann ist die beste Zeit zum Aufstehen? Was ist Ihr Lieblingsfrühstück? Ihr Tagesplan sollte allerdings nicht zu ehrgeizig, aber sorgsam durchdacht sein. Treffen Sie ein paar Menschen, die Ihnen wirklich viel bedeuten. Verbringen Sie einige Zeit im Gebet oder mit einer Meditation. Feiern Sie ein Fest im vertrauten Kreis zu Hause.

85. Jahr

Saturn und Uranus sind angekommen und haben die Angelegenheit übernommen. Das neue Bewusstsein, auf das Sie letztes Jahr einen Blick geworfen haben, liegt jetzt offen vor Ihnen. Was werden Sie damit tun? Es sind die Planeten der Individuation, die Helfer, die uns verändern und reifen lassen. Uranus befreit uns von den Beschränkungen und Saturn definiert uns. Die Ausbildung der Individualität ist ein kontinuierlicher Prozess, dessen Ziel es ist, uns mit dem Geist zu vereinen, indem jener Teil von uns verwirklicht wird, der ein einmaliger und dennoch integraler Bestandteil des Göttlichen ist.

Die Vollendung kann bewirken, dass wir uns von unserer Todesangst befreien. Für einige genügt es, diesen Punkt zu erreichen. Sie haben alles getan, wofür sie gekommen waren, und wenn ihr Körper müde ist, wird es jetzt einfach, loszulassen und nach Hause zu gehen. Natürlich kann der Tod in jedem Alter eintreten, aber astrologisch betrachtet, sind einige Zeiten dafür verführerischer als andere. Aber wenn Sie nicht sterben, werden Sie danach noch stärker. Und Sie können aufhören zu schnarchen.

Vielleicht stellen Sie fest, dass Ihre Psyche sich mehr geöffnet hat. Sie wissen mehr über die Menschen um sich herum, aber Sie sind sich auch der unsichtbaren Welt bewusster. Vielleicht haben Sie interessante und lebhafte Träume von denjenigen, die bereits vor Ihnen gegangen sind. Diese Träume können das Gefühl hinterlassen, dass alles gut wird. Die Leichtigkeit des Geistes, die Uranus bringt, hilft uns, dieses neue Bewusstsein ohne Angst zu akzeptieren. Spiritualität kann sowohl mentale als auch körperliche Beschränkungen überwinden.

Uranus bringt die universelle Wahrheit. Lassen Sie zu, dass diese Energie Sie mit dem Universum in Berührung bringt. Sammeln Sie jeden Freudentag und nehmen Sie sich die Zeit, die Schönheit der Welt um Sie herum zu sehen. Erinnern Sie sich an die Freude, die Sie gefühlt haben, damit Sie diese je nach Wunsch in Ihrem Gedächtnis abrufen können.

Anja hat Folgendes zu sagen:

Es ist hart für mich, jetzt noch selbst in die Kirche zu gehen, aber meine Kirche hat ein Programm, bei dem Besucher am Sonntag zu jenen Leuten kommen, die zu Hause bleiben müssen. Manchmal kommt ein Ministrant und manchmal eine von den Damen. Sie bringen mir ein paar Blumen vom Altar mit. Wir sagen Gebete zusammen auf und ich mag das fast lieber, als in die Kirche zu gehen, denn ich schlafe bei der Predigt immer ein. Natürlich habe ich für jeden Tag auch meine eigenen Gebete und Gedanken. Es ist nicht nur der Sonntag heilig, sondern jeder Tag.

Der Geburtstag

Unternehmen Sie einen Ausflug zu einem interessanten, nahe gelegenen Ort, den Sie schon immer gerne einmal aufsuchen wollten, zum Beispiel einen Rosengarten, den Zoo oder eine Kunstausstellung. Nehmen Sie sich Zeit, wenn Sie dort herumgehen und entscheiden Sie sich dann für einen Lieblingsgegenstand. Schauen Sie sich den Gegenstand sorgfältig an und machen Sie sich davon im Geiste ein Bild. Nehmen Sie das Bild mit nach Hause und betrachten Sie es als Geschenk dieses Tages. Wenn Sie auf die angezündeten Kerzen auf Ihrem Kuchen blicken, denken Sie daran.

86. Jahr

Wenn Sie diese dritte Saturn-Rückkehr bewältigen können, sind Sie auf dem besten Weg, die 90 zu erreichen. Je nachdem wie gut Ihr persönliches Schicksal Ihre Gesundheit unterstützt, Sie sind jetzt eine ehrwürdige Alte und versuchen das Gleichgewicht zwischen einem Nickerchen und den Ausflügen in die Welt zu halten. Achten Sie auf Ihr Gedächtnis. Ein Teil des Geheimnisses besteht darin, die mentale Stimulation nicht zu vernachlässigen. Zs Tante Titi holte eine Sammlung alter französischer Pharmaziezeitschriften aus Ihrem Schrank hervor, um ihre Aussprache zu verbessern. Viele große Denker verwenden die von Uranus verursachten Winde der Veränderung dazu, noch einmal Ihre Arbeit aufzunehmen.

Ihr Weg wird nun von dem geformt, was Sie im Leben gelernt haben. Alles, was Ihnen widerfahren ist, bekommt nun eine Bedeutung. Verbringen Sie Ihre Tage ausgewogen zwischen Spaziergängen, Baden, Lesen, Fernsehen, Nickerchen und gesundem Essen. Sprechen Sie mit Ihren Lieben. Gehen Sie zu Bett und genießen Sie Ihre Träume.

In diesem Alter ist es normal, an jene zu denken, die bereits gegangen sind. Sie vermissen Ihre alten Freunde und Ihre Familie. Sie fragen sich, warum Sie noch da sind, während alle anderen bereits gegangen sind. Auf diese Fragen gibt es keine Antworten. Erfreuen Sie sich an Ihrem Glück, genießen Sie alle Gelegenheiten und freunden Sie sich mit denjenigen an, die noch da sind. Aber vermeiden Sie es nicht, an den Tod zu denken – dieses Bewusstsein macht das Leben wertvoll.

Estelle, die einige Zeit fast jeden Tag im Seniorenzentrum verbracht hat, sagt, es sei deprimierend, wenn vertraute Gesichter plötzlich verschwinden. Sie holt dann immer ein paar Blumen und pflanzt sie im Garten des Zentrums an. Sie sagt, dass die

Leute so lange nicht wirklich gegangen sind, wie sie uns im Gedächtnis bleiben.

Der Geburtstag

Wenn Sie geliebte Personen vermissen, die Sie verloren haben, laden Sie sie zu Ihrem Geburtstag ein. Holen Sie Fotos von ihnen heraus und stellen Sie sie auf dem Tisch auf. Zünden Sie eine Kerze für sie an und bieten Sie ihnen ein Stück Geburtstagskuchen an. Wenn Sie glauben, Ihre noch lebenden Freunde fänden das unpassend, machen Sie es in ganz privatem Rahmen. Aber wenn Sie glauben, dass Ihre Freunde damit umgehen können, bringen Sie die Bilder ruhig zum Fest mit und erzählen Sie Ihren Freunden, wer jeder war und was er getan hat. An wen man sich erinnert, der lebt weiter.

87. Jahr

Sie haben ein langes Leben gehabt. Dieses Jahr sollten Sie dazu nutzen, Ihre persönliche Geschichte zu betrachten. Erinnern Sie sich an jedes einzelne Jahrzehnt. Was haben Sie getan? Wo waren Ihre Freunde? Wen haben Sie geliebt? Wenn Sie zurückblicken, können Sie erkennen, wie viel Sie gelernt haben und wie Sie gereift sind. Begreifen Sie, wie voll Ihr Herz gewesen ist und noch ist. Gratulation!

Seien Sie vorsichtig mit Ihrer Gesundheit, aber nicht bis zur Hypochondrie. Das Leben braucht den Tod, damit mehr Leben entsteht. Keine noch so große Sorge um die Gesundheit kann daran etwas ändern. Das Leben ist beides: ungerecht und fair. Leben Sie jeden Tag, als ob es Ihr letzter wäre. Dann werden Sie nichts bedauern.

Sie sollten auch auf Ihr Eigentum achten. Stellen Sie sicher, dass Ihr Testament noch aktuell ist. Dann überlegen Sie gut. Gibt es etwas, was noch nicht geregelt ist? Wissen alle Ihre Erben, was sie zu erwarten haben? Anstatt zu sagen „Wenn ich einmal tot bin, bekommt ihr dies und das", können Sie doch schon etwas verschenken, obwohl Sie noch leben. Beobachten Sie die Freude, die Ihr Geschenk auslöst. Es ist keine gute Idee, Menschen mit dem Versprechen auf Erbschaft in Versuchung zu führen. Sie werden dann fast ein wenig dazu gezwungen, sich auf Ihren Tod zu freuen. Sie können Ihr Eigentum ohnehin nicht mitnehmen, also seien Sie großzügig, sofern Sie genug für sich selbst, für die nächsten Jahre, zum Leben zurückbehalten haben. Wenn Sie es bis zur 100 schaffen, dann werden Sie eine solche Berühmtheit sein, dass Ihre Nachkommen sich freuen werden, wenn sie sich um Sie kümmern dürfen!

Ein wenig bekanntes Geheimnis des hohen Alters ist seine Auswirkung auf psychische Fähigkeiten. Sie stellen vielleicht eine zunehmende Tendenz zu Tagträumereien fest. Sie lösen sich von der gegenwärtigen Realität ab. So lange Sie wieder zurückkommen und mit dem Leben umgehen können, wenn es erforderlich ist, müssen Sie nicht dagegen ankämpfen. Nutzen Sie Ihre neue Fähigkeit, zwischen den verschiedenen Ebenen der Realität hin und her zu wechseln. Reden Sie mit der Geisterwelt – das ist für Ihren Verstand sehr unterhaltsam. Haben Sie keine Angst davor, verrückt zu werden. Sie dehnen nur Ihr Bewusstsein aus. Sprechen Sie mit sich und jenen, die Sie sehen. Heißen Sie sie im Leben willkommen. Nehmen Sie keine Medikamente ein, die Ihre Vorstellungskraft dämpfen, denn dies ist eine der kostbarsten Fähigkeiten, die Ihnen noch geblieben ist. Das Alter kann daran nicht rütteln.

Doch nicht jeder Mensch ist auf die Geisterwelt konzentriert. In diesem Alter sind die Erfahrungen von Männern und Frauen fast identisch. Mit 87 Jahren hat William aufgrund von Diabetes einen Fuß verloren, aber er hat gelernt, mit einer Prothese zu laufen. Er lebt in einem Haus auf dem Land, in das er sich mit seiner zweiten Frau zurückzog, die er ebenso überlebte wie seine erste. Er hat immer noch ein waches Auge auf seine Investitionen und meint, dass die jungen Leute nach dauerhaften Investitionen in langlebigen Unternehmen suchen sollten. In seinem Alter, sagt er, habe er gelernt, einen langfristigen Blick zu entwickeln.

Der Geburtstag

Sie sollten bereits gelernt haben, dass sich die Mühen, eine Geburtstagsparty zu organisieren, auch delegieren lassen. Bitten Sie um einen Kuchen mit einer größeren Kerze für jede Dekade und sieben kleinen Kerzen. Erzählen Sie Ihren Lieben etwas aus jedem Jahrzehnt, ehe Sie die zugehörige Kerze ausblasen.

88. Jahr

Im Verlauf dieses Jahres wird Saturn Ihre Geburtszeichen verlassen. Gratulation, Ihr dritter Lebensabschnitt ist vollendet! Sie gehören zur auserwählten Gruppe derjenigen, die die Möglichkeit haben, eine vierte Aufgabe in Ihrem Leben zu übernehmen. Die Planeten lassen Ihnen dieses Jahr eine Pause. Atmen Sie durch und denken Sie darüber nach, was Sie gelernt haben. Bis zu diesem Punkt waren Sie immer noch ein ehrwürdiger Lehrling. Jetzt haben Sie Ihren Abschluss geschafft und haben alles getan. Sie haben Ihre Schulden bezahlt. Jetzt sind Sie frei. Frei wovon, werden Sie vielleicht fragen oder frei, was zu tun?

Nun, vor allem können Sie sagen, was Sie denken. Nach all dem kann Ihnen wohl niemand mehr etwas vorschreiben.

Sibylle hatte keine Lust auf unseren Fragebogen zu antworten, und sie tat es auch nicht. „Das findet mal schön selber raus!" Und dann lächelte Sie so ein geheimnisvolles Lächeln, das uns fragen ließ: „Was weiß sie wohl?"

Als Dianas Großmutter erzählt wurde, dass ihre Vorfahren, die sie Zeit Ihres Lebens für Engländer gehalten hatte, wahrscheinlich Waliser waren, und dass die Waliser ein wundervolles Volk seien, berühmt für seine Poesie und Musik, beantwortete sie das mit: „Ach, wirklich? Dann werde ich es ab jetzt so erzählen."

Menschen, die immer ganz korrekt waren, können plötzlich ihre Hemmungen verlieren. Zs Tante Titi liebt dieses ungarische Sprichwort: „Ich mag zwar alt sein, aber ich habe immer noch ein Loch in meinem Hintern ..." Es kann ein ganz besonderes Vergnügen sein, die eigenen Angehörigen zu schockieren.

Der Geburtstag

Unternehmen Sie etwas Außergewöhnliches. Tragen Sie eine auffallende Farbe oder einen ungewöhnlichen Hut. Gönnen Sie sich eine reichhaltige Mahlzeit und trinken Sie viel. Fordern Sie jeden Ihrer Gäste auf, die lustigsten Begebenheiten zu beschreiben, die ihm je passiert sind. Bitten Sie um eine Kinderparty mit Luftschlangen und Partyhüten. Laden Sie einige Kinder ein und spielen Sie Spiele mit ihnen.

89. Jahr

Mit 89 Jahren sind Sie nicht nur ein Seniorenbürger Ihrer Gemeinde, sondern auch ein Bürger Ihres Jahrhunderts und ein Bürger der Welt. Körperlich kommen Sie vielleicht nicht mehr so weit, aber das sollte keine Ausrede dafür sein, auch mental schlapp zu machen. Gedächtnisübungen sind jetzt wichtiger als Fitnessübungen für den Körper.

Das Gehirn ist das einzige Organ, das tatsächlich neue Zellen produziert, wenn wir es stimulieren. Legen Sie also Puzzle, lernen Sie eine Sprache, spielen Sie Schach und zwingen Sie sich zur Konzentration. Stellen Sie sicher, dass Ihre Nahrung so zusammengestellt ist, dass viele die Gehirnaktivität unterstützende Vitamine darin enthalten sind, zum Beispiel Gingko biloba, Kohlehydratkomplexe, B-Vitamine und Vitamin E. Ihr Kurzzeitgedächtnis ist vielleicht nicht mehr das, was es einmal war, aber die Konzentrationskräfte und das Urteilsvermögen verbessern sich im Laufe der Jahre.

Sibylle sagt: „Am besten gefällt mir an diesem Alter, dass ich jetzt gelernt habe, mir selbst einen Gefallen zu tun. Ich gehe drei Mal die Woche in das Seniorenzentrum. Ich besuche eine Yogaklasse und nehme Unterricht in Zeichensprache, damit ich für die Gehörlosen übersetzen kann. Die Bewegung der Hände ist eine gute Übung für mich. Aber manchmal nehme ich mir auch einfach frei und bleibe zu Hause, um hier etwas zu erledigen."

Der Geburtstag

Seien Sie offen für neue Ideen. Lesen Sie ein ungewöhnliches Buch oder sehen Sie sich ruhig auch einen avantgardistischen Film an oder einen Film, von dem Sie glauben, dass Sie ihn nicht mögen. Gehen Sie ein paar Risiken ein. Was haben Sie zu verlieren? Am Ende dieses Tages sollten Sie sagen können: Ich habe wenigstens eine Sache kennen gelernt, die ich am Morgen noch nicht kannte.

90. Jahr

So, hier stehen Sie nun mit neun mal zehn Kerzen für Ihren Geburtstagskuchen. Sie haben 90 Gelegenheiten gehabt, die Sonne an Ihrem Geburtstag aufgehen zu sehen. Sie haben 90 erfüllte Jahre des Lebens und Lernens hinter sich.
Mollie schreibt über die 90:

90 Jahre fühlen sich wunderbar an. Ich habe so viele Erfahrungen gemacht und jüngere Leute kennen gelernt. Ich habe gelernt, Kompromisse zu machen, flexibler zu sein und die Art zu verstehen, in der Menschen ein gemeinsames Leben leben. Es gibt so viele neue Technologien, zum Beispiel Computer und Handys, welche die Menschen miteinander in Verbindung bringen. Außerdem gibt es noch E-Mails, das heißt, man kann innerhalb von Minuten mit anderen in Kontakt kommen. Die Familien sind anders geworden; sie schaffen es, auch mit nur einem Elternteil zurechtzukommen und sich zu lieben. Ich würde nicht mal für einen Tag wieder zurückgehen wollen. Ich freue mich auf die weiteren Bereicherungen in meinem Leben. Ich nehme immer noch Klavierunterricht.

Der Geburtstag

Ihren 90. Geburtstag feierte Dianas Großmutter mit einer Fahrt im Beiwagen eines Motorrads, gefolgt von einem offiziellen

Abendessen, zu dem die meisten Angehörigen kamen. Sie hatte ein wunderbares, pflaumenfarbenes Spitzenkleid an und sah sehr schön aus.

Das ist sicherlich ein Geburtstag, der nach einem prächtigen Rahmen verlangt, zum Beispiel einem neuen Kleid, dem bevorzugten Essen und so vielen Freunden und Familienmitgliedern, wie unterzubringen sind. An diesem Tag sind Sie keine Königin mehr, Sie sind eine Kaiserin. Tragen Sie ein Diadem. Betreten Sie das Speisezimmer am Arm eines gut aussehenden Mannes oder von Damen begleitet.

Dies ist eine gute Zeit, Ihren Lieben von den Höhepunkten Ihres Lebens zu erzählen. Suchen Sie vor dem Fest alte Fotos heraus und stellen Sie ein Album daraus zusammen. Anstatt 90 Kerzen auf Ihren Kuchen zu setzen, bitten Sie um neun Kerzen in heller Farbe und eine zusätzliche, für die Zeit, die noch kommt. Wenn es Zeit ist, die Kerzen auszublasen, sprechen Sie über jedes einzelne Jahrzehnt. Wo haben Sie gelebt und mit wem? Wer hat sie geliebt? Was hat Sie glücklich oder unglücklich gemacht? Erzählen Sie Ihre besten Geschichten aus jedem Jahrzehnt und blasen Sie dann die jeweilige Kerze aus. Wenn Sie damit fertig sind, stellen Sie die zusätzliche Kerze zur Seite und lassen Sie sie die restliche Zeit des Festes brennen.

Der vierte Lebensabschnitt

Was wissen wir über den vierten Abschnitt unseres Lebens? Vor allem haben wir Fragen. Wenn jemand fragt, ob ein hohes Alter eine Freude oder eine Last ist, wird die Antwort vermutlich „Beides" lauten. Der Psychoanalytiker Erik Erikson behauptet, dass das achte Entwicklungsstadium eines Erwachsenen aus dem Konflikt zwischen Integrität und Verzweiflung besteht. Eine schlechte Gesundheit, Verlust oder Krankheit und wirtschaftliche Sorgen können chronische Ängstlichkeit verursachen. Zu dieser Zeit liegen die meisten Entscheidungen bereits hinter Ihnen. Das heißt, Sie können sie nicht mehr ändern. Alles was Sie jetzt noch tun können, ist: Lernen das zu akzeptieren. Tragen

Sie die Verantwortung dafür, wie Sie Ihr Leben gelebt haben. Es ist wichtig, sich selbst zu vergeben und die Schuld loszulassen. Es gibt keinen Punkt, an dem Sie sich mit anderen messen müssen. Sie sind, wie Sie sind. Es ist Zeit, dies zu akzeptieren und es zu genießen.

Es gibt viele kluge und weise Worte, die so lange wie Plattitüden klingen, bis man das Alter erreicht hat, in dem sie wahr werden. Wenn das Leben auch nicht immer erfreulich ist, so vergeht die Zeit doch schnell. Wenn Sie in der Mitte Ihrer Achtziger angelangt sind, haben Katastrophen weniger Macht über Sie, denn Sie haben sie alle schon einmal gesehen und wissen, dass das Leben trotzdem weitergeht. Sie können Mehrdeutigkeiten nun besser ertragen und leben und leben lassen.

Sonja schreibt:

Einer meiner Onkel, der nun über 90 ist, arbeitet immer noch. Er lehrt auf Kreuzfahrtschiffen Kunst und gibt Abendkurse. Er wirft immer noch ein Auge auf die Damen und sie schauen ihm hinterher. Meine Mutter und mein Vater waren in ihren Siebzigern Turniertänzer. Meine Mutter geht immer noch Tanzen und liebt Partys. Ich komme aus einer Familie, in der man nicht aufgehört hat zu leben, bis man starb. Und ich glaube, ich werde denselben Weg gehen.

Anna, die wir in einer Yogaklasse im Seniorenzentrum befragten, antwortete, das Geheimnis eines aktiven und gesunden Lebens bestünde mit 96 Jahren darin, für den Tag zu leben. Sie ist überrascht davon, dass sie so weit gekommen ist. Sie ist seit 71 Jahren verheiratet und sie und ihr Mann leben immer noch in ihrem Haus. Sie sagt, es sei schwierig, anderen mitzuteilen, wie man leben sollte.

Es ist wichtig aktiv zu sein und sowohl auf körperlicher als auch mentaler Ebene mit anderen Menschen in Interaktion zu treten. Die Künstlerin Georgia O'Keefe hat bis zu ihrem 98. Lebensjahr erstaunliche Bilder gemalt. Die Arbeiterführerin „Mother" Jones, die 100 Jahre alt wurde, war am Ende ihres Lebens ein richtiger Teufelskerl.

Das Ritual für dieses Jahrzehnt
Auf den Sonnenaufgang zugehen

Es dauerte neun Monate, um den physischen Körper zu formen, in dem Ihre Seele all die Jahre gelebt hat. Aber es dauert fast neun Jahrzehnte, um Ihre Seele reifen zu lassen. Wie Ihr Körper hat sich Ihre Seele während dieser Zeit entwickelt und verändert. In der traditionellen Hindu-Kultur verbringt man den ersten Lebensabschnitt als Schüler, den zweiten als Mutter oder Vater und Haushaltsvorstand und im dritten zieht man sich aus der Welt zurück, um das Bewusstsein zu vervollkommnen. Mit dem Alter stellt sich Erleuchtung ein.

An diesem Punkt fangen Sie vielleicht an zu lachen: „Erleuchtet? Es stimmt schon, dass ich ein paar Dinge weiß, aber hauptsächlich habe ich gelernt, wie viel ich nicht weiß."

Vielen spirituellen Lehrern zufolge *ist* gerade das die Essenz der Erleuchtung. Das Geheimnis liegt weniger darin, Unwissenheit zuzugeben, sondern vielmehr in der Bereitschaft, still zu sein und zu akzeptieren, ein Teil des sich entfaltenden Lebens des Universums zu sein, dessen wahre Natur immer ein Rätsel bleiben wird. Es ist nicht mehr notwendig, das Leben zu kontrollieren, sondern nur noch, es zu genießen.

Wenn Sie Mitte 80 sind, hat Saturn drei Mal seinen Zyklus hinter sich gebracht, eine magische Zahl. Die Drei ist die Zahl, die Zeit und Raum verbindet. Durch die dritte Saturn-Rückkehr vollenden Sie die Errungenschaften Ihres Lebens und können darüber hinausblicken.

Bei der ersten und zweiten Saturn-Rückkehr empfahlen wir, Freunde und die Familie einzuladen, damit sie Ihren Übergang unterstützen und miterleben. Aber die Bedeutsamkeit dieses dritten Saturn-Rituals liegt in der Selbsterkenntnis. Sie lieben immer noch andere. Sie hängen von ihnen ab, so, wie sie von Ihnen abhängen. Aber Ihr Geist ist für sich selbst genommen vollkommen geworden.

Folglich ist diese Arbeit für Sie allein bestimmt. Andere können nicht nur eine Ablenkung sein, sondern es kann ihnen auch schwer fallen, die inneren Veränderungen, die Sie erlebt haben, nachzuvollziehen. Sie verfügen nicht über die zusätzliche Energie, die Sie dafür aufwenden müssen, um es ihnen verständlich zu machen. Und ehrlich gesagt, müssen sie es eigentlich auch gar nicht wissen. In der spirituellen Literatur vieler Länder werden die Meditationen der Weisen als einsame Tätigkeiten beschrieben. Sie markieren einen neuen Weg in das geheime Land. Die Entscheidung, wie viel sie andere über Ihre Entdeckungen wissen lassen und wann Sie sie teilen, liegt ganz bei Ihnen. Weil Sie allein arbeiten, obliegt Ihnen auch die Entscheidung über das Tempo und den Zeitpunkt.

Beginnen Sie dort, wo Sie nun stehen, mit einer Überprüfung Ihres dritten Lebensabschnitts. Bevor Sie sich der Seelenarbeit widmen, bewerten Sie Ihr Leben aus medizinischer, rechtlicher und wirtschaftlicher sowie physischer Hinsicht.

Wenn Sie nicht regelmäßig einen Arzt aufsuchen, vereinbaren Sie einen Termin. Unterziehen Sie Ihren ganzen Körper einer Prüfung, nicht nur die Aspekte Ihrer Gesundheit, die bekanntlich problematisch sind, sondern auch die gut funktionierenden Systeme. Lassen Sie Ihrem Körper das zukommen, was beim Auto einer gründlichen Überholung gleichkommt. Was ist in gutem Zustand? Was ist nicht in gutem Zustand, kann aber wieder in Ordnung gebracht werden? Mit welchen Problemen werden Sie einfach leben müssen?

Analysieren Sie ebenfalls Ihre wirtschaftliche Situation. Sehen Sie sich Ihre Aktiva und Passiva an. Wenn Ihnen ein Finanzberater zur Seite steht, gehen Sie gemeinsam Ihre Kapitalanlagen durch. Setzen Sie sich mit Ihrem Notar zusammen und führen Sie jegliche notwendigen Änderungen in Ihrem Testament durch. Welche Ressourcen stehen Ihnen zur Verfügung und was können Sie unternehmen, damit sie Ihnen weitere Jahre zugute kommen?

Nutzen Sie diese Gelegenheit, um eine gleichermaßen umfassende Überprüfung Ihrer Wohnung durchzuführen. Was muss repariert oder ersetzt werden und was wird halten? Was muss wirklich aufbewahrt werden, entweder für Ihren eigenen Gebrauch oder für die Nachwelt, und wovon können Sie sich jetzt trennen? Für diese Aufgabe können Sie die Hilfe einer jüngeren Freundin oder Verwandten in Anspruch nehmen, die immer noch all diese Kisten heben kann. Die Vorteile eines gründlichen Hausputzes werden wahrscheinlich ziemlich klar sein, ohne dass Sie eine Erklärung dafür abgeben müssen.

Räumen Sie nicht allzu gründlich auf. Sie sind glücklicher mit Ihren eigenen Sachen um sich herum, aber es gibt einiges – unwichtige Briefe, veraltete Bankauszüge, alte Kleidung, viel Krimskrams, der „irgendwann einmal nützlich sein könnte" –, das wirklich verschwinden kann. Schließlich wird eines Tages jemand die Entscheidung darüber treffen müssen, was wertvoll ist und was nicht. Wäre es Ihnen nicht lieber, Sie wären dieser Jemand? Gleichzeitig können Sie eine Liste der Personen erstellen, die schließlich die Andenken, die Sie aufbewahren, erhalten sollen – Gegenstände, die eher einen sentimentalen als einen Geldwert haben und die nicht in Ihrem Testament aufgeführt sind.

Wenn Sie all diese Aufgaben erledigt haben, werden Sie sich vielleicht erschöpft fühlen, aber wahrscheinlich auch erleichtert. Sie haben alles startklar gemacht und eine Last von sich genommen.

Machen Sie auf einem Schrank oder Tisch Platz und legen Sie ein schönes Tuch darüber. Ein Stofftaschentuch, ein Seidenschal oder ein neues Geschirrtuch genügen völlig. Stellen Sie auf das Tuch eine Kerze und ein Bild von sich, das in den vergangenen 15 Jahren aufgenommen wurde. Entzünden Sie die Kerze, damit sie das Bild beleuchtet. Setzen Sie sich bequem hin und betrachten Sie es. Nehmen Sie ein Blatt Papier oder schalten Sie einen Kassettenrekorder an und beschreiben Sie die Frau, die Sie jetzt sind. Was sind ihre Aktiva in Hinblick auf Gesundheit, Freunde, wirtschaftliche Ressourcen und so weiter, und was sind ihre Passiva? Denken Sie darüber nach, was Sie vorher gesagt haben, und überlegen Sie sich drei Worte, die Sie prägnant beschreiben. Notieren Sie sie auf eine Karte und legen Sie diese auf Ihren Altar.

Wahrscheinlich werden Sie nach dem ersten Teil dieser Arbeit eine Verschnaufpause einlegen wollen. Der nächste Teil, in dem Sie sich mit Ihrem zweiten Lebensabschnitt beschäftigen, wird körperlich weniger anstrengend sein, aber vielleicht die Emotionen strapazieren. In diesem Abschnitt werden Sie sich selbst „bemuttern".

Die Jahre Ihres zweiten Lebensabschnitts waren wahrscheinlich die Zeit, in der Sie am aktivsten waren und die größte Verantwortung für Ihr Leben trugen. Tatsächlich waren Sie vielleicht so aktiv und verbrachten so viel Zeit damit, sich um andere zu kümmern, dass Ihnen wenig Zeit für sich selbst blieb. Suchen Sie Fotos von sich aus dieser Zeit heraus und andere Erinnerungsstücke. Wer war diese Frau? Was waren ihre Hoffnungen und Ängste?

Sie haben jetzt das Alter erreicht oder überschritten, in dem sich Ihre Mutter befand, als Sie selbst mit Ihrem zweiten Lebensabschnitt beschäftigt waren. Außer Sie hatten großes Glück, werden Sie nie die Art von Gespräch mit Ihrer Mutter geführt haben, die Sie gern geführt hätten. Wenn Sie eigene Kinder haben, fällt es Ihnen vielleicht schwer, Ihr Innenleben mit ihnen zu teilen und umgekehrt. Aber die Frau, die Sie jetzt sind, kann die Frau bemuttern, die Sie damals waren.

Wie können Sie sie erreichen? Sie haben sich vielleicht verändert, aber sie lebt trotzdem weiterhin in Ihnen. Setzen Sie sich hin und schreiben Sie ihr einen Brief. Betrachten Sie die Frau auf dem Foto und übermitteln Sie eine Nachricht, die über die Zeit hinausgehen und ihre Seele berühren wird. Welche Fehler hat sie gemacht? Was waren Ihre Triumphe? Und welche davon haben sich im Laufe der Zeit als weniger wichtig erwiesen, als sie zu sein schienen? Schreiben Sie ihr tröstliche Worte. Wenn es alte Fehler gibt, die berichtigt werden können, dann versprechen Sie Wiedergutmachung. Wahrscheinlicher ist jedoch, dass viele solcher Traumata im Nachhinein auf die Größe eines verletzten Fingers oder eines aufgeschürften Knies schrumpfen. Bewahren Sie diese verletzte Frau im Herzen und lassen Sie ihr den Trost und die Vergebung einer Mutter zukommen.

Trost ist nicht alles, was Sie anzubieten haben. Loben Sie sie auch so, wie Sie es gern von Ihrer Mutter gehört hätten. Welche Schritte während Ihres zweiten Lebensabschnittes führten zu guten Ergebnissen, vielleicht sogar zu Ergebnissen, die viel wichtiger waren, als sie zu der Zeit zu sein schienen? Versichern Sie Ihrem jüngeren Selbst, dass sie es gut gemacht hat, dass ihre Anstrengungen nicht vergeblich waren.

Wenn Sie fertig sind, legen Sie den Brief auf den Altar und stellen Sie eine Vase mit Ihren Lieblingsblumen neben die Kerze.

Die Navajos haben Legenden über eine göttliche Gestalt namens „Wandelfrau" (Changing Woman), die dem Volk viele große Geschenke brachte. Wenn sie alt wird, geht sie auf den Sonnenaufgang zu, bis sie wieder jung wird. Wenn Sie sich ein wenig ausgeruht haben, wird es Zeit, über den dritten Teil dieser Seelenarbeit nachzudenken, die Wiedergeburt des inneren Kindes. Ihre Gelenke sind einer wieder entdeckten Kindheit wahrscheinlich nicht gewachsen, aber es geht ja auch darum, Ihren Geist aufs Neue zu erschaffen, nicht Ihren Körper.

Nehmen Sie sich etwas Zeit, um über die Kindheit zu sinnieren. Gegebenenfalls lesen Sie die ersten zwei Kapitel dieses Buches noch einmal, um Ihre Erinnerung aufzufrischen. Was tun Kinder, außer dass sie essen, schlafen und sich viel bewegen? Sie lernen, sie spielen und sie schenken der Welt Beachtung.

Es ist Zeit für Sie, sich all dem noch einmal zu widmen.

Lernen ist am einfachsten. Sie können irgendeinen Wissensbereich wählen, der Sie interessiert, oder Sie nehmen einfach ein Wörterbuch, schlagen es aufs Geratewohl auf und gehen die Seite durch, bis Sie auf ein ungewöhnliches und Ihnen fremdes Wort stoßen. Wenn dieses Spiel Sie amüsiert, können Sie es mehrmals wiederholen, bis Sie einige neue Wörter kennen, mit denen sie experimentieren können. Sprechen Sie sie immer wieder aus. Bilden Sie Sätze, in denen sie vorkommen. Halten Sie in den nächsten Tagen Ausschau nach Gelegenheiten, sie in Gesprächen einzuflechten.

Als Nächstes ist das Spielen an der Reihe. Suchen Sie sich aus einem Katalog oder in einem Spielwarengeschäft ein Kinderspiel aus. Sie können immer sagen, dass Sie es für Ihre Enkel kaufen. Dann spielen Sie damit. Wenn es mehr als einen Teilnehmer erfordert, spielen Sie gegen sich selbst oder überreden Sie jemanden, mit Ihnen zu spielen. Je einfacher und in gewissem Maße alberner, umso besser ist das Spiel. Der zentrale Punkt dabei ist, sich zu entspannen, seine Hemmungen zu verlieren und im Augenblick zu leben.

Dies sollte Ihnen bei der dritten Aufgabe helfen, bei der es darum geht, das Wunder der Welt aufs Neue zu erleben. Beschließen Sie für einen Tag, dass Sie alles betrachten, hören, berühren und schmecken werden, als wäre es etwas ganz Neues, das erste Mal für Sie. Die ganz Jungen und die ganz Alten können sich gewisse Dinge erlauben, wie etwa Selbstgespräche führen, was jenen, die in der Mitte des Lebens stehen, nicht gestattet ist. Wenn es Ihnen hilft, die Erfahrung voll und ganz zu verstehen, fassen Sie sie in Worte. Schreien Sie vor Staunen auf. Fürchten Sie sich nicht, für kindisch gehalten zu werden – es wird zwar zutreffen, aber nicht so, wie Leute im Allgemeinen denken. Legen Sie ein Symbol für das, was Sie erlebt haben – einen interessanten Stein, ein Blatt, ein Spielzeug – auf den Altar, den Sie errichtet haben.

Danach können Sie Ihre Würde wieder annehmen, aber vergessen Sie nicht diese Frische der Wahrnehmung und das Gefühl der Freiheit. Sobald er seinen Zweck erfüllt hat, können Sie Ihren Altar abbauen. Wenn die Wirklichkeit zu einem Teil von Ihnen geworden ist, werden die Symbole keine Rolle mehr spielen. Das Leuchten der Ewigkeit scheint durch Kinder hindurch, die noch nahe an ihrem Anfang sind. Während Ihr Leben zum Ausgangspunkt zurückkehrt, nähern auch Sie sich dem Anfang und können Ihren ewigen Geist durchscheinen lassen.

Nachwort –
Auf der Suche nach dem Sinn des Lebens

Was ist der Sinn des Lebens? Das ist eine Frage, die wir uns in jedem Alter, sowohl auf historischer als auch auf persönlicher Ebene, immer wieder zu stellen gezwungen sehen. Das Leben ist ein anspruchsvoller Job, und wir müssen unsere eigenen Gebrauchsanleitungen schreiben, um es zu bewältigen. Wir lehren uns gegenseitig einige Dinge. Wir wissen zum Beispiel, dass uns allen das gleiche Ende bevorsteht, auch wenn das Leben eines jeden Einzelnen anders abläuft. Unsere Körper werden irgendwann nicht mehr funktionieren. Ein Spaziergang auf dem Friedhof bringt das recht deutlich zum Ausdruck. Hier finden sich alle ein – die Reichen und die Armen, die Erfolgreichen und die Unbekannten, Männer und Frauen und Kinder. Am Ende sind alle gleich.

Warum mühen wir uns also ab? Können wir es nicht „sein lassen?" „Don't worry, be happy!" – „Mach dir keine Sorgen, sei glücklich!"? Warum schuften wir uns fast zu Tode, sei es in der Arbeit oder wenn wir uns für andere aufopfern? Warum finden wir nicht einfach einen stressfreien Weg und gehen ihn bis zum letzten Atemzug?

Wir träumen vielleicht davon, alles leicht nehmen zu können, aber tief im Inneren wissen wir, dass diese Reise durchs Leben einen Sinn hat, der darüber hinausgeht, einfach nur über die Runden zu kommen. Unsere Aufgabe ist es, ihn zu finden.

Die Suche nach dem Sinn des Lebens bedeutet, sich auf einen spirituellen Pfad zu begeben. Dieses spirituelle Streben ist instinktiv, tief in unseren Herzen verankert, nicht unbedingt logisch, aber stets zwingend. Wir brauchen Kreativität, auch wenn dies mit Mühe verbunden ist. Wir brauchen ein intensives Innenleben. Und wir brauchen eine höhere Form der Liebe. Unser spiritueller Weg ist in einer Straßenkarte eingezeichnet, die uns zeigt, wie wir leben und sterben können, wie wir glücklich sein können, wie wir lieben können. Wir wollen diese Reise gut hinter uns bringen. Wir sehnen uns nach einem kurzen Blick auf den Plan.

Wenn jedes Molekül, jedes Atom, jedes Proton und Elektron zu wissen scheint, was es tut und wohin es geht, dann sollte dies doch mit Sicherheit auch bei uns der Fall sein. Die großen Systeme, von denen alles ein Bestandteil ist, fügen sich zusammen und beeinflussen sich gegenseitig in vollkommener Harmonie. Was geschieht also, wenn wir den Plan nicht erkennen können? 80 Prozent des Universums sind unsichtbar, weil sie kein Licht reflektieren, das wir mit unseren Augen sehen können. Wenn wir das Universum wirklich verstehen wollen, müssen wir lernen, mit unserem Geist zu sehen.

In der Tat sind wir selbst ein Universum, in dem Millionen von Zellen leben und sterben. Ganze Zellgruppen werden sterben, während Sie diese Seite lesen, und viele mehr werden geboren. Ob sie nun wissen, was sie tun, oder nicht, sie arbeiten dabei zusammen, um unsere Körper in Gang zu halten. Wenn sie sterben, gehen ihre Elemente in das äußere Universum ein, um zum Bestandteil anderer Dinge zu werden.

Eine der Gaben des Alters ist die Fähigkeit, sowohl uns selbst als auch unsere Welt perspektivisch richtig zu sehen. Menschen sind einzigartig, nicht, weil wir außerhalb oder über dem System stehen, sondern weil wir uns unserer selbst bewusst sind. Wir gehorchen nicht nur dem Universalgesetz des Wachstums und der Veränderung, sondern wir haben die Möglichkeit, bewusst an dem Prozess teilzunehmen. Wir verspüren das Bedürfnis, den Prozess zu verstehen, wir wollen daran mitarbeiten, wie sich das Universum entfaltet. Dieses spirituelle Ziel offenbart sich in uns.

Der Sinn des Lebens besteht für uns darin, wahrzunehmen, dass es da ist, es besser zu verstehen und es viel und oft zu feiern!

Der Suche nach dem Sinn des Lebens geht man am besten in der Gesellschaft anderer Suchender nach. Wir sehen uns gegenseitig deutlicher, als wir uns selbst sehen. Die Augen der anderen sind Spiegel, in denen wir uns erblicken. Es sind nicht nur Liebende, in denen wir uns spiegeln, sondern auch Gefährten. Wir sind uns bemerkenswert ähnlich, wenn wir Schmerzen haben und uns freuen. Wir teilen die gleichen Erfahrungen bei der Geburt und im Sterben. Der Rest ist Augenwischerei.

Unser Leben ist ein Tanz, bei dem wir unsere eigenen Figuren innerhalb eines größeren Musters erschaffen. Die größeren Planeten bringen den Tanz hervor, aber die besten Tänzer sind diejenigen, die die Struktur des Tanzes und die Bedeutung der Musik verstehen – je mehr wir über unsere Herkunft, unsere Umgebung und die spirituellen Kräfte, die unser Leben lenken, wissen, umso besser werden wir unsere Möglichkeiten erkennen und weise zwischen ihnen wählen. Das Muster des Tanzes mag vorherbestimmt sein, aber wir entscheiden, wie wir ihn aufführen.

Das, so könnte man sagen, ist der Sinn, das Geheimnis des Lebens. Wir können nicht alles über die glücklichen Zufälle, die Segen oder Flüche wissen, die unser Leben formen, aber je mehr wir verstehen, umso besser vermögen wir daraus zu lernen, was mit uns geschieht, und auf der Welle der Zukunft zu schwimmen, statt davon fortgerissen zu werden.

Wir lernen aus der Mythologie und der Wissenschaft, aus der Astrologie und den Riten. Vor allem haben wir von den Worten jener gelernt, die mit uns diesen Weg beschreiten. Die Frauen und Männer, die ihre Erfahrungen mit uns teilten, helfen uns zu verstehen, wohin wir gehen und wo wir gewesen sind. Sie sind es, die dem Geschehen Aufmerksamkeit schenken und versuchen, seinen Sinn zu verstehen. Gemeinsam erstellen wir eine Karte des Lebens, damit andere folgen können.

Diese Karte ist mit kühnen Pinselstrichen gezeichnet und lässt viel Platz für jeden von uns, sie mit eigenen Entscheidungen zu füllen. Einige Stellen verkünden zwar: „Hier gibt es Ungeheuer."

Aber selbst die Ungeheuer können Ihnen ihren Segen geben, wenn Sie ihnen kühn gegenübertreten. Schmerz kann ein Lehrer sein – ohne ihn kann ein Kind nicht geboren werden oder erwachsen werden.

Was die Karte nicht vermag, ist, uns in das so genannte „weiße Licht" zu führen. Wenn das Licht zu grell ist oder die Dunkelheit zu tief, können wir nichts mehr erkennen. Mit natürlichem Licht und Schatten sind wir besser dran. Der Schatten macht das Licht sichtbar und das Licht zeigt, wo die Schatten sind.

Blicken Sie durch die Linse des Schicksals. Spähen Sie aufmerksam in die Unendlichkeit. Sie werden einen Nebel, neue Sonnen und Milliarden von Sternen in der Milchstraße sehen. Wir stehen auf der grünen Erde, unter einem blauen Himmel und inmitten von Kolibris, blühenden Gärten und all den anderen Wesen, mit denen wir den Planeten teilen. Je besser wir verstehen, wie wir in den Kreis des Lebens hineinpassen, umso dankbarer werden wir angesichts der Möglichkeit sein, Mitschöpfer des Schicksals zu sein.

Auf dieser „Metaebene" gibt es einige Beschränkungen des freien Willens. Wenn Sie im Unterzeitalter des Wassermanns leben, können Sie es nicht in das Unterzeitalter des Widders verwandeln, wie sehr Sie sich auch anstrengen mögen. Jedes Zeitalter hat einen Zeitgeist. In diesem Zeitstrom müssen wir schwimmen lernen wie ein Fisch im Wasser.

Der freie Wille tritt nicht auf den Plan, wenn es darum geht, ob wir schwimmen werden, sondern, wie wir es anstellen, oder um eine Metapher zu gebrauchen: Wenn die Zeit der Architekt ist, der das großartige Zeitalter geschaffen hat, in dem wir leben, dann sind wir die Innenarchitekten. Wir setzen die Fenster ein und bringen die Vorhänge an und stellen die Möbel auf. Aber was auch immer wir tun, das Gebäude wird stehen; der Fluss wird fließen.

Der Tod ist die absolute Demokratie, denn er lässt den Reichen und den Armen die gleiche Behandlung zuteil werden. Von den Sternen aus betrachtet, gibt es nur verschiedene Spezies, die zusammen auf einem blauen Planeten leben. Aus der Sicht der

Sterne zählt, dass die Spezies weiter bestehen. Wenn wir Menschen überleben, können wir uns als ein kollektives Bewusstsein entwickeln. Wir Menschen sind die Spezies mit der Verantwortung, für all die anderen zu sorgen. Zivilisationen können blühen. Nur Bewusstsein kann ein Paradies auf Erden hervorbringen. Jeder muss sich daran beteiligen, die Aufgabe zu vollenden. Niemand wird zurückgelassen.

Es ist an der Zeit, Krieg als ein Mittel zur Beilegung von Differenzen aufzugeben. Wie der Dalai Lama gesagt hat, ist Krieg veraltet, und es ist das menschliche Bewusstsein, das einer Veränderung bedarf. Echte Siege werden nur errungen, wenn sich das Bewusstsein weiterentwickelt.

Dies ist eine Entwicklung, die nicht aufgehalten werden kann, gleichgültig, wie sehr es einige vielleicht versuchen mögen. Propaganda, Gehirnwäsche, Religion, Falschinformationen durch die Medien – alle Versuche, die Wahrheit zu unterdrücken, werden letzten Endes scheitern. Unser kollektives Bewusstsein verlangt Wissen. Unser Verstand ist von Natur aus neugierig. Wenn wir lernen, verändern wir als Bewohner des Planeten unsere Welt und uns selbst. Seltsamerweise fallen diese Veränderungen oft mit den Besuchen der überpersönlichen Planeten zusammen.

Wie wirken diese universellen Kräfte? Am besten könnte man diesen Vorgang vielleicht als „Kosmische-Wollmaus-Theorie" bezeichnen und wie folgt beschreiben: Sie putzen einen Hartholzfußboden – moppen und wischen ihn, bis er glänzt. Ein paar Tage später sehen Sie, wie sich Staubkörnchen ansammeln. Woher kommen sie? Sie erlauben keinen Schmutz auf dem sauberen Boden. Aber die Körnchen schweben unsichtbar durch die Luft, angetrieben von einer unsichtbaren Kraft, die sie gegenseitig anzuziehen scheint. Sie schweifen umher wie Gedanken und wenn Sie sie nicht sofort wieder mit einem Mopp vertreiben, sammeln sie sich schnell zu einer Art organisiertem Haufen und wirbeln sich spiralförmig zusammen. In nur wenigen Tagen können Sie dieses Gebilde in die Hand nehmen. Betrachten Sie es mit Ehrfurcht. Denn so, wie sich der unsichtbare kosmische Staub des Universums miteinander verband, um

Planeten zu bilden, oder vereinzelte Gedanken sich zu Ideen verdichten und Taten zur Folge haben, verkörpert auch dieses Staubgebilde die Unendlichkeit.

Wir bewegen uns zur Sphärenmusik durch unser Leben. Es ist ein langer, langer Tanz, jedes Jahr ein anderer Schritt, aber wir haben Zeit, zu lernen ...

Anhang

Glossar

Aspekte Die Winkelbeziehungen der einzelnen Planeten untereinander bilden gedachte Linien. Diese werden in der Astrologie mit Aspekten demonstriert. Die Aspekte zeigen Wechselwirkungen der einzelnen Planeten an und wie diese sich auf uns auswirken.

Aszendentzeichen: Das Tierkreiszeichen, das zum Zeitpunkt Ihrer Geburt am Horizont aufgestiegen ist. Es formt Ihren Körper und die Art und Weise, wie Sie auf die Welt reagieren.

Aufgabe: Die Arbeit, die Ihnen von Ihrem Charakter und der Zeit abverlangt wird, in der Sie leben. Eine Aufgabe bezieht sich immer auf den aktuellen Saturn-Zyklus.

Bewegung: Wanderung eines Planeten aus einem Tierkreiszeichen in ein anderes.

Geburtsposition: Position der einzelnen Planeten in Ihrem Geburtshoroskop.

Konjunktion: Zwei Planeten stehen in einer Position von weniger als 8° voneinander entfernt. Wenn ein Planet eine Konjunktion mit sich selbst eingeht, kehrt er an die Geburtsposition zurück. In dieser Position ist sein Einfluss stärker.

Mondknoten: Die beiden Schnittpunkte der Umlaufbahn des Mondes mit der Umlaufbahn der Erde um die Sonne. Es gibt den nördlichen Mondknoten und den südlichen Mondknoten. Einige Astrologen meinen, dass der nördliche Mondknoten positive Energie bringt und die Richtung für die Aufgabe im Leben weist, während der südliche Mondknoten eher einschränkend wirkt. Der südliche Mondknoten zeigt Verhaltensmuster und Talente unseres Vorlebens an, in die wir zurückfallen, wenn wir gestresst sind.

Mondzeichen: Das Tierkreiszeichen, in dem der Mond zum Zeitpunkt Ihrer Geburt stand. Es regiert die Gefühle und Instinkte und betrifft die Familie und Liebesbeziehungen.

Nornen: Urd (oder Ward), Verdandi und Skuld. Die nordeuropäischen Äquivalente zu den drei Schicksalsgöttinnen.

Opposition (astrologisch): Die Opposition ist ein Spannungsaspekt und ein astrologischer Hauptaspekt. Der Abstand zwischen den beteiligten Planeten im Horoskop beträgt 180°. In diesem Buch ist meist die Opposition zur eigenen Geburtsposition gemeint. Diese Position kann eine Blockade oder ein Missverständnis hervorrufen. Es ist notwendig, nach einem tieferen Bewusstsein zu suchen, um Harmonie zu finden. Die Opposition kann auch eine Gelegenheit zur Bereinigung von Missverständnissen bieten, auch wenn diese nur darin besteht, eine andere Meinung zu bestätigen.

Quadrat (astrologisch): Ein Planet, der in einem 90°-Winkel zu einem anderen Planeten (oder der Geburtsposition) steht. Diese Position löst innere Interessenskonflikte aus. Eine Aufarbeitung dieser Konflikte kann positive Veränderungen bringen, denn das Quadrat gilt als Katalysator für Veränderungen, die von Ihnen selbst ausgehen.

Quincunx: Ein Winkel von 150° zwischen zwei Planeten (oder zwischen einem Planeten und seiner Geburtsposition). Diese Position bedeutet Spannung und Verwirrung. Konflikte sind unbewusst und deshalb schwierig zu lösen.

Rückkehr: Ein Planet hat einen Zyklus von 360° durch den Tierkreis zurückgelegt und befindet sich nun wieder an der Ausgangsposition in Ihrem Geburtshoroskop.

Saturnknoten: Die beiden Extrempunkte im Orbit des Saturns.

Saturnzyklus: Eine Periode von 28 bis 30 Jahren, die Saturn benötigt, um den gesamten Tierkreis zu durchwandern und an seine Geburtsposition zurückzukehren. Viele Leute stellen fest, dass sich ihr Leben deutlich geändert hat, wenn ein Saturnzyklus abgeschlossen war.

Schicksal: Die Erfahrungen und Aktionen, die aufgrund unserer Umwelt, unseres Charakters, unseres Alters und der astrologischen Konstellationen vorbestimmt sind und denen wir durch unsere Entscheidungen Form geben.

Sextil (astrologisch): Ein Planet, der in einem 60°-Winkel zu einem anderen Planeten (oder der Geburtsposition) steht. Diese Position gibt kreative und produktive Energie.

Siderische Astrologie: In der indischen (Hindu- / Vedischen) Astrologie wird der siderische Tierkreis verwendet. Die Präzession des Frühlingspunktes wird nicht berücksichtigt. Die westliche Astrologie bezieht sich auf den siderischen Tierkreis nur in Verbindung mit den Weltzeitaltern, wie das Wassermann-Zeitalter oder das Fische-Zeitalter.

Sonnenzeichen: Tierkreiszeichen, in dem die Sonne zum Zeitpunkt Ihrer Geburt stand. Aus diesem Zeichen kommt Ihre Energie. Es wirkt sich auf Ihren Willen und Intellekt aus sowie auf die Art und Weise, in der Sie sich auf die Außenwelt beziehen. Es ist ein Teil Ihres „wirklichen" Selbst.

Transit: Bewegung eines Planeten von einem Zeichen in ein anderes.

Trigon (astrologisch): Ein Planet, der in einem 120°-Winkel zu einem anderen Planeten (oder der Geburtsposition) steht. Diese Position bringt harmonische Beziehungen und lässt die Energien fließen.

Tropisches Sternzeichen: Das tropische Sternzeichen ist die Bezeichnung der Sonnenbahn in einer der zwölf Etappen im Laufe eines Jahres. Da es sich nur um die Bahn der Sonne handelt, können wir nur Bezüge zur Sonne herstellen. Das neue an dem tropisch-siderischen Horoskop ist, dass es die zwölf Sternzeichen als die zwölf Bahnphasen der Sonne behandelt.

Literatur

Bücher

Budapest, Z: *Das magische Jahr: Mythen, Mondaspekte, Rituale. Ein immerwährender Frauenkalender*, Heinrich Hugendubel Verlag, München 1996

Budapest, Z: *Der Einfluss der Schicksalsgöttinnen. Lebensphasen als Entwicklungschancen*, Droemer Knaur, München 1999

Banzhaf, Hajo; Haebler, Anna: *Schlüsselworte zur Astrologie*, Heinrich Hugendubel Verlag, München, Kreuzlingen 2000

Beauvoir, Simone de: *Das andere Geschlecht. Sitte und Sexus der Frau*, Neuausgabe, Rowohlt, Reinbek bei Hamburg 2000

Gesell, Arnold; Ilg, Frances L.: *Das Kind von fünf bis zehn*, Christian Verlag, München 1986

Greene, Liz: *Kosmos und Seele*, Fischer, Frankfurt am Main 2002

Moore, Thomas: *Fenster zur Seele*, Kösel, München 2001

Oken, Alan: *Der Mensch, Spiegelbild des Kosmos. Astrologie und Selbsterkenntnis*, Frederiksen & Weise, München 1996

Orban, Peter: *Seele. Geheimnis des Lebendigen*, Heinrich Hugendubel Verlag, München 1997

Rowling, Joanne K.: *Harry Potter und der Stein der Weisen*, Carlsen, 2003

Sheehy, Gail: *Die neuen Lebensphasen. Wie man aus jedem Alter das Beste machen kann*, Droemer Knaur, München 1998

Simmons, Rachel: *Meine beste Feindin. Wie Mädchen sich das Leben zur Hölle machen und warum Frauen einander nicht vertrauen*, Kiepenheuer & Witsch, Köln 2003

Sinetar, Marsha: *Momente der Besinnung*, Heinrich Hugendubel Verlag, München, Kreuzlingen 2003

Sullivan, Erin: *Rückläufige Planeten*, Edition Astrodata, 1993
Tolkien, J.R.R.: *Herr der Ringe*, Klett-Cotta, Stuttgart 2001
Tolkien, J.R.R.: *Der Hobbit*, Klett-Cotta, Stuttgart 1998
Zimmer Bradley, Marion; Paxson, Diana L.: *Die Priesterin von Avalon*, Fischer, Frankfurt am Main 2001

Websites

Büro gegen Altersdiskriminierung e. V.:
www.altersdiskriminierung.de

Die Grauen Panther:
www.graue-panther-online.de

Deutsche Astrologieseiten:
www.astrowoche.de
www.astrologie.de

Website für heidnische Familien in englischer Sprache:
www.blessedbee.com

Zitatnachweis

Der Abdruck des Zitats auf Seite 82f. erfolgte mit freundlicher Genehmigung des S. Fischer Verlags aus: Marion Zimmer Bradley, Die Priesterin von Avalon. © 2000 by Marion Zimmer Bradley & Diana Paxson. Deutsche Ausgabe: © Wolfgang Krüger Verlag GmbH, Frankfurt am Main.

Danksagung

Unseren ganz besonderen Dank möchten wir Margaret Cole, Adric Petrucelli und Wendy Ashley für ihre Unterstützung bei astrologischen Fragen aussprechen. Darüber hinaus schulden wir auch all jenen Frauen und Männern jeden Alters Dank, die ihre Erfahrungen, Einsichten und Träume mit uns geteilt haben. Ihre Beiträge haben uns dazu verholfen, unsere eigenen Erinnerungen ins rechte Licht zu rücken, und bilden die Grundlage für dieses Buch. Es ist dadurch umfassender und reichhaltiger geworden – wir allein hätten diese Vielfalt nicht erschaffen können.

Über die Autorinnen

Z Budapest, geboren in Ungarn, studierte in Innsbruck, Wien und Chicago. Sie prägte den Ausdruck „feministische Spiritualität" und veröffentlichte neun Bücher zu diesem Thema. Im Heinrich Hugendubel Verlag erschien bereits *Das Magische Jahr* von ihr.

Diana L. Paxson schrieb bisher über zwölf historisch-spirituelle Romane, war Co-Autorin von Marion Zimmer Bradley, und setzte deren bekannte Reihe *Die Nebel von Avalon* fort.

Marsha Sinetar
Momente der Besinnung
So finden Sie spirituellen Halt im Alltag

184 Seiten, Gebunden mit Schutzumschlag
ISBN 3-7205-2436-1

Marsha Sinetar stellt vielfältige Möglichkeiten
der spirituellen Orientierung vor und umschreibt
ihre Schlüsselidee einer »zwanglos besinnlichen«
Lebensführung besonders lebensnah.
Ein praktisch orientierter, spiritueller Ratgeber
für alle, die einen Zustand innerer Harmonie
und Balance erreichen möchten.

KAILASH

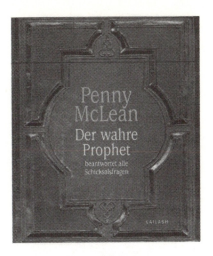

Penny McLean
Der wahre Prophet
beantwortet alle Schicksalsfragen

Kartenset mit Buch
ISBN 3-7205-2430-2

Das handschriftliche Orakelspiel aus dem
Jahr 1870 stammt von der Urgroßmutter der bekannten
Numerologie-Expertin. Zufall? Schicksal? Bestimmung?
Der wahre Prophet gibt nicht nur Antwort auf alle
Zukunftsfragen des Lebens, er erzählt auch von dem
Geheimnis der über Generationen wirkenden
Ahnenkräfte und deren unbewusstem
Einfluss auf unser Schicksal.

KAILASH

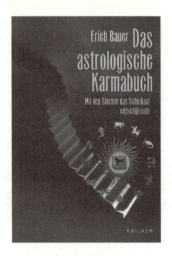

Erich Bauer
Das astrologische Karmabuch
Mit den Sternen das Schicksal entschlüsseln

256 Seiten, Festeinband
ISBN 3-7205-2433-7

Der Astrologie-Experte Erich Bauer zeigt,
wie sich im Horoskop Schlüsse sowohl über das Vorleben
wie auch über unsere Zukunft ziehen lassen.
Anhand von Tabellen können Sie die für Sie relevanten
Planetenpositionen ermitteln und so die Absicht
Ihres eigenen Karmas entschlüsseln.
Dieses Wissen kann für die eigene Gestaltung
der Zukunft, die nicht nur Vorherbestimmung ist,
hilfreich sein.

KAILASH